KB082625

진리와
문화변동의
정치학

Jürgen
Habermas

진리와 문화변동의 정치학

하버마스와 로티의 논쟁

김경만 지음

Richard
Rorty

아카넷

차례

서론 하버마스, 로티 그리고 두 종류의 대화 철학 | 7

제1장 **현대성과 비판이론** | 27
　　1.1 계몽주의와 그 이후: 마르크스, 루카치, 아도르노 | 29
　　1.2 마르크스의 소외이론 | 31
　　1.3 루카치와 헤겔화된 마르크시즘 | 35
　　1.4 계몽의 변증법: 호르크하이머와 아도르노 | 42

제2장 **계몽주의에 대한 하버마스의 옹호:**
합리성과 합리화에 대한 새로운 접근 | 53
　　2.1 하버마스와 프랑크푸르트 학파:『계몽의 변증법』을 넘어서 | 55
　　2.2 해석학과 비판이론: 하버마스의 해석학과 민속방법론 비판 | 65
　　2.3 심리치료모형과 비판이론:
　　　　『지식과 이해 관심』에서『의사소통 행위이론』으로 | 75
　　2.4 보편 화용론 | 88
　　2.5 이해와 진리의 대화 모형: 가상적 참여와 의사소통 행위이론 | 97

제3장 **현대성과 계몽주의에 대한 리처드 로티의 포스트모던 비판** | 115
　　3.1 로티의 반플라토니즘과 인식론 비판 | 117
　　3.2 로티, 다윈 그리고 적응도구로서의 언어 | 127
　　3.3 적응도구로서의 언어와 상대주의 | 136
　　3.4 철학과 사회 이론의 역할 | 138
　　3.5 공적 영역과 사적 영역: 언어와 문화 변동에 관한 로티의 관점 | 145

제4장 **현대성, 합리성, 문화 변동에 대한 하버마스와 로티의 논쟁** | 163

    4.1 사적/공적 영역의 분리 가능성에 대한 논쟁:

        주관성의 철학 대 상호주관성의 철학 | 170

    4.2 이론의 역할에 대한 논쟁: 이론에 의한 이데올로기 비판은 가능한가? | 175

    4.3 특정 공동체 기준과 보편적 기준에 대한 논쟁 | 186

제5장 **하버마스−로티 논쟁에 대한 비판적 평가** | 201

결론 **논증의 공간에서 연행의 공간으로** | 223

후기 **하버마스−로티 논쟁에 대한 또 다른 논쟁** | 251

    감사의 글 | 265

    찾아보기 | 267

하버마스, 로티
그리고
두 종류의
대화 철학

위르겐 하버마스(Jürgen Habermas)와 리처드 로티(Richard Rorty)는 당대 최고의 사회사상가로서 수많은 학자들과 논쟁해왔지만, 그중에서도 둘은 서로에게 가장 강력한 비판자인 동시에 흥미로운 지적 적수였다. 로티가 사망한 후 하버마스가 추도사에서도 썼듯이, 이들은 흥미롭고 도발적인 논쟁을 통해 상호 영향을 주고받아왔다.[1]

하버마스와 로티는 둘 다 실용주의를 받아들인 철학자인 동시에 사회사상가였고, 많은 이론적 이슈에 대해 의견을 같이 해왔다. 즉 두 학자는 지식인들이 문화 그리고 사회적인 문제에 대한 해석에 있어 보통 사람들보다 뛰어난 인식론적 능력을 가지고 있고, 그런 이유로 문화

---

1   하버마스는 로티를 추모하는 글에서 대해서 다음과 같이 쓰고 있다. "현대 철학자들 중에서 나는 로티만큼 그의 동료들과 새로운 관점, 통찰력 그리고 주제들을 가지고 논쟁해온 사람은 알지 못한다." Jürgen Habermas, *Süddeutsche Zeitung*, June 11 2007.

와 사회비판에서 특권화된 위치를 가지고 있다는 종래의 지식인 역할을 비판 했으며 문화 변동이 지식인과 보통사람들의 '대화'에 의해 이루어진다고 보았다. 그러나 하버마스와 로티는 이런 대화에서 언어·합리성·진리가 차지하는 역할과 기능에 대한 첨예하게 대립되는 관점을 옹호함으로써 좁게는 사람들의 믿음, 그리고 넓게는 문화실천(cultural practice)의 변동에서 '지식인'이 할 수 있는 역할에 대해 논쟁해왔다.

하버마스는 일반 행위자들이 그들의 생활세계에서 서로의 행위와 믿음을 지탱하고 유지하고, 합리적으로 보이도록 하는 주관적 지식을 합리적(즉 이론적)으로 재구성했다. 그럼으로써 이들 행위자의 언술 행위(speech act)가 그런 언술 행위가 교환되는 지엽적인 맥락을 초월하는 보편적이고 무조건적인 진리에 정향되어 있고, 그 결과 그런 지엽적인 한계를 넘어설 수 있음을 보여줄 수 있다고 믿었다. 반면 로티는 하버마스가 대화의 맥락 "안"에 내재한다고 강변하는, 맥락 초월적인 언어의 성격은 문화 변동에서 어떤 역할도 할 수 없다고 주장한다. 왜냐하면 로티에게 믿음의 변화, 혹은 더 넓게는 문화의 변동은 어떤 문화에 속한 사람이 다른 문화에 속한 사람들로 하여금 자신이 속한 문화의 '우월성'을 논쟁을 통해 증명함으로써 이루어지는 것이 아니기 때문이다. 이는 다른 문화에 속한 사람들로 하여금 그들이 가진 편협한 생각을 변화시킬 수 있도록 그들의 '상상력'을 '확장'하는 것을 도움으로써 가능하다.

독자들은 위의 짧은 문단에서 내가 제시한 두 학자의 논쟁의 핵심이 너무 추상적이며 설명이 부족하다고 느낄 것이다. 당연한 일이다. 두

학자의 논쟁은 당대 최고의 사회·정치 사상가들의 불꽃 튀기는 대결이 므로 이를 이해하기 위해서는 수많은 개념에 대한 이해가 선행되어야 하고, 또 이 논쟁에 연루되어 있는 많은 지적 전통의 계보와 그것들의 진화, 얽힘과 교차를 이해해야 한다. 그러나 아래에서 간략하게 설명하 겠지만, 이들 논쟁의 중심에는 하버마스가 소위 "역사주의·낭만주의의 귀환"이라 비판한 역사주의·상대주의·낭만주의 등 세 사상적 조류의 환생과 영향력 증대에 대한 계몽주의자 하버마스의 '우려'가 자리 잡고 있다. 그렇다면 역사주의·낭만주의·상대주의라는 한 뭉치의 사상적 조류가 가지고 있는 특성은 무엇이며, 왜 하버마스는 이 사상적 조류의 귀환이 계몽주의의 쇠퇴에 강력한 힘을 발휘하는 것을 두려워할까?

이 책의 서문에서 나는 우선 하버마스가 로티의 '신실용주의 철학'에 가한 비판을 간략히 살펴보고, 로티가 그에 대해 어떻게 답했는가를 살 펴봄으로써 이들이 지난 수십 년 동안 지속해왔던 논쟁의 핵심이 무엇 인가를 드러내 보일 것이다. 이런 비판과 반비판의 중심에는 소위 '주 체/객체', '발견되는 것/만들어지는 것', '맥락초월적 진리/상대적 진 리'라는 이분법적 구분이 과연 우리가 계속 받아들이고 유지해야 할 구 분인가, 그렇지 않으면 오히려 문화·사회·정치의 변동에 걸림돌이 되 는 버려야 할 구분인가라는 질문이 자리 잡고 있다.

1996년에 프라하의 바르샤바 대학에서 이루어진 논쟁에서 하버마 스는 다음 두 가지 측면에서 로티의 신실용주의 철학이 가지는 문제점 을 비판했다.[2] 이 비판은 이후의 논쟁에서도 계속 제기된, 이들 논쟁 의 핵이라 할 수 있다. 하버마스가 로티에게 가한 첫 번째 공격은 소위 플라톤적 구분이라 부른 주체／객체(subject／object), 표상／실재 (appearance／reality), 구성된 것／발견된 것(made／discovered) 간의 구분을 이제는 폐기해야 한다는 로티의 주장에 집중되어 있다. 하버마스에 따르면, 로티는 위에서 열거한 플라톤적 낱말 대신 '편의성(expediency)'이란 말을 사용하라고 권고하지만, 우리가 왜 그렇게 해야 하는가에 대한 설득력 있는 근거를 제시하는 데 실패했다. 즉 하버마스는 로티가 플라톤적인 낱말보다 편의성이란 개념이 우리의 현재 관심과 욕구를 더욱 잘 충족시켜준다고 주장하지만 편의성이 무엇인가에 대한 로티의 정의—현재 삶의 조건에 더 적합하다는 의미—는 사실 로티 자신의 주장에 내재한 치명적 약점을 스스로 드러낸다고 비판한다. 하버마스에 따르면, 로티의 주장과는 다르게 '편의성'이란 개념은 새로운 것이 아니며 어떤 기능적인 측면도 가지고 있지도 않다. 즉 많은 사람들이 오랫동안 사용해온, 철학과 사회과학의 이론적 단어들 가운데 하나에 불과한 '편의성'은 '적응과 생존(adaptation and survival)'이라는 은유로 대변되는 것이다. 이는 로티가 주장하는 새로운 지평을 열어줄 수 없는 식상한 개념일 뿐이다. 더구나 이런 은유가 철학과 사회과학을 발전시키는 데 어떤 성공적인 역할을 해온 것도 아니다. 하버마스는 로티가 플라톤적인 낱말들을 버려야 할 어떤 설득력 있는 이유 혹은 시나리오를 제공하지 못하고 있다고 주장한다.

---

2   Jürgen Habermas, "Coping with Contingencies: The Return of the Historicism", pp.1~30 in *Debating the State of Philosophy: Habermas, Rorty and Kolakowski*, Edited by J. Niznik and J. Sanders(Westport, CT: Praeger, 1996).

이에 더해 하버마스는 다음과 같이 로티의 주장에 쐐기를 박는다. 만일 로티가 이런 문제점을 피하기 위해 다윈 생물학이 과학으로서 성공한 것에 의존한다면 이런 전략도 실패할 수밖에 없으며, 그 이유는 로티 자신이 생물학을 비롯한 과학이 예술과 사회과학 그리고 문학과 달리 어떤 인식론적 특권을 가진다고 생각하지 않기 때문이다. 따라서 만일 로티가 플라톤적 이분법을 옹호하는 낱말들을 폐기해야 하는 정말 설득력 있는 이유를 대지 못한다면 우리는 플라톤적 이분법을 폐기해야 할 아무런 이유가 없다. 따라서 하버마스는 다음과 같이 로티를 비판한다.

> [기능적 편의성이라는] 로티의 기준은 신실용주의를 반박할 뿐이다. 로티는 소위 형이상학적인 구분들이 '서구의 상식'의 일부가 되었다는 것을 인정한다. 이것은 플라톤적 낱말들이 효율적으로 기능하고 있다는 증거이므로 우리는 그 낱말들을 버릴 설득력 있는 이유를 찾을 수 없다. 플라토니즘이 현재의 환경과 가지는 기능적 적합성(functional fit)은 우리가 플라톤적인 언어 게임을 계속 해야 하는 충분한 정당성을 제공한다. 이런 관점에서 볼 때, 우리는 로티 자신이 제시하고자 하는 형이상학의 극복이 도대체 어떤 욕구를 충족시킬 수 있는가를 이해할 수 없다.[3]

하버마스는 플라톤적인 언어를 폐기해야 할 설득력 있는 이유를 전혀 제시하지 못하는 로티와 대조적으로 자신은 '객관적 실재'라는 플라

---

3   Ibid, p.20.

톤적 낱말을 계속 유지·사용해야 할 아주 설득력 있는 근거를 가지고 있다고 주장한다.

로티에 대한 하버마스의 두 번째 비판은 플라토니즘을 유지해야만 하는 자신의 이유가 무엇인지, 그리고 그런 이유가 왜 진리에 관한 로티의 신실용주의적 설명을 확실히 기각할 수 있는가에 집중되어 있다. 하버마스에 따르면, 로티가 "진리 서술어에 관한 조심스러운 사용 (cautionary use of the truth predicate)"— 즉 "'p'에 대한 좋은 정당화의 근거가 있지만, 그렇다고 해도 그것은 사실이 아닐 수도 있다"—을 받아들이고 있다는 사실은 로티가 자신의 맥락주의적 입장을 스스로 반박하는 결과를 초래하고, 궁극적으로는 자신과 아펠(Karl-Otto Apel)·퍼트넘(Hilary Putnam) 등이 주장하는 '진리에 관한 탈맥락적인 이론'을 받아들이도록 할 것이라고 주장한다. 물론 하버마스는 자신도 진리가 외부 세계와의 대응이 아니라는 점에서는 로티에 동의하고, 따라서 듀이가 말한 "진리=합리적으로 받아들일 수 있는 가능성" 혹은 "주장이 가진 보장된 타당성"이라는 명제를 받아들인다고 주장한다. 그러나 곧이어 그는 진리가 맥락 의존적이라는 로티의 주장은 타당성 주장이 비록 어떤 지엽적인 맥락에서 제기되지만, 의사소통적인 언어 사용 '안'에 내재되어 있는 '문법적 규율'의 존재로 말미암아 그런 타당성 주장이 제기되는 지엽적 맥락을 '초월'한다는 사실을 간과하고 있다고 비판한다.

다시 말하면, 하버마스는 로티가 진리 개념을 "우리에게 타당한 것"으로 치환함으로써 "왜 논쟁 당사자가 자신이 속한 집단의 경계를 넘어서서 'p'에 대한 합의를 찾아내려 하는지"를 설명할 개념적 자원을 상실할 수밖에 없다고 주장한다. 따라서 하버마스에게 있어서는 객관적 실재를 가정하는 것만이 왜 행위자들이 어떤 현상에 대해 노정하는 '인식의 차이'를 극복하려는 시도를 하는가를 설명할 수 있고, 그 결과 행위자들이 그들의 생활세계를 유지할 수 있는가를 설명할 수 있다.

행위자들이 단 하나의 객관적 실재를 준거로 주관적인 모든 것들을 간주관적으로 공유되는 공적 공간과 대조하지 않는다면 행위자들의 상호 이해는 가능하지 않을 것이다. 우리가 그것을 어떻게 묘사하는가와는 독립적인 이런 객관적 세계에 대한 가정은 우리의 협동과 소통 과정에 꼭 필요한 기능적 요구다. 이런 가정이 없다면, 믿는다는 것(believing)과 확실히 안다는 것(knowing)에 대한 플라톤적인 구분에 기초한 매일의 실천적 생활은 그 연결 부분부터 모두 파괴되어버릴 것이다.[4]

하버마스는 그가 '타당성 주장이 가진 두 얼굴'이란 말로 표현한 타당성 주장의 양면성은 진리를 주어진 정당화 맥락에서 '우리에게 타당한 것'으로 치환해버리는 로티의 편협한 생각이 옳지 않음을 보여준다고 주장한다. 하버마스도 타당성 주장은 그 성격상 '맥락 의존적'이며, 동시에 '문화에 특정적'인 것이라는 데 동의한다. 왜냐하면 모든 타당성 주장은 행위자들이 배태되어 있는 '지금, 여기'서 제기되기 때문이다.

---

4   Jürgen Habermas, "Richard Rorty's Pragmatic Turn", pp.31~55 in R. Brandom(ed.) *Rorty and His Critics*(Oxford: Blackwell, 2000). 인용은 p.41.

이 때문에 로티는 진리가 어떤 주어진 맥락에서 정당화되는 믿음 이상이 아니라고 주장하는 것이다. 그러나 타당성 주장이 가진 양면성 가운데 다른 반쪽 측면은, 주어진 맥락에서 옳다고 여겨지는 타당성 주장이 의심되고 그 결과 이런 주장의 인식론적 타당성에 관한 '담론'이 시작될 때 고개를 든다. 즉 당연시되는 믿음이 아니라 지식에 관한 하나의 주장으로써 이제 '주장'은 그것이 제기된 특정한 지엽적 맥락을 '초월'하게 된다.

물론 이런 타당성 주장들은 야누스적 성격을 갖는다. 주장으로써 이들은 어떤 지엽적인 맥락도 초월한다. 동시에 그 타당성 주장들은 지금 여기서 제기되어야 하고, 또한 효과적인 협력에 필요한 참여자들의 합의에 기초한 것으로 인식되어야 한다. 보편적 타당성을 추구하는 초월적 순간은 모든 지엽성을 파괴하는 반면, 수용된 타당성을 받아들여야만 하는 순간은 그 타당성 주장들을 맥락 제한적인 매일의 실천을 담지하도록 한다. 소통하는 행위자들은 언어 행위를 통해 서로 타당성 주장을 교환하기 때문에 서로를 비판할 수 있는 잠재적 성격을 가지고 있다. 따라서 무조건의 순간 (a moment of unconditionality)이 상호 이해의 실제 과정에 내포되어 있다.[5]

위에서 인용한 문단에서 하버마스가 말하고자 하는 핵심은 일단 담

---

5   Jürgen Habermas, *The Philosophical Discourse of Modernity: Twelve Lectures* (Cambridge, MA: MIT Press, 1990), p.322.

론이 시작되면 담론의 참여자들은 단 하나의 객관적 세계를 가정하고, 이런 가정에 입각해 무엇이 이 객관세계에 대한 더 객관적이며 합리적인 묘사인가에 대한 논쟁을 하게 된다는 것이다. 이런 논쟁 과정은 참여자들이 옳다고 생각해왔던, 각자의 지엽적 타당성 기준들에 대한 상호 주관적이고 비판적 평가를 수반한다. 이런 상호주관적·비판적 평가는 결국 각 참여자들이 옳다고 생각해온 국지적이고 특수한 타당성 주장이 기초하고 있는 문화의 한계를 넘어서도록 해주며, 결국 이런 지엽적 타당성 주장들이 배태되어 있는 "시간과 공간을 초월하게 만드는 것이다".[6]

로티는 이와 같은 하버마스의 비판에 대해 다음과 같이 답한다. 하버마스와 자신은 더 자유로운 사회와 문화—즉 사람들의 고통과 모욕, 그리고 차별을 줄여나갈 수 있는 방식—를 탐구하려는 목표를 지녔다는 점에서는 다를 바가 없다. 그러나 하버마스와 달리 나는 플라톤적인 이원론이 수반하는 객관적 실재·진리·합리성이라는 개념 없이도 이런 목표, 즉 더 자유롭고 합리적인 사회로 나아갈 수 있다고 생각한다.

로티에 따르면, 하버마스가 옹호하는 플라톤적 이분법과 그에 수반되는 낱말들이 폐기되어야 하는 이유는 그 낱말들이 '의미'가 없어서가 아니다. 이런 낱말들이 실제 사람들의 의식 변화 및 그에 수반되는 문화 변동에는 아무런 소용이 없고, 그 결과 아무런 철학적·이론적 중요성이 없기 때문이다. 로티에게 실재론/반실재론 같은 논쟁은 사실 아

---

6   Ibid, pp.322~323.

무런 실제적 효과를 기대할 수 없는 '쓸모없는 현학적 논쟁'일 뿐이다.

이 책에서 자세히 논의되겠지만, 로티는 하버마스가 자신의 이론에서 핵심이 되는 명제, 즉 "대화의 문법적 구조에 내재되어 있다고 생각되는 '무조건성의 순간'"이 어떻게 논쟁 참여자들로 하여금 그들의 주장이 배태되어 있는 '지엽성'을 넘어서도록 해줄 수 있는가에 대한 그럴듯한 시나리오를 전혀 제공하지 못해왔다고 비판한다. 다시 말해, 하버마스는 '무조건성' 그리고 '보편적 진리'와 같은 플라톤적 낱말들이 실제의 구체적 대화 상황에서 어떻게 의미를 갖게 되고—혹은 의미를 상실하고—그 결과 이 낱말들이 어떻게 문화 변동에 기여할 수 있는지 구체적인 얘기를 제공하는 데 실패했기 때문에 이런 낱말들이 그 중요성을 잃게 되고, 아무런 철학적 효용을 가질 수 없게 될 뿐이라고 반론을 편다. 로티는 오히려 이런 플라톤적 낱말들이 우리가 어떻게 더 자유롭고 정의로운 사회로 나갈 수 있는가를 논의하는 데 걸림돌이 되고 있다며 하버마스를 비판한다.

하버마스와 벌인 또 다른 논쟁에서 로티는 다음과 같은 "구체적 상황"에서 하버마스의 보편화용론을 통한 진리에의 접근은 아무런 실제 효과를 가질 수 없다고 비판한다. 예를 들어 하버마스와 같은 지식인이 미국 남부의 종교 근본주의자와 논쟁을 한다고 가정해보자. 하버마스가 가르치고 생활해온 대학에서는 어떤 종류의 주장과 논의도 자유로운 분위기에서—그야말로 하버마스가 말하는 이상적 담화 상황에 가까운—논쟁될 것이지만, 만일 하버마스 자신이 이들 종교 근본주의자들의 자녀들에게 대학에서 동성애에 대해 어떤 편견도 가지지 말아야 한다고 가르친다면 어떤 일이 벌어지겠는가? 로티는 하버마스가 과연 타당성 주장의 상호 교환을 통해 이런 부모들을 설득시킬 수 있을까에 대해서 강한 회의를 표명한다.[7] 하버마스는 동성애가 '이상적 담화 상황'의 논쟁 규칙에 따라서 논의되어야 하고, 이 경우 모든 논쟁 참여자는 그들이 속한 '지엽적 상황'에서 타당하다고 생각하는 진리를 '충돌'시켜 상호 학습하는 결과를 가져와야 한다고 주장할 것이다. 그러나 대학에서 그런 잘못된 것들을 가르쳐서 자식들을 망쳐놓고 있다고 생각하는 부모들은 그런 '잘못된 주제'에 대해 대화하고 논쟁하는 것 자체가 잘못되었다고 하버마스를 비판할 것이다. 이 경우 하버마스는 이 부모들이 대화의 문법적 구조에 내재되어 있는 '무조건적인 타당성'에 관한 정향을 무시하고, 고집스럽게 대화를 거부한다고 비판할 것이다. 이는 하버마스가 소위 '수행적 자기모순(performative self-contradiction)'이라 부른 상황을 초래한다. 왜냐하면 이 부모들이 하버마스에게 동성애에 대한 자유로운 논쟁은 잘못된 것이라고 '반론'을 펴는 것 자체가 '이미' 이들 부모가 하버마스와의 대화를 통해 '진리에 도달'하고자 하는 의지를 보여주고 있고, 그런 의미에서 자신들의 지엽적인 타당성 기준을 상호주관적인 비판에 부치고 있기 때문이다.

그러나 그런 수행적 자기모순 주장이 이들 부모로 하여금 하버마스와 함께 합리적 논쟁을 하도록 유인할 수 있을까? 다시 말해 이런 반박

---

7   Richard Rorty, "Universality and Truth", pp.1~30 in R. Brandom(ed.) *Rorty and His Critics*(Oxford: Blackwell, 2000).

이 이들 부모로 하여금 대학의 세미나실에서나 통할, '논쟁을 통해 결론'에 이르는 것이 합리적 과정이라는 것을 받아들이게 할 수 있을까? 만일 이들이 이러한 논쟁과 논박에 의해서가 아니라 하나님의 계시와 성경의 진리에 의해서 이미 '진리'는 주어져 있다고 하고, 따라서 더 이상의 논쟁은 필요 없다고 대화를 거부하면 하버마스는 어떤 선택을 할 수 있을까? 이 시점에서 로티는 다음과 같이 묻는다. '보편적 진리'나 '무조건적 타당성'과 같은 플라톤적 낱말들이 이런 '구체적인 대화 상황'에서 어떤 실제적 효과를 가질 수 있을까? 이들의 대화는 결국—하버마스의 주장과는 달리—'진리', '합리성' 그리고 '실재'가 도대체 무엇을 의미하는가에 대한 결론 없는 막다른 골목으로 치달을 것이다. 따라서 로티는 그와 하버마스와의 결정적 차이는 믿음의 변동과 문화 변동에서 플라톤적 낱말들이 하는 역할에 대한 완벽히 다른 견해에서 찾을 수 있다고 주장한다. 로티는 하버마스가 주장하는 '규제적인 이상 (regulative ideal)'은 "실제 상황에서는 결코 실현될 수 없으며" 따라서 우리의 실천에 어떤 변화도 줄 수 없다고 본다.[8]

하버마스와 로티의 진리에 관한 논쟁은 한마디로 '타당성 주장 (validity claims)' 대 '행위의 조화(coordination of action)'로 요약될 수 있다. 하버마스에게 있어서 행위자들은 일상생활에서 항상—암묵적이긴 하지만—타당성 주장을 교환하고 있다. 일상적인 생활에서는 이런 타당성 주장의 근거와 합리성에 대해 민속방법론자들이 말하는 '내생적

---

8   Ibid, p.22.

성찰성'만을 가지고 생활하지만, 이런 당연시되는 타당성 주장들의 일부가 어떤 이유로 인해 의심되고 그 결과 의사소통에 문제가 일어날 경우 행위자는 지금까지 당연시 되어왔던 주장들을 담론에 부쳐서 그 타당성을 다시 검토하게 될 것이다. 이 과정에서 행위자들은 '탈맥락화된 진리'를 추구하게 되는 것이다. 그러나 로티에게 있어서 이런 담론은—하버마스의 해석과 다르게—탈맥락적 진리에 도달하기 위해서가 아니라 서로의 행위가 '조화되도록 하기 위한', 행위자들의 특정한 목적 때문에 시작되는 것이다. 다시 말하면 하버마스의 화용론에서는 타당성 주장이 진리를 '재현'하기 위한 개념으로 인식되지만, 로티의 다원적 언어관에서는 언어란 밖의 세계를 객관적으로 재현하는 어떤 것이 아니라 서로의 행위를 조화시키도록 하는, 인간이 만들어낸 하나의 '도구'인 것이다. 독자들은 이것이 하버마스와 로티 논쟁의 핵심이라는 것을 마음속에 가지고 있으면, 이 책을 훨씬 수월하게 읽을 수 있을 것이다.

하버마스와 로티 논쟁의 역사적·이론적 배경과 맥락을 제시하기 위해 우선 1장에서는 자본주의의 출현과 현대성에 관한 비판적 논의에서 가장 첨예한 문제로 떠올랐던 도구적 이성비판을 마르크스, 루카치, 아도르노로 이어지는 지적 계보를 추적하면서 살펴볼 것이다. 이와 같은 지적 계보에 대한 검토는 하버마스의 문제의식을 이해하고 조명하는 데 반드시 선행되어야 하는 것이다. 본문에서 논했듯이 하버마스는 마르크스와 루카치로부터 깊은 영향을 받았고, 또 그들을 계승한 프랑크푸르트 학파 1세대 학자인 호르크하이머와 아도르노로부터도 많은 영향을 받았다. 그는 이들이 제시한 현대성과 자본주의에 대한 비관적 시각을 극복하려는 시도를 통해서 궁극적으로 자신의 현재 이론을 구축했다. 따라서 1장에서는 마르크스와 루카치가 분석한 도구적 이성의 문제점, 그리고 이를 호르크하이머와 아도르노가 어떻게 이어받아 심화·발전시켰는가를 살펴보고, 하버마스가 그의『현대성에 관한 철학적 담론』에서 어떻게 그의 스승이었던 호르크하이머와 아도르노를 비판하였는가를 분석했다.

이어 2장에서는 아도르노와 호르크하이머에 대한 비판과 가다머·윈치·가핑클 등이 제시한 해석학적 관점에 대한 비판을 통해 발전해온 하버마스 이론의 지적 궤적을 추적했다. 이에 더해 하버마스가『지식과 인간의 이해 관심』에서 해석학과 인과적 모형을 결합시켜 만든 프로이트의 심리치료 모형을 통해서 어떻게 비판이론의 밑그림을 그릴 수 있었는가를 논했다. 본문에서 논했듯이 하버마스는 그의 초기 저작들에서 비판적 성찰(critical reflection)이 가진 두 가지 의미를 명확히 하지 못했고, 따라서 비판이 개인 혹은 집단의 수준에서 이루어지는지, 또 비판이 어떻게 이루어져야 하는지를 명확히 하는 데 실패했다. 의사소통 행위이론의 중심이 되었던 소위 '언어적 전환'은 이런 일련의 실패와 문제점을 다루기 위한 개념적 틀을 만들어내려 하버마스가 수용한 것이었다. 언어적 전환과 보편화용론의 발전은 다시 어떻게 주어진 생활세계를 분석·비판할 것인가라는 문제를 던졌고, 결국 하버마스는 소위 '합리적 재구성'과 '가상 참여'의 방법론을 통해 생활세계에 대한 비판적 이해, 혹은 인식을 할 수 있다는 의사소통 행위이론을 만들어낸다. 2장에서는 이 과정을 추적함으로써 어떻게 하버마스가 '보편적 합리성'의 수호자로서 포스트모던 이론가들과의 논쟁에 참여할 개념적 자원을 만들어냈는가를 살펴볼 것이다.

3장은 리처드 로티의 소위 '재현주의 철학'에 대한 비판으로부터 시작했는데 콰인·셀라즈 등의 철학으로부터 영향을 받은 로티가 어떻게 이원론적 인식론, 정초주의 인식론을 비판했고 그 결과 철학의 성격에 대한 혁명적 주장을 펼치게 됐는가를 살펴보았다. 문제작인『철학과 자연을 비추는 거울』에서 로티가 펼쳐낸 반플라토니즘(anti-platonism)을 논한 후, 이어 그에게 가해진 상대주의자라는 비판을 로티가 어떻게 다루고 반박했는지 논했다. 이는 이어서 논한 로티의 실용주의적—혹은 다윈의 진화론적—언어관과 밀접한 연관이 있다. 로티가 재현으로서의 언어가 아닌, '적응도구로서의 언어'를 어떻게 개념화하고 이를 가지고 어떻게 재현주의자들을 비판했는가가 3장에서 또한 다루어진다. 마지막으로 이를 토대로 철학이 문화와 사회의 비판과 변동에 어떤 역할을 할 수 있는가에 대한 로티의 주장을 살펴봄으로써 4장에서 본격적으로 논하게 될 로티-하버마스 논쟁의 초석을 놓았다.

하버마스와 로티 논쟁의 중심 이슈들을 다룬 4장은 3개의 절로 구성되어 있다. 1절에서는 사적/공적 영역의 분리 가능성에 대한 논쟁을 다루었다. 그 내용은 철학의 공적 유용성을 강조한 하버마스를 로티가 어떻게 비판했는가, 그리고 하버마스는 어떤 대안을 제시했는가에 대한 것이다. 이 절에서는 세계를 나타내는 언어의 기능(world disclosing function)을 강조한 로티와 논쟁을 통해 문제를 풀어내는 언어의 기능을 강조해온 하버마스의 주장을 대치시키고, 이와 관련해 두 학자가 서로

주고받은 비판을 논하는 데 초점이 맞춰질 것이다. 하버마스가 로티 철학을 주관성의 철학이라고 비판한 이유는 그가 철학이 가지는 사회적 기능, 즉 비판적 기능을 포기했기 때문인데, 로티는 철학이 과연 공적 영역에서 효용을 가질 수 있는가에 대해 회의적인 주장을 제기했다. 좀 더 구체적으로 로티는 하버마스의 이론이 공적 영역의 변환에 힘을 가질 수 없는 주된 이유는 '무엇이' 공적 영역에서 논쟁의 대상이 되어야 하고 비판받아야 하는가를 구체적으로 제시하지 못하기 때문이라고 주장한다.

2절에서는 과연 이론적인 비판이 행위자들의 실천 세계를 변화시킬 수 있는가에 대한 하버마스와 로티의 상호 비판을 살펴보았다. 비판이 가능하려면 행위자들의 세계에 대한 합리적 재구성이 필요하고 이와 같은 재구성은 비판의 기준 혹은 기초가 될 수 있다는 하버마스의 주장에 대한 로티의 반박, 즉 이론적 비판이 실제로 실천의 변화에는 아무런 영향을 미칠 수 없다는 비판은 하버마스-로티 논쟁을 관통하는 중요한 축이다. 3절에서는 사적/공적 영역의 구분과 불가분하게 연결될 수밖에 없는 주제, 즉 로티가 옹호하는 지엽적인 특정 공동체의 정당화 기준이 과연 논쟁을 통해서 하버마스가 옹호하는 맥락 초월적이며 보편적인 정당화 기준으로 변환될 수 있는가를 다루었다. 이 논쟁은 '인식론'과 '윤리'의 영역에서 살펴볼 수 있다. 인식론과 윤리학 모두에서 하버마스는 맥락 초월적이며 보편적인 정당화가 가능하다고 주장한다. 반면 로티는 하버마스가 주장하는 지엽성을 초월하는 보편적 진리와 도덕은 현재의 정당화 맥락(justificatory context)을 초월하는 "보편을 향한 해석학적 유토피아(the hermeneutic utopia of universal)"라는 이상에 의해 추동되는 '논쟁'을 통해서는 넘어설 수 없고, 현재와는 전혀 다른 새로운 정당화 맥락의 도입에 의해서만 가능하다고 주장한다. 이는 '논증'의 영역이 아니라 새로운 '언어'의 도입에 의한 '사회적 희망'의 창출에 기초한다는 것이다. 요약하면, 3절에서는 하버마스가 주장하는 '논리 중심적(logocentric)' 논증이 가지는 한계와 정서 및 감정에 기반한 로티의 '희망'의 정치학을 대조·분석하였다.

이 책의 5장에서는 4장까지의 이론적인 논의를 넘어 하버마스-로티 논쟁을 사례 연구를 통해서 분석했다. 그럼으로써 이들 논쟁이 가진 추상성을 구체화해 이론의 충돌점을 더 미세하고 명확하게 예시하였다. 5장의 작업을 통해 하버마스가 주장한 소위 '맥락을 초월하는' 진리 주장이 가능한가를 실제 사례 속에서 논의해볼 수 있으며, 이러한 점에서 지금까지 추상적으로만 진행되어왔던 하버마스-로티 논쟁의 수준을 한 단계 끌어올릴 수 있을 것이다. 이는 이들 논쟁이 실제 상황에서 어떻게 전개될 수 있는가를 정말 '구체적'으로 보여줌으로써 독자들로 하여금 하버마스와 로티의 논쟁이 드러내는 문제들을 스스로 깨닫게 해줄 것이다. 이 예를 통해 심화시키고자 하는 논쟁의 초점은 과연 특정 공동체가 가지고 있는 진리 기준이 얼마나 보편화될 수 있는가다. 특정과 보편을 연결시키는 하버마스의 주된 개념적 자원은 그가 소위 "보편과 무제한적인 대화를 향한 해석학적 유토피아"라고 부른 것이다. 5장에서는 하버마스가 제시한 이 '이상(utopia)'이 '실제로 구체적인 논쟁' 상황―과학자 사회에서의 논쟁을 통해서―에서 어떻게, 그리고 어떤 경로를 통해 얼마나 작동할 수 있는가를 검토해볼 것이다.

결론에서는 하버마스와 로티 논쟁에 대한 지금까지의 논의를 비판적으로 평가함으로써 우리가 문화·정치·사회를 좀더 자유롭고 속박이 없는 방향으로 어떻게 이끌어갈 수 있는가에 대해 성찰해볼 것이다. 구체적으로 문화 변동은 하버마스가 주장하는 논증을 통해서보다는 로티가 강조하는 정서·감성·감정을 담고 있는 여러 매체들—소설, 드라마, 혹은 에스노그래피 등—을 통해 새로운 시대에 대한 희망을 창출하고, 그러한 사회적 희망에 기초해 결속력을 증진함으로써만이 가능한데, 나는 이 점을 로티철학의 사회학적 버전인 알렉산더(Jeffrey Alexander)의 '연행이론'을 통해서 예시할 것이다.

1

현대성과
비판이론

1.1 계몽주의와 그 이후: 마르크스, 루카치, 아도르노

하버마스의 사상을 이해하기 위해서는 하버마스가 통과해온 지적·사회적·정치적 환경을 먼저 이해해야 한다. 이는 그의 사상이 이러한 환경에 의해서 그리고 그와 더불어 그런 맥락에 반응함으로써 형성되고 변화되어왔기 때문이다. 전통적인 마르크시즘이 가진 경직성에 대한 비판으로부터 출발한 소위 프랑크푸르트 학파의 2세대를 대표하는 하버마스는 당연히 그 학파의 1세대 학자들, 즉 호르크하이머·아도르노·마르쿠제 등이 가졌던 문제의식을 공유하고 있다. 하지만 하버마스는 더 나아가 이들 1세대 학자가 해결하지 못했던 '합리성'의 문제, 즉 근대를 지배하는 합리성이 수반한 여러 모순과 괴리를 합리성과 합리화에 대한 새로운 시각으로 접근하고 풀어냄으로써 이 학파의 진화에 새로운 장을 펼쳐냈다고 평가받는다. 따라서 하버마스가 어떻게 1세대 학자들이 고민하고 씨름했던 합리성의 여파를 다룰 수 있었는가를 살펴보기 전에 나는 우선 프랑크푸르트 학파의 지적 계보를 간략히 살펴볼 것이다. 이런 지적 계보의 추적을 통해서 1세대 학자들과 하버마스가 어떻게 그들의 문제의식을 발전시키고, 또 그에 대한 해결책을 제시했는가를 이해할 수 있다.

프랑크푸르트 학파의 형성에 가장 직접적인 지적 영향을 준 학자가 마르크스(Marx)와 루카치(Georg Lukács)라는 데는 이견이 없다.[1] 이들 학자의 사상 중 프랑크푸르트 학파에 가장 많은 영향을 준 것은 자본주의의 발달이 야기한 '도구적 합리성' 혹은 목적 합리성(purposive rationality)의 팽창과 이에 따른 인간의 원자화, 파편화, 소위 '소외'라고 불리는 자기통제의 상실, 그리고 그에 기인한 지배와 억압 현상일 것이다. 따라서 이 장의 두 번째 절에서는 마르크스의 소외론과 현대로 진입하면서 팽창한 합리성이 초래한 사회정치적 여파에 대한 루카치의 '물화' 개념을 연장선상에서 살펴볼 것이다. 또한 이런 지적 계보가 어떻게 프랑크푸르트 학파의 문제의식 및 비판이론을 형성시켰는지를 짚어볼 것이다.

---

1   예를 들면 Robert Holub, *Jürgen Habermas: Critique in the Public Sphere*(London: Routledge, 1991); Peter Hamilton, *Knowledge and Social Structure*(London: Routledge and Kegan Paul, 1974).

1.2 마르크스의 소외이론

마르크스에 따르면, 자본주의의 생산양식 하에서 노동은 단순히 상품만을 생산하지는 않는다. 노동은 상품을 생산하는 동시에 또한 노동 그 자체를 재생산하게 된다. 노동을 유지하고 재생산하기 위한, 마르크스가 소위 "생존을 위한 최저 소득(subsistence level of income)"이라 부른 소득을 제외한 노동의 산물 모두가 그것을 생산한 노동자에 귀속되지 않고 착취를 통해 자본가에 귀속되며 또한 확대재생산에 다시 투입된다는 데서 그의 자본주의 비판은 시작한다. 바로 이 지점에서 마르크스의 '철학적 인간학(philosophical anthropology)'이 노동의 소외문제와 접합되는데, 마르크스에 따르면 인간은 노동하는 동물인 동시에 노동에서 삶의 의미를 찾는다. 자본주의 하에서 생산은 자본의 확대재생산을 위한 것일 뿐이다. 노동자의 생산물은 그 자신이 아닌 자본에 귀속되고, 결과적으로 그의 생산물로부터 소외됨으로써 삶의 '의미'를 잃고 표류하게 된다.

그렇다면 노동의 소외는 무엇인가? 첫째, 노동이 노동자의 외부에 존재한다는 사실을 말한다. 다시 말하면 노동이 인간의 근원적 본성(intrinsic nature)을 충족시키지 못한다는 것을 말한다. 즉 자신의 일에서 그는 자신을 긍정하기보다는 부정하고 만족하기보다는 불만족하고, 따라서 자신의 물리적이고 정신적인 에너지를 자유롭게 발달시키지 못하고, 결과적으로 자신의 몸을 죽여가고 정신을 몰락시킨다는 것을 의미한다. 따라서 노동

자는 단지 자신의 노동 밖에서만 자신을 느낄 수 있고, 노동 행위 안에서
는 자신을 잃어버리게 된다.[2]

이를 이해하기 위해 간단한 예를 들어보자. 예술가는 작품을 생산할
때 그 자신이 작품의 생산 과정을 '통제'하게 된다. 이는 다시 말하면 예
술가는 작품 생산 과정의 '일부'이며 작품을 만들어나가는 과정에서 작
품과 예술가는 하나가 된다. 만일 '영감'이 떠오르지 않는다면 예술가
는 잠시 자신의 작업을 멈추고, 영감이 떠오를 때까지 작업을 미룰 것
이다. 이것이 의미하는 바는 예술가는 작업 과정과 '유리되지 않고' 자
신이 작업 과정을 통제하며, 작업의 진척과 템포를 주관한다는 것이다.
이와 대조적으로 노동자는 작업의 템포와 진척을 조절하지 못하고 자
본가가 정한 공정에 의존한다. 그 결과 작업의 규정과 공정에 예속되게
된다. 이런 의미에서 그는 그의 작업에서 의미를 찾지 못하게 되고 자
신의 노동에 의해 지배되게 된다.

1911년에 출간된 『과학적 관리의 원리(*Principles of Scientific
Management*)』에서 테일러(Frederick Taylor)가 말하는 효율적이고 과학
적 관리란 무엇인가를 생각해보자.[3] 테일러에 따르면 과학적 관리란 주
어진 작업을 그것을 구성하는 요소로 쪼갬으로써(decompose) 이렇게

---

2 Karl Marx and Friedrich Engels, "Economic and Philosophical Manuscript", in
   Collected Works: Marx, Engels 1843~44(London: Lawrence and Wishart, 1987),
   p.274.
3 Frederick Taylor, *The Principles of Scientific Management*(New York: Dover, [1911]
   1987).

분리된 구성요소들을 과학적 원칙에 따라 '통제'하는 것을 의미한다. 테일러의 과학적 관리 원칙에 따라 시행된 소위 '시간과 동작 연구(time and motion studies)'는 생산을 효율적으로 하기 위해 노동자들의 작업 환경을 '조작'한다. 예를 들면 어떤 조도(照度) 하에서 생산이 가장 효과적인가, 얼만큼의 간격으로 노동자들에게 휴식시간을 줄 때 생산이 가장 효율적일 수 있는가 혹은 어떤 자세에서 생산이 극대화될 수 있는가 등이 시간과 동작 연구의 중요한 주제였다. 노동자는 단조롭고 기계적인 작업 과정 안에서 자본과 기술 등 다른 생산요소 가운데 하나에 불과한 것으로 취급된다. 노동의 의미를 상실하는, 파편화되고 원자화된 인간으로 전락하는 것이다. 테일러는 결국 관리자(매니저)도 필요 없는, '인간'을 완벽히 배제한 과학(manless science)에 의해 통제되고 조절되는 효율적인 생산을 가장 이상적인 것으로 묘사하고 있다.[4]

마르크스에 따르면 바로 이 과정에서 노동자는 또 한 번의 변환을 겪게 된다. 그는 노동자 자신이 생산 과정에서 자신과 자신이 만들어내는 생산물을 연결 짓는 의미를 잃어버리게 되고, 궁극적으로는 자신이 누구인가조차도 여타의 생산물, 즉 '사물(thing)들과의 관계' 속에서만 파악할 수 있게 된다고 말했다. 다시 말해 인간들의 관계는 사물들의 관계로 전환되어버린다. 이것이 마르크스가 주장한 소위 물신숭배(commodity fetishism)인데, 좀더 자세히 이 주장을 들여다보자. 마르크스에 따르면 상품은 '사용가치(use value)'를 충족하기 위해 만들어져야

---

4   Charles Perrow, *Complex Organizations*(New York: Random House, 1964).

하지만 시장이 중심에 있는 자본주의 하에서 상품은 그 '개인적 성격', 즉 사용가치를 상실하고 추상적인 교환가치만을 가진 것으로 변형된다. 상품은 개인적 성격을 잃어버리면서 '익명성'을 획득한다. 모든 것이 교환가치로 환원되는 자본주의 하에서 결국 개인에게 노동은 교환 행위가 상품들 사이에 직접 형성하는 관계들을 통해서만 의미를 가지게 된다.

자본주의 경제 하에서 사람들이 서로를 어떻게 대하는지 생각해보자. 사람들은 자신과 다른 사람들을 판단할 때 이들이 가진 고유의 성격―위에서 언급한 개인적 성격에―의해 판단하기보다 자신과 다른 사람들이 입은 옷, 그들이 가진 차, 그들이 사는 집 등에 의해 판단하게 된다. 이는 사회적 관계가 물질의 관계로 환원되고 있음을 의미한다. 우리가 중요하다고 '숭배'하는 것은 사람이 아니라 인간 '외'적인 것들, 즉 마르크스가 소위 유적 존재(species being)라 부른 인간 고유의 인성으로부터 유리되고 소외된 사물들 간의 관계다. 결과적으로 우리는 정확히 이해하지 못하는 사이에 미신화된 사물들 간의 관계를 숭배하게 되고, 이로부터 지배받게 된다. 우리가 생산해냈지만 그 생산물이 우리를 역으로 지배하게 된다는 사실을 불행히도 우리는 깨닫지 못한다. 이것이 물신숭배의 요체다. 마르크스에 따르면 종교와 마찬가지로 이런 교환관계를 통해 표출되는 물신숭배는 우리가 만들어냈지만 우리의 인식을 넘어 존재하고, 우리로 하여금 이런 관계가 '구성된 관계'라는 것을 깨닫지 못하도록 함으로서 '물화'되어 우리를 지배한다. "인간이 자신의 의식의 산물인 종교에 의해 지배받는 것과 마찬가지로, 자본주의 생산양식 하에서 인간은 자신의 손[노동]의 산물에 의해 지배받는다."[5]

이제 이렇게 물화된 세계는 자신의 고유한 생명을 획득하고, 이런 관계를 만들어낸 사람들에게 적대적 힘으로 다가오게 된다. 이러한 외적이고 적대적인 힘에 대항하기 위한 단 하나의 무기는 더 많은 자본을 축적하는 것이다. 자본주의 아래에서 사람들은 더 많은 소비를 원하고 이를 위해 더 많은 자본을 축적하려 한다. 그럼으로써 더욱 더 자신을 자본과 물신숭배의 늪으로 빠져들게 하는 것이다. 마르크스는 이에 대해 다음과 같이 썼다.

인간이 이와 같은 적대적 힘을 정복하길 원한다면, 돈에 대한 그의 필요는 점점 더 커져갈 것이고, 결국 인간은 점점 더 인간으로서 가져야 할 본성을 잃어버리게 된다.[6]

1.3 루카치와 헤겔화된 마르크시즘

문제는 이런 소외현상이 부르주아 사회과학에서는 자연스럽고 당연한 것으로 치부된다는 것이다. 물화의 결과인 소외가 당연시된다는 것은 이런 사실이 자연스러운 것으로서 마치 자연과학에서 다루는 대상,

---

5   Karl Marx, *Capital*(New York : International Publishers, 1967), vol.I, pp.680~681.
6   Marx and Engels, "Economic and Philosophical Manuscript", p.306.

즉 우리의 외부에 존재함으로써 우리가 바꿀 수 없고 움직일 수 없는 고정된 실재로 여겨진다는 의미다. 스미스(Adam Smith), 리카도(David Ricardo), 세(Jean-Baptiste Say) 등 고전 경제학자들의 이론으로 대변되는 정치경제학에서는 자본주의의 핵인 사유재산과 그 생산양식을 자연스럽고 당연한, 우리의 외부에 존재하며 움직일 수 없는 대상(objects)으로 취급한다. 이는 주체와 객체의 구분을 당연시하고 주체는 '수동적'으로 주어진 객관적 실재를 나타내고 묘사함으로써 객관성을 획득할 수 있다는 이데올로기를 마치 객관적 사실인 양 유포함으로써 자본주의의 영속화와 유지에 기여하고 있다는 것이 마르크스의 주장이다. 이를 더 이론적으로 세련화해 자본주의의 극복에 대한 구체적 이론을 제시한 사람은 루카치다. 루카치는 인간의 산물이지만 그렇게 인간에 의해 만들어지고 구성되었다는 사실이 잊혀지거나 은폐되어, 마치 이렇게 만들어진 것이 '자연적으로 주어진' 자연적 사물인 것처럼 여겨지는 모든 과정을 가리켜 '물화 과정(process of thingification, 혹은 reification)'이라 불렀다.

 루카치는 부르주아 사회과학이 가진 가장 큰 문제점으로 그것이 반 혹은 몰 변증법적이라는 점을 꼽는다. 그는 부르주아 사회과학자들이 주체와 객체가 서로 완벽히 떨어져 있으며 주체란 주어진 객관적 실재를 수동적으로 묘사하는 것이라고 얘기함으로써 주체가 객체를 변증법적으로 변환시킬 수 있는 가능성을 애초에 닫아버렸다고 비판한다.[7] 만일

---

7   Georg Luckács, *History and Class Consciousness*(Cambridge MA: MIT Press, 1971).

루카치가 주장하듯이 객관적이라고 강변되는 실재가 자본주의를 옹호하는 부르주아 지식인들이 만들어낸, 즉 구성된 어떤 것이라면 우리는 이 실재를 수동적으로 받아들일 하등의 이유가 없다. 그는 오히려 실천(praxis)을 통해서 이렇게 고정되고 움직일 수 없다고 규정된, 그러나 실제로는 구성된 실재를 변형시킴으로써 더 인간적인 사회로 나아갈 수 있다고 주장한다.

이 과정에서 루카치는 프롤레타리아가 역사의 주체인 동시에 객체임을 강조한다. 이는 루카치의 전통적인, 과학적 마르크시즘(scientific Marxism) 비판으로부터 시작한다. 그에 따르면 전통적인 과학적 마르크시즘은 자연과학처럼 저 너머에 존재하는 객관적 실재와 이를 수동적으로 인식하는 주관적 관점을 구분함으로써 방법론과 인식론적 측면에서 부르주아 사회과학과 궤를 같이하고 있다고 비판한다. 이렇게 주체와 객체를 분리하는 '이원론적 인식론'을 가진 과학적 마르크시즘은 어떻게 노동자들이 역사의 주체와 객체가 됨으로써 역사의 변형과 전환을 가져올 수 있는가에 답하지 못하고 있다고 루카치는 주장한다. 그 이유는 자신과 같은 이론가들이 의식 고양 행위를 통해 노동자들에게 역사적 총체성에 대한 인식을 전달하기 전에는 전통적인 마르크시즘에서 주장하는 '기계적인 사회·경제적 변화'는 기대하기 어렵기 때문이다.

노동자가 역사의 주체와 객체가 된다는 것은 무엇을 말하는가? 우선 역사의 객체가 된다는 것은 총체적 관점에서 다음을 의미한다. 노동자는 역사의 변화 및 진화에서 어떤 역할을 해야 하는가에 대한 인식을 가져야[즉 노동자들을 '대상화(objectify)'해야] 한다. 이런 인식이 그들에게 전달되고 각인될 때 노동자는 비로소 역사의 주체, 즉 변혁의 주체가 될 수 있다. 칸트가 궁극적으로 버리지 못한 주체와 객체의 구분을 넘어 주체와 객체의 구분 그 자체가 변증법적으로 초월될 수 있다는 (Aufgehoben) 헤겔의 주장을 받아들이면서, 루카치는 전통적 마르크스주의자들과 다르게 역사 변화에 있어서 '의식'의 중요성을 강조했다. 이러한 점에서 그는 소위 헤겔화된 마르크시즘(Hegelianzed Marxism)의 대변자로 등장하게 된다. 즉 이론과 실재를 떨어뜨려 생각해온 이분법적, 혹은 이원론적 인식론에 반해서 루카치는 주어졌다고 생각해온 실재가 실천을 통해 동적으로 변할 수 있다는 사실을 강조하는 것이다. 의식과 실재의 '변증법적 관계'를 설정하면, 사회·경제적인 구조의 혁명적 변화가 어떻게 유도될 수 있는가에 대한 가능성이 열리게 된다. 그러므로 루카치에게는 의식의 역할이야말로 사회 변혁에서 가장 중심적인 위치를 차지하게 된다.

루카치의 헤겔화된 마르크시즘 방법론의 핵심은 실제로 존재하고 관찰되는 노동자들의 계급의식에 '대비'되는 '이상적 계급의식'을 우선 '상정'하고 이러한 이상적 계급의식을 노동자들에게 귀속(impute)함으로써, 이렇게 합리적으로 재구성된 이상적 계급의식에 의거해 실제의 계급의식을 측정하고 평가하는 것이다. 루카치에 따르면, 이렇게 재구성된 이상적 계급의식과 실제로 노동자들이 보여주는 계급의식 사이에는 커다란 괴리가 있다. 즉 노동자들은 그들이 역사적 변혁의 객체와 주체가 되어야 한다는 인식을 결여하고 있으며, 오히려 주어진 실재— 즉 자본주의에 의해 주입되고 교육된 실재—에 자신들을 이미 '적응'시키고 있다. 이런 적응은 이들이 자본주의 체제를 '묵인'하거나 심지어 동조하는 형태로 지지하고 있음을 통해 관찰된다. 이런 상황에서 루카치는 자신과 같은 지식인의 역할은 이들 노동자로 하여금 자신이 역사적 총체적 현실에서 차지하는 위치를 인식시켜주고 객관적인 역사현실을 꿰뚫어볼 수 있도록 도와줌으로써 이들의 의식 변혁을 유도하는 것이다.

여기서 중요한 것은 지식인들만이 역사를 총체적 관점에서 볼 수 있고, 그 결과 노동자들의 객관적 위치를 찾아낼 수 있다는 루카치의 주장이다. 그에 따르면 부르주아 사회과학은 역사적 진화에서 그것이 차치하는 특수한 위치, 즉 자본주의 하에서 그것이 담당하는 특수한 기능 때문에 역사적 총체를 꿰뚫어 조망하는 전체적인 관점(holistic perspective), 즉 객관적인 관점을 가질 수 없다. 즉 부르주아 사회과학은 오직 제한된, 즉 자본주의를 유지하고 옹호하는 데 필요한, 또 그런 의미에서 '특수한 이해관계'로부터 자유롭지 못한 관점만을 가질 수밖에 없게 된다. 결과적으로 부르주아 사회과학은 역사에서 그것이 차지하는 위치를 '객관화(obectivate)'할 수 없게 되고, 주어진 실재를 유지하려는 근시안적·현상유지적인 관점을 영속화하려 한다. 이와 대조적으로 노동자들은 그들이 방어하고 지켜야 할 '특수한 이해관계(particular interest)'를 가지고 있지 않기 때문에 루카치와 같은 이론가의 도움 아래 역사적 객관성을 확보할 수 있으며, 이를 깨달았을 때 역사적 변혁의 주체로 설 수 있다.

그러나 불행히도 루카치는 그가 노동자들에게 귀속시킨 소위 '이상적인 계급의식'이 왜 어떤 이해관계에서도 자유로워야 하며, 따라서 객관적이며 특권화되어야 하는가를 증명하는 데 실패하고 말았다. 이를 이해하기 위해 만하임(Karl Mannheim)이 『이데올로기와 유토피아』에서 펼친 지식사회학 논의를 잠시 빌려오도록 하자.[8] 만하임에 따르면 부르주아들은 귀족계급이 부르주아가 주장한 자유로운 신분 상승과 언술의 자유를 핍박했다고 비판하면서, 다가오는 사회—즉 유토피아—에서는 개인의 능력으로 경쟁하고 그 결과에 따라 사회적 위치가 결정되어야 한다고 주장했다. 부르주아의 관점에서 볼 때, 귀족들이 끝까지 지키고자 했던 혈통과 신분에 대한 집착은 당시 떠오르는 계층이었던 부르주아 계층을 억누르고 핍박하고자 고안된 이데올로기에 불과했다. 부르주아들의 유토피아는 바로 이런 이데올로기로부터 자유로운 사회를 의미했다. 그러나 흥미롭게도 귀족의 지배에서 벗어나고 사회·경제·정치 모든 면에서 지배적인 위치를 차지하게 되고 난 후 부르주아들은 프롤레타리아의 고통에 관심을 두지 않았다. 그들은 프롤레타리아의 해방을 이루어질 수 없는 유토피아로 치부해버렸다. 결과적으로 한때는 부르주아의 유토피아였던 것이 이제는 프롤레타리아를 지배하는 데 유용한 이데올로기로 변해버린 것이다. 여기서 만하임 주장의 요체는 특정 계급의 상대적 위치에 따라 어떤 사상은 이데올로기가 될 수도, 유토피아가 될 수도 있다는 것이다. 따라서 절대적 의미의 이데올

---

8 Karl Mannheim, *Ideology and Utopia*. Translated by Louis Wirth and E. Shils(San Diego, CA: Harcourt, Brace and Janovich [1936] 1985.

로기, 혹은 유토피아는 정의될 수 없다.

이제 역사의 특정한 시점에서 프롤레타리아는 귀족의 지배에 저항했던 부르주아와 마찬가지로 자신들이 '객관적이고 이해관계에서 자유로운' 관점을 가졌다고 주장할 것이다. 그러나 만하임의 논의에 따르면 프롤레타리아도 일단 그들이 목적했던 것을 이룬 뒤에는 그들 자신의 이해관계를 방어하고 유지하기 위해 자신들의 관점을 특권화하려고 할 것이다. 루카치가 주장하듯이 역사에서 프롤레타리아의 이해관계만이 '일반적 혹은 보편적 이해관계'를 대변한다는 근거는 어디서 찾아야 하는가? 왜 프롤레타리아의 이해관계만이 다른 여러 집단의 이해관계에 '우선'하는 일반적이며 보편적인 이해관계로 파악되고 특권화되어야 하는가? 루카치의 『역사와 계급의식』에는 이러한 비판이 쏟아졌고, 기든스에 따르면 결국 "진보를 이루어내기보다는 철학 내에서의 퇴보로밖에 볼 수 없는 추상적인 '객관적 관념주의'로 전락하고 말았다".[9]

하버마스도 역시 같은 맥락에서 루카치를 비판한다.

루카치에 따르면 마르크스 이론은 생산 과정에서 임금노동자들이 차지하는 위치에서 파생되는 그들의 경험적 관점에서 얻어질 수 있는 특권화된 지식의 가능성 때문에 어떤 이데올로기적 편향에서도 자유로울 수 있다. 그러나 이런 주장은 프롤레타리아의 계급적 이해에서 '보편적 이해'를 발

---

9   Anthony Giddens, "Reason without Revolution", pp.95~124 in R. Bernstein(ed.), *Habermas and Modernity*(Cambridge: Polity Press, 1985). 인용은 p.105.

견할 수 있기를 원하고, 인류의 성찰적 의식을 프롤레타리아의 계급의식에서 발견하기를 원하는 역사철학적 관점에서만 타당한 것이다.[10]

1.4 계몽의 변증법: 호르크하이머와 아도르노

루카치를 계승한 호르크하이머(Horkheimer)와 아도르노(Adorno)가 『계몽의 변증법(*Dialectic of Enlightenment*)』에서 천착한 문제도 결국은 도구적 합리성의 팽배가 가져오는 '비가역적(irreversible)'인 물화와 소외의 문제였다. 아도르노의 '동일성 사고(identity thinking)' 개념은 이들이 어떻게 이데올로기 및 물화의 문제에 접근하는지를 잘 보여준다. 동일성 사고에 따르면 이데올로기란 모든 구별되는 것과 이질적인 것들을 '삼켜서' 동일하게 만들어버린다. 그럼으로써 차별적이고 개인적인 것들을 단일한 '이념적 우산(ideological umbrella)' 아래 복종시킨다. 마르크스는 자본주의 시장경제 하에서 생산물들이 그 개별적인 사용가치를 상실하고 오직 추상적인 교환가치만 지니게 된다고 주장했다. 이는 추상적 교환가치의 등가성(等價性)이 각 개별 생산물들이 가지고 있던 특정한 성격과 개별성 그리고 차이를 '소멸'시킴을 '은폐'하고 있다는 의미다. 위에서 논의한 물신숭배와 물화, 그리고 소외로 나타나는 추상적 교환가치의 등가성은 그 은폐적인 성격으로 인해 사람들의 의식을 지

---

10 Habermas, *The Philosophical Discourse of Modernity: Twelve Lectures*, pp.280~281.

배하고 있다는 것이다.

이러한 물화와 억압, 그리고 지배를 극복하기 위해 아도르노가 제시한 대안은 '부정 변증법'으로, 이는 '동일성 사고'를 가진 지배 이데올로기를 비판함으로써 균일화의 압력에 저항하고 '차이와 다양성의 힘'을 회복할 수 있도록 해주는 길이었다. 아도르노에 따르면, 인간을 단순한 '인지'의 주체로 간주한 계몽주의 인식론은 노동과 그 생산물의 극대화를 방해하는 여타의 모든 인간의 지각 활동을 제한하고 억압하며, 도구적인 행위에 사용될 수 있는 지각 활동만을 선별적으로 발달시킴으로써 인간의 본능적이고 감성적인 지각 능력(perceptual ability)을 점차 쇠퇴시켰다.[11]

계몽의 변증법의 중심적인 메타포가 된 『오디세이』에서 오디세우스는 자신의 몸을 돛에 묶는다. 호네트(Axel Honneth)가 주장하듯이 '도구적 합리성(purposive rationality)'이 요구하는 일을 제외한 자신의 모든 욕망을 '억제'하려는 메타포는 자연을 지배하려는 인간의 끊임없는 욕망과 추구가 자신의 '내적 본성'을 스스로 억누르고 억압하고 정복하는 과정을 통해 결국 인간 자신도 그 지배 도구의 사슬에 묶여 신음하는 노예가 되었음을 예시한다.[12]

아도르노와 호르크하이머가 부각시킨, 계몽주의로 인해 피폐해진 인

11 Theodor Adorno, *Negative Dialectic*, translated by E.B. Ashton(New York : Seabury Press, 1973).

12 Axel Honneth, *The Critique of Power : Reflective Stages in a Critical Social Theory* (Cambridge, MA: MIT Press, 1987), p.47.

간상은 인간의 본능적이고 감성적인 측면이 쇠퇴되고 오직 자연세계를 정복하고 지배하는 데 요구되는 도구적 이성만이 발달한 절름발이 인간을 의미한다. 문명화 과정은 인간 자신이 스스로를 도구적 이성의 대상(object of manipulation)으로 전락시키며, 그 결과 자신을 성찰의 주체로부터 제외하는 '자기부정(self-renunciation)'으로 이끌었던 것이다.

이러한 퇴보(regression)는 생기 있는, 살아 있는 사람들의 감성적인 경험의 세계에 국한되지 않고 감성을 지배하기 위해서 감성으로부터 분리되어 나온 지성에도 동시에 적용된다. 감성을 지배함으로써 얻어지는 지적인 기능의 통일 ―즉 사고를 단일한 기준에 대한 합의로 환원시키는 것― 은 사고와 경험의 빈곤을 의미한다: 이 두 영역의 분리는 양자 모두를 파괴하게 된다. 교활한 오디세우스 시대의 지배자들과 현대의 단순한 행정가들이 조직과 행정을 통해 사고를 제약하는 행위는 적은 수의 사람들을 조작하는 문제에 국한되지 않기 때문에 이는 지배자들의 사고도 반드시 이에 의해 제약된다는 것을 의미한다.… 현대를 사는 사람들의 퇴보는 자신의 귀로 새로운 것(unheard-of)을 들어도 듣지 못하고 이해되지 않은 것(unapprehended)을 그들 자신의 손으로도 만질 수 없다는…새로운 형태의 망상(delusion)에서 나타난다.[13]

---

13 Max Horkheimer and Theodor Adorno, *Dialectic of Enlightenment* (New York: Continuum 1995), p. 36.

아도르노에게 있어 '동일성 사고'는 철학이 전통적으로 추구해온 비언어적인 실재(prelinguistic truth)가 철학적 언어와 개념, 그리고 명제를 통해 밝혀질 수 없음을 또한 의미하는 것이다. 즉 논리적 개념이 그것과 독립적인 실재를 묘사하고 잡아낼 수 있다는, 주체/객체를 구분하는 종래의 이분법적 사고가 지닌 문제는 이 개념 혹은 명제로 포착될 수 있는 것들이 '동일성(identity or sameness)'을 가지고 있다고 가정하는 것이다. 그가 『부정변증법(Negative Dialectic)』에서 정의한 변증의 의미는 개념과 그것이 지칭하는 외부 실재 간의 '차이' 혹은 간극에서 찾을 수 있다. 개념과 그것이 지칭하는 외부세계와의 대응이 불완전하기 때문에, 즉 개념이 다 포괄하지 못하는 타자가 존재하기 때문에 개념과 외부세계 지칭물 사이에 차이가 발생한다. 동일성 사고란 바로 이러한 차이를 없애고 억누르고 제외하려는 시도다.

동일성 사고는 마치 개념과 외부 지칭물 간의 간극이 존재하지 않는다는 듯, 개념과 외부세계의 완벽한 대응(tight correspondence)을 상정한다. 따라서 아도르노에게 있어 동일성을 회복한다는 것은 개념과 지칭물 사이에 놓인 간극의 모순을 없애버림으로써 개념이 지칭물과 대응하도록 개념을 조정하는 것을 의미한다. "모순은 동일성의 관점에서 볼 때 비동일성(non-identity)이다. 변증 과정에서 모순에 중요성을 부여하는 이유는 이것이 동일성 사고에 반하여 이질적인 것을 대치시키기 때문이다".[14] 비동일성을 인식하는 것은 곧 명증한 언어에 대한 갈구가

---

14 Adorno, *Negative Dialectic*, p.5.

가지는 모순, 즉 이질성 혹은 차이(heterogeneity)를 개념적 틀 안에 가두려는 시도가 잘못된 것임을 깨닫는 것이다. 철학에 대한 "자기 성찰은 이러한 패러독스를 파헤치고 드러낸다".[15]

철학적 언어는 후설(Husserl)이 그려낸 언어 이전의 영역을 순수하게 묘사하려는 열망으로 가득 차 있지만 이런 시도는 '개념으로 포착할 수 없는 비개념적인 것(Begriffslose)'을 개념이 요구하는 우산(외연) 아래 동일한 것으로 간주·포착함으로써, 억압하고 도외시하고 또 제외시켜버린다. 아도르노에게 철학적 사유란 철학이 지금까지 추구해온 순수 언어에의 추구가 가진 문제점이 무엇인가를 '성찰'하는 것이다.

아도르노에 따르면 개인적인 모든 것이 발현(articulate)되지 못하고 물화되고 단일화된 도구적 합리성에 의해 삼켜져버리는 상황에서는 사회과학도 하나의 이데올로기로 전락할 수밖에 없게 된다. 왜냐하면 사회과학의 분석적 개념 자체도 다양하고 이질적인 것들을 일반적 개념이라는 제한된 '틀' 안에 가두고 분류함으로써 이들이 가진 다양성을 균질화(homogenization)하고, 그 결과 또 다른 '지배의 도구'로 전락하기 때문이다. 이것이 아도르노가 그의 『인식론 비판(*Against Epistemology*)』에서 주장한 도구적 인식론 비판의 요체다.

탈미신화 과정에 결정적인 역할을 한 논리는 실제로는 모호한 것에 질

---

15 Ibid, p.9.

서를 부여하고 통합하려는 시도의 일환으로 출현했으며 (…) 따라서 이런 논리는 인식 주체로 하여금 모호하고 형태 지우기 어려운, 그리고 가변적인 것들을 극복할 수 있도록 해준다. 논리는 경험을 분류하고 구획하는 것을 가능케 함으로써 그것이 요구하는 분류 틀에 맞는 것만을 정리한 '형식[form]'으로써 존재한다. 이런 형식에 부합되는, 자연세계에 대한 단 한가지 종류의 주장들은 이런 형식들이 가지는 '동일성[identity of those forms]'에 의해 포착될 수 있는 것들뿐이다.[16]

아도르노가 위의 인용문에서 논리라고 표현한 '이성(reason)'도 결국 우리를 지배로부터 벗어날 수 있도록 해주는 어떤 것이 되기보다는, 이질적인 것을 고정된 개념과 논리적 형식 안에 몰아넣음으로써 지배를 위한 또 다른 도구로 전락하게 된다. 궁극적인 구원은 차이와 창의성을 극대화해주는 예술에서 찾아야 하지만, 역시 자본주의 하에서의 문화와 예술은 부르주아 지배이데올로기와 도구적 이성의 확산을 통해 개인적 취향을 균일화하는 문화산업으로 변질되어버린다. 그 결과 대중들의 비판적 의식은 마비되고, 그들 모두는 균일한 문화의 무비판적인 소비자로 전락하고 말았다고 호르크하이머와 아도르노는 주장한다.

바우만(Zygmunt Bauman)이 그의 책『유동적 삶(*Liquid Life*)』의 마지막 장에서 절묘한 필치로 그려낸 아도르노의 비판이론은 아도르노가

---

16 Theodor Adorno, *Against Epistemology: A Metacritique*, Translated by Willis Domingo(Cambridge, MA: MIT Press, 1982), p.80.

현대로부터 후기 현대로 넘어오면서 어떻게 인간이 도구적 합리성의 폭발적인 증가에 의해 포로가 되었으며, 지식인은 어떻게 이를 비판할 수 있는가에 대한 매우 흥미로우면서도 도발적인 그림을 제시하고 있다. 위에서 잠시 논의한 것처럼 계몽주의에서 잉태된 도구적 이성에의 편향적 강조, 그리고 근대 자본주의의 발전에 필수적이었던 도구적 이성, 즉 과학에 의한 생산의 최적화·최대화에의 강조는 바우만이 소위 '행정의 시대(age of administration)' 라고 명명한 시대를 초래했다.[17] 행정의 시대에서 가장 중요한 역할을 한 사람들은 다양한 형태의 행정가들이었다. 이들은 문자 그대로 조직을 이끌고 그 목표를 달성하기 위해 전통적인 가치 및 행위와 싸웠다. 또한 게으르고 나태한 조직원들을 과학적으로 통제하고 독려함으로써 새로운 시대, 즉 자본주의 시대에서 최적의 조직을 유지하려 했다. 이들은 조직의 리더로서 앞으로 어떤 목표를 달성해야 하고 그런 목표를 어떻게 효율적으로 달성할 수 있는가를 조직 구성원들에게 전달하고 이해시키는 역할을 수행했다.

바우만이 지적하듯이 이 시대 사람들은 행정가 혹은 리더에 의존했다. 집단에의 '귀속감'이 존재했던 시대였다. 다시 말하면 이때의 개인들은 그들 자신의 힘보다는 리더의 영도력에 의존하면 되었다. 현대로의 이행은 모든 것에 대한 변화를 요구했지만, 이들이 걱정과 불안에서 벗어날 수 있었던 것은 행정가들의 지도력에 의존할 수 있었기 때문이다. 1938년에 출간된 바나드(Chester Barnard)의 책, 『지도자의 기능(*The*

---

17   Zygmunt Bauman, *Liquid Life*(Stanford, CA: Stanford University Press, 2005), p.130.

Functions of the Executive)』은 책 제목에서부터 알 수 있듯이 조직이 개인에 우선한다는 경영철학, 즉 행정의 시대에 탄생한 경영철학 혹은 조직철학이었다.[18]

그러나 후기 현대사회(late modern society)로 진입하면서 개인들은 주어진 목표와 그 목표를 달성하기 위해서 응집했던 조직으로부터 탈각되기 시작했다. 후기 현대사회에서 사람들은 더 이상 하나의 혹은 정해진 목표를 부여받고 이를 달성하도록 독려되는 집단에 속하지 않았다. 모든 것이 변화되기를 요구받는 사회에서 사람들은 그야말로 '변화를 위한 변화'에 적응하기 위해 몸부림치는 '개인'들로 변모했다. 이제 생존과 적응은 집단이 세운 목표에 따른 구성원들의 집합적 경영을 통해 달성되는 것이 아니라, 무섭도록 빠른 변화에 적응해야 하는 개인 자신의 몫으로 남겨지게 되었다. 이렇게 탈각된 상태에서 오는 두려움과 외로움을 떨쳐내기 위해 이제 개인들은 가상의, 혹은 거짓 집단을 만들어 내고 이런 집단에 스스로를 편입시킴으로써 나르시스적인 만족을 얻어낸다. 그러나 바우만에 따르면 이런 나르시스적 만족은 그야말로 '가상적인 집단'에 속함으로써 얻어지는 것이기 때문에 개인들이 진정 필요로 하는 결속력과 귀속감은 제공할 수 없었다. 소위 문화 산업의 핵심을 이루는 소비들, 예를 들면 대중음악의 빠른 변화와 그에 열광하는, 서로가 같은 취향을 가졌다고 '믿는' 소비자들 그리고 머리색을 어떻게

---

18 Chester Barnard, *The Functions of the Executive*. Cambridge(MA : Harvard University Press, [1938]1971).

물들이는 것이 유행에 뒤떨어지지 않는 것인가에 대해 전전긍긍하는 사람들은—바우만에 따르면—후기 현대의 개인들이 스스로 만들어낸 집합적 환상에 지나지 않는다.

바우만이 이런 두 종류의 사회를 대비시킨 이유는 아도르노의 작업이 "위에서 논의한 두 개의 이야기[즉 두 형태의 사회에 대한 이야기]를 결합하고 있기" 때문이다.[19] 다시 말하면 아도르노에게 "두 번째 이야기를 통해 묘사된 세계는 첫 번째 이야기를 통해 묘사된 세계의 부정, 즉 두 번째 사회에 대한 첫 번째 사회의 대립을 의미하고, 결국 첫 번째 세계의 자기붕괴의 결과물이 바로 이런 저항과 대립으로 나타난 것"을 의미한다. 이런 두 세계를 결합시키기 위해 아도르노는 두 세계의 분리 혹은 구분을 필요로 했다는 것이다.[20] 무한 경쟁을 통해서 빠르게 증가한 도구적 합리성은 살아남기 위해서는 혁신해야 한다는 것을 깨닫게 하고, 그 결과 기능적으로 문제없는 모든 것—기업, 학교 등—을 단순히 변화해야 한다는 강박관념의 희생물로 만들고 폐기해버리는 결과를 초래했다. 개인들은 이제 어떤 관리자도 보호할 수 없는 무서운 경쟁으로 내몰렸으며, 이것이 바로 후기 자본주의 사회라고 바우만은 주장한다.

아도르노는 이런 후기 현대사회에서 발현되는 변화에의 극단적 강조가 도구적 합리성의 '극한'이라고 생각하며, 비판이론가로서 여기서 벗어날 수 있는 길을 처방했다. 이는 '병 속의 메시지'라는 비유를 통해 전

---

19 Bauman, *Liquid Life*, p.134.
20 Ibid.

달되는데, 하버마스에 따르면 이와 같은 아도르노의 해방 전략은 '암울한' 해방에의 비전으로 인도했다. 하버마스가 『현대성에 관한 철학적 담론』에서 아도르노의 비판이론을 희망이 없는, 단순한 주관성의 철학이라고 비판한 것은 그 때문이다. 우선 병 속의 메시지라는 은유를 통해 아도르노가 제시한 비판이론의 기능과 역할을 살펴보자. 전통적인 지식인과 비판이론가가 실제 실천의 세계에서 자신의 이론을 검증하고자 한 것과 반대로 아도르노는 이론은 결코 '현재의 실천'을 통해서는 검증 혹은 확증될 수 없다고 주장한다. 이 주장의 저변에는 철학의 기능과 역할에 대한 아도르노의 독특한 철학적 사유가 숨어 있다. 아도르노에 따르면 철학은 현재의 실천을 넘어서는 사유, 즉 현재 실천의 세계에서는 가능하지 않다고 생각하는 '희망'을 이야기할 수 있어야 하는데 이는 현재의 실천에 몰입해 있는 일반 대중들에 의해서는 인지되지도 않고 또 심한 경우에는 거부되는 그런 희망이기 때문이다.

> 실천은 [이론을 검증할] 권위를 상실하게 되는데 이는 실천이 과거에 충족되지 않은 희망과 약속들을 저버리고, 그 결과 그런 희망을 지키고 실현하기 위해 싸워온 이론을 이론들의 전장 안에만 있도록 내버려두었기 때문이다.[21]

비판이론가는 이런 희망이 현재 실천의 세계에서는 이루어지지 않는

---

21 Ibid, p.140.

세계라고 해서 포기해서는 안 되며, 이런 희망에 대한 메시지가 언젠가는 이루어질 수 있다고 믿고, 그런 상황이 오기를 기대하며 이론적인 비판을 멈추지 말아야 한다. 이것이 지식인의 사명에 대한 아도르노의 생각이다.

이제 '병 속의 메시지' 비유가 의미하는 바가 확실히 드러날 것이다. 현재(혹은 당대)의 실천의 세계에 매몰된 사람들은 희망의 메시지를 보기를 거부하거나 혹은 무시하고 있지만 지식인은 그런 비판이 읽히고 받아들여질 날을 기다리는 심정으로 비판적 논의를 계속한다는 것인데, 이는 마치 메시지를 병 속에 넣고 바다에 떠내려가게 하는 것과 같다. 왜냐하면 이 메시지가 종국에 누구에겐가 바다에서 건져내지고 읽혀지고 또 이해될지는 지식인이 예측할 수도 또 통제할 수도 없는 영역이기 때문이다. 메시지를 병에 담아 바다에 떠내려가도록 하는 데서 지식인의 사명은 끝난다는 것이 비판적 지식인에 대한 아도르노의 생각이다. 메시지가 궁극적으로 읽힐지, 읽힌다 해도 이해될지, 이해된다고 해도 그것이 실천으로 옮겨질지는 알 수 없다. 하지만 이 메시지가 미래의 어느 시점에 읽히고 또 그로 인해 실천의 변화가 촉발되기를 바라는 '희망'이 지식인에게 존재한다. 이것이 아도르노 비판이론의 핵심이다.

2

계몽주의에 대한 하버마스의 옹호

합리성과 합리화에 대한 새로운 접근

2.1 하버마스와 프랑크푸르트 학파: 『계몽의 변증법』을 넘어서

크게 보면 하버마스의 의사소통 행위이론은 자본주의에 내재되어 있는 도구적 합리성이 초래하는 '비관적 관점'이 극복될 수 있다는 것을 역설(力說)하고자 하는 시도였다. 사적 유물론에 입각해 인간이 역사의 발전 방향에 영향을 미칠 수 있는 여지를 부정한 전통적인 결정론적 마르크시즘과 노동자 계급만이 역사에서 가장 객관적인 인식이 가능하며 따라서 특권화된 위치를 차지한다는 루카치 식의 마르크시즘 모두를 비판한 하버마스는 자신이 속했던 프랑크푸르트 학파의 거장인 아도르노와 호르크하이머의 비관적 관점도 역시 비판한다.

아래에서 자세히 논의하겠지만, 하버마스는 아도르노와 호르크하이머의 철학이 서양 철학의 전통 '안'에서 철학적 선배들의 이론을 서로 충돌시키고 비판하는 '나르시스적인' 철학적 자기성찰에만 머물렀기 때문에, '주관성의 철학(philosophy of subjectivity)' 혹은 '의식의 철학(philosophy of consciousness)'을 벗어날 수 없었다고 비판한다. 위에서 논의한 아도르노의 '반인식론' 그리고 '부정의 변증법' 등은 모두 아도르노가 그의 철학적 선배들의 인식론, 특히 후설(Edmund Husserl)을 비판하고 극복하려 한 시도였다. 그 결과 그의 논의는 철학적 전통 안에 '갇혀서' 철학이 사회적으로 가져야만 하는 공적 유용성(public utility)을 도외시한 혹은 상실한 주관성의 철학으로 전락하고 말았다.

하버마스가 왜, 그리고 어떻게 호르크하이머와 아도르노 그리고 더 나아가 로티 등의 철학을 '주관성의 철학'이라고 명명하고 비판했는가를 이해하기 위해서는 물론 긴 우회가 필요할 것이며 이 우회는 하버마스 사상의 진화를 살펴보지 않으면 이해될 수 없는 것이다. 하버마스에게 도구적 이성의 지배에서 파생되는 현대의 비극을 해결할 수 있는 방법은 다음과 같았다. 바로 주관성의 철학에서 벗어나 우리를 지배하고 있는 의식의 표면 아래에 묻혀 있던 지배를 언어적 논쟁의 대상이 되도록 하고, 이러한 성찰적 시도들을 통해 지배에 의해 왜곡된 소통을 바로잡아나가는 '상호주관성의 철학(philosophy of intersubjectivity)'으로 옮겨가는 것이다.

아래에서는 일단 하버마스가 호르크하이머와 아도르노의 철학을 '주관성의 철학'이라고 비판한 근거를 살펴볼 것이다. 이와 동시에 그가 도구적 합리성이 초래한, 피할 수 없다고 여겨져온 비극을 초월할 수 있는 단초를 '언어적 전환'에서 찾게 되는 과정을 추적해볼 것이다. 『현대성에 관한 철학적 담론』에서 하버마스는 『계몽의 변증법』에 대한 비판을 다음과 같이 시작한다.

이 책[『계몽의 변증법』]의 철학적 주장을 한 발 물러나 진지하게 생각해봄으로써 『계몽의 변증법』에서 사용된 수사(rhetoric)에 설득당하지 않은 독자들은, 이 책의 주장이 이들과 유사한 니체의 비관론 못지않게 위험한 것이라는 인상을 받을 것이다. 즉 이들 저자가 이런 위험을 알고 있음에도 불구하고 그들의 문화 비판을 정초(ground)하려는 일관된 시도를 한다는 인상 말이다. 그렇게 함으로써 그들은 자신들이 대의(大義)라고 내걸었던 주장을 추상화·단순화해, 그 주장이 가진 타당성을 퇴색시키고 말았다.[1]

이 인용문에서 그들이 이미 알고 있는 위험이란 무엇인가? 또 이런 위험을 알고도 문화 비판을 정초(定礎)하려는 시도는 왜 문제가 되는가? 왜 이런 시도가 그들이 비판이론의 핵심으로 내걸었던 자본주의 문화 비판을 단순하고 추상적인 비판으로 전락하도록 만들었는가? 하버마스에 따르면 호르크하이머와 아도르노는 현대 자본주의 사회가 이미 생산력과 생산관계의 '치명적인 공생관계(baneful symbiosis)'를 유지하는 것으로 보았고, 그 결과 생산력의 발전으로 인해 생기는 전자와 후자와의 괴리(gap)에 입각해 비판의 근거를 생성해왔던 사회적·경제적 변화의 '동력'을 상실한 것으로 생각한다.[2] 이런 상황에서 그들은 "이데

---

1   Habermas, *The Philosophical Discourse of Modernity: Twelve Lectures*, p.110.

올로기 비판을 그 힘을 잃은 것으로 간주하면서 또 다른 한편으로는 계몽주의의 주된 선구자 역할을 하고 싶어한다. 그 결과 그들은 계몽주의가 신화와 미신에 했던 짓을 계몽의 과정 전체에 적용한다. 이성이 그 자체의 타당성의 기초로 작동하는 것을 부정함으로써, 비판은 이성을 포함하는 모든 것을 비판하게 된다. 여기서 야기되는 비판의 전체화와 비판의 독립성은 어떻게 이해돼야 하는가?"[3]

위에서 인용한 부분은 『계몽의 변증법』에서 호르크하이머와 아도르노가 제시한 '이성의 모순된 역할'에 대해 하버마스가 제기했던 비판의 핵심이다. 다소 어렵기는 하나 이 인용문을 이해하는 것은 아래에서 더 자세히 논의될 하버마스의 언어적 전환을 이해하는 단초를 제공할 것이다.

여기서 중요한 것은 비판이 '전체화'된다는 것과 비판이 '독립적'이 된다는 것의 의미다. 우선 비판이 전체화된다는 것은 비판하는 관점 그 자체도 자본주의 하에서 이미 결정된, 즉 위에서 언급한 생산력과 생산관계가 가진 치명적 공생관계의 일부일 수밖에 없고, 따라서 비판 그 자체도 그 공생관계에서 이미 주어진 틀 안을 벗어나지 못하게 되는 것—즉 순환적라는 것—을 의미한다. 반면 비판의 독립성은 이런 틀 밖으로 나올 수 있는 객관적인 관점—다시 말하면 이성이 그 자체에 대해 성찰할 수 있는 역할을 회복 하는 것—을 의미한다.

---

2   Ibid, p.118.
3   Ibid, p.119.

이데올로기라는 의심은 **전체적인 것**이 되지만, 그 방향은 바뀌지 않는다. 그러한 의심은 부르주아의 이상(ideal)이 수행하는 비합리적인 기능뿐 아니라 부르주아 문화 그 자체가 가지고 있는 합리적 잠재성에도 공히 적용된다. (…) 그러나 [이데올로기 비판의] 목표는 여전히 폭로의 효과를 생산해내려는 것으로 남아 있다.[4]

하버마스는 호르크하이머와 아도르노가 자본주의 경제와 국가 하에서 이성이 권력과 타당성을 구분할 수 없는 상태에 이르렀다며 이성의 힘을 부정하면서도 그들이 이런 사실을 비판할 때는 여전히 '이성'의 또 다른 측면, —위의 인용문에서 '합리적 잠재성'이라 부른— 즉 이성에 대해 이성적으로 생각할 수 있는 기능은 포기하지 않고, 비판자로서의 '폭로'의 효과를 목표로 하고 있으므로 이들의 주장이 '자기모순'에 이를 수밖에 없다고 비판한다.

도구적이기 때문에 이성은 권력에 동화되고 그렇게 됨으로써 그 비판적 힘—즉 그 자체에 적용되어 이데올로기를 찾아낼 수 있는 힘—을 상실한다. 비판적 능력의 자기파괴에 대한 이러한 묘사(描寫) 혹은 기술(記述)은 물론 자기모순적이다. 왜냐하면 그것을 묘사하는 순간에도 묘사하는 사람은 그가 이미 그 기능이 마비되었다고 공언한 비판을 사용할 수밖에 없기 때문이다. 즉 그런 묘사는 그 묘사의 도구를 가지고 계몽이 전체적이

---

4   Ibid, p.119.

되는 것을 비난하고 있다.[5]

하버마스는 이데올로기 비판이 전체적이 되면서 동시에 또 독립적이
될 수 없음에도, 즉 두 주장이 양립할 수 없음에도 이런 위험을 무릅 쓰
고 이성의 독립성을 회복하려는 시도를 했기 때문에 아도르노는 결국
자가당착에 빠질 수밖에 없음을 위의 인용문에서 주장하고 있다. 그렇
다면 이성이 독립적이 될 수 있을 때, 즉 이성이 자신의 기능에 대해서
성찰했을 때 나타나는 현상은 어떻게 측정될 수 있으며, 이런 증거는
어떤 방식으로 호르크하이머와 아도르노 비판에 적용될 수 있는가?

위에서 이미 하버마스는 자신들의 비판을 '정초'하려는 호르크하이
머와 아도르노의 시도는 위험한 것이라고 주장한 바 있다. 만일 이들
이 주장하듯 자본주의 하에서의 모든 이성이 도구적·목적지향적 이성
으로 전락할 수밖에 없고 따라서 이성 자체도 그 자체의 타당성에 대한
타당성을 구분해낼 수 없다면, 무슨 이유로 자신들의 비판적 관점, 즉
똑같이 '이성'을 통해서 사유하는 자신들의 이성은 지배적인 도구적 이
성으로부터 '독립적'이 될 수 있고, 그 결과 그들의 비판을 '정초'할 수
있는가를 묻고 있다. 다시 말해 정초한다는 것은 '순환적 논리'를 벗어
난, 비순환적으로 정당화할 수 있는 어떤 곳에다 그들의 이성을 정초한
다는 것이다. 이성을 포함한 모든 것이 회의되고 의심되는, 그들이 치
명적 공생관계라 부른 자본주의 경제 하에서 어떻게 그들은 자신들의

---

5   Ibid, p.117.

이성을 이와 독립적으로 정초할 수 있을까?

하버마스에 따르면 아도르노는 이미 이런 전체적인 비판이 안고 있는 '자기모순'을 잘 알고 있었고, 『부정의 변증법』에서 왜 우리가 이런 순환적인, 즉 모순적인 상태에 있을 수밖에 없는가를 계속 설명해나가고 있다. 『부정의 변증법』에 대한 아래 주장은 아도르노의 문제를 첨예하게 드러내주므로 다소 길더라도 전문을 인용해보도록 하자.

그[아도르노]는 이성의 자기-준거적인 비판이 가지고 있는 역설 혹은 모순을 피하지 않는다. 그는 니체 이후의 사상적 조류인 이런 수행적 자기모순을 피할 수 없는 것으로 받아들임으로써 이를 간접적인 소통의 수단으로 삼는다. 그 자체에 적용된 동일성 사고는 결국 지속적인 '자기부정'으로 이어지고 그런 자기부정이 만들어낸 상처를 아프게 하고 노출되도록 해준다. 이런 행위는 정말로 부정의 변증법이라는 명칭을 받을 만한데 그 이유는 헤겔 논리학 안에서 소위 탈미신화의 우상으로서의 부정은 중요한 위치를 잃어버렸음에도 불구하고 아도르노는 쉬지 않고 부정을 실천하고 있기 때문이다. 더 이상 그 기반에 대해 확신을 가질 수 없는 비판적 절차에의 집착은 하이데거와는 다르게 아도르노가 담론적 사상에 대한 어떤 엘리트적인 경멸도 가지고 있지 않다는 사실로 설명될 수 있다. 아도르노에 따르면, 우리는 망명가들처럼 담론의 영역에서 헤매고 있다. 그럼에도 불구하고 우리가 오래 전에 잃어버린, 원초적인 과거에 속한 강제되지 않은 직관적 지식을 담고 있는 유토피아와의 연결을 보전하는 길은 성찰 자체를 자신에게 적용한 결과인 근거 없는 성찰의 힘을 고집하는 길 뿐이다.[6]

위에서 살펴본 호르크하이머와 아도르노의 주장, 즉 자연을 지배하기 위해 극도로 편향적으로 발달된 도구적 합리성이 '이성'이 할 수 있는 역할의 전부이며, 따라서 궁극적으로 이성은 그 자신이 만들어낸 세계—즉 자연을 지배하고 인간 자신을 보전하기 위한 과정에서 도구적 합리성이 과잉된 세계—의 '포로'가 될 수밖에 없다는 비관적 시나리오는 현대 과학·정의·도덕에 대한 보편적 개념 그리고 자율적 예술 영역의 출현과 같은 최근의 경험적 현상들에 비추어볼 때 그 설득력을 잃고 만다고 하버마스는 주장한다.

　아래에서 좀더 자세히 논의하겠지만, 이것이 위의 인용문에서 하버마스가 호르크하이머와 아도르노의 계몽의 변증법이 지나친 추상성과 단순화의 희생물이라고 비판한 이유다. 그렇다면 하버마스는 어떤 '경험적 사실'에 입각해 자본주의 하에서 이성은 도구적 혹은 합목적적 이성의 역할 이상은 할 수 없으며, 결국 모든 이성적 사유는 자본주의 하에서의 권력을 추종하는 기능 이상은 할 수 없다는 호르크하이머와 아도르노의 주장을 비판하는가?

　하버마스에 따르면 베버가 밝혀낸 현대사회에서의 과학·도덕·예술 세계의 분화는 호르크하이머와 아도르노의 비관적 관점이 어째서 단순화와 추상화의 산물일 뿐 후기 현대사회의 과학, 정의-도덕 그리고 예술에 대한 정확한 진단이 될 수 없는가를 극명하게 드러내준다. 첫째, 호르크하이머와 아도르노는 현대 과학이 논리 실증주의(logical

---

6　Ibid, pp.185~186.

positivism)가 묘사한 대로 단순히 자연세계를 인간의 목적에 맞도록 조작하는 도구적 이성 혹은 기술적 합리성 이상이 아니라고 주장한다. 이들에게 과학은 자본주의 사회에서 사용되는 도구 중 하나일 뿐이지만, 아이러니하게도 과학은 무엇이 객관적인 권위를 가져야 하는가의 문제에 있어서도 가장 커다란 권력을 행사한다. 이제 과학은 단순한 기술적 혹은 도구적 영역을 넘어 도덕과 '정의'의 영역에 대해서도 강력한 권위를 지니며, 실증주의는 종교와 인간에 대한 모든 형이상학적 사유가 가지고 있던 '규범적' 요소들을 폐기해버린다. 결국 종교와 도덕, 정의의 문제를 실증적 사유로 환원함으로써 무엇이 추구되어야 하고 무엇이 도덕적으로 정당화될 수 있는가―즉 규범과 가치에 관한 문제들―를 하나의 단일한 기준, 즉 과학적 기준에 의해 재단하게 된다.

마찬가지로 문화의 영역에서도 그들이 '문화산업'이라고 부른, 후기 현대사회의 문화 생산과 소비는 사회 구성원들로부터 창의성과 개인성을 앗아가는 힘 혹은 권력으로 작동한다. 사람들은 이런 권력의 지배 하에서 자본의 폭발적 팽창과 개인의 파편화에 휩쓸려 무엇이 진정한 창의적 예술이며 개인적 구원인가를 알 수 없게 되고, 그 결과 자본주의 문화가 행사하는 권력의 포로가 돼버린다. 호르크하이머와 아도르노에 따르면, 이런 상황에서 인간은 자신의 판단이 아닌 집단 및 자본의 판단에 흡수되고 휘말려 자율성을 결여한 인간으로 전락하고, 결국 무엇이 '옳고 타당한가'와 무엇이 자본의 권력에서 기인하는가를 구분할 수 없게 된다. 즉 하버마스에 따르면 이런 상황에서 인간은 무엇이 옳은가 혹은 그른가에 대한 예/아니오의 대답을 현재를 지배하는 권력에 의거해서 할 뿐, 자신의 이성에 입각해 판단의 타당성을 결정할 근거와 의욕을 상실하게 된다. 바로 이것이 호르크하이머와 아도르노가 이성이 자기교정 능력을 상실하고 권력에 흡수됨으로써 어떤 이데올로기 비판도 권력과 타당성을 구분할 수 없게 되고 결국 비판은 이성 자체를 포함하는 전체적 비판이 되어버린다고 주장하는 지점이다. 여기서도 위의 두 영역, 즉 과학과 도덕-종교에서와 마찬가지로 권력과 타당성을 구분하려는 시도는 억압되고 오직 주어진 권력에 의해 예술의 가치가 재단되고 판단된다.

이와 같은 '객관적 폭력'으로 변한 도구적 이성에서의 탈출은 거의 불가능하다는 것이 『계몽의 변증법』의 핵심 주장이다. 하지만 하버마스는 이들의 비관적 주장이 후기 현대사회에서 위에서 언급한 세 영역, 즉 과학·도덕·예술이 전문화와 분화를 통해 자기 영역에서 제기되는 주장을 타당성 주장(validity claims)과 권력에서 기인하는 주장(power claims)으로 구분할 수 있는 자율적 영역으로 성장했다는 '사실'을 간과했다며 비판한다. 즉 호르크하이머와 아도르노는 과학·도덕·예술 영역이 자율성을 확립하고, 이런 자율적인 영역에서 제기되는 타당성 주장이 각각의 자율적 논리에 의해 권력에 의한 주장과 영역의 독립적 논리에 의해 제기되는 주장을 구분하도록 되었다는 경험적 사실을 무시하고 간과했다. 그럼으로써 이들은 모든 영역에서의 타당성 판단이 자본주의 경제와 국가에 의해 주도된 목적합리성으로 환원되어버리고 만다는 식의 '단순화'와 '추상화'의 오류에 빠졌던 것이다.[7]

2.2. 해석학과 비판이론: 하버마스의 해석학과 민속방법론 비판

호르크하이머와 아도르노 등 하버마스 자신이 속했던 프랑크푸르트 학파의 선구자들에 대한 비판에 더해 하버마스가 넘어서야 했던 또 하나의 지적 전통은 가다머(Hans Georg Gadamer)로 대표되는 '해석학(hermeneutics)'의 전통이었다. 호르크하이머나 아도르노와 다르게 가다머는 언어가 세계와 가지는 존재론적 공모에 천착했다. 그 결과 그는 언어를 통해 실재와 세계가 의미를 가지고, 그런 의미에서 존재를 정의한다는 관점을 펼쳤다. 가다머는 하버마스가 '언어적 전환'을 통해 자신의 의사소통 행위이론을 만들어나가는 데 꼭 필요한 사람이었다. 왜냐하면 하버마스는 가다머 비판을 통해, 왜 의사소통 이론이 가다머의 해석학을 넘어 사회적·문화적 변동을 추동할 수 있는 비판적 이론이 될 수 있는가를 제시할 수 있었기 때문이다.

하버마스의 언어적 전환을 논의하기 위한 가장 좋은 출발점은 아마 그

---

7   Habermas, *The Philosophical Discourse of Modernity*, p.113. 물론 여기서 하버마스 식의 비판이 과연 경험적으로 확증될 수 있는 설득력 있는 비판인가에 대한 강한 의문을 제기할 수 있다. 한 예로 "현대과학이 부르디외 식으로 '장 안의 내적 논리'에만 의지해 발전하는가?"라는 질문에 대해 우리는 하버마스 식의 낙관적인 견해만을 수용하기 어렵다. 현대 과학이 국가 주도의 '거대 과학'이 된 지금 하버마스가 주장한 바와는 반대로 과학의 발전 방향이 타당성/권력의 구분을 극대화하는 합리적 방향으로 가고 있다고는 말하기 어렵다. 예를 들어 줄기세포 연구, 핵에 관한 연구 등은 단순히 과학 내적인, 즉 과학사회 내에서의 타당성 주장에 의해 결정된다기보다 많은 경우 국가와 과학을 둘러싼 여러 이익 집단의 이해관계에 의해서—즉 호르크하이머와 아도르노가 치명적 공생관계라 부른 이해관계—결정된다고 해도 과언이 아니다. 따라서 과학이 '독자적이며 자율적 영역'을 수립하고 이 안에서의 분화된 과학적 논리가 과학 활동을 지배하는 권력과 타당성을 구분할 수 있다고 말하는 것은 하버마스의 '단순화'라고 할 수 있다.

의 가다머 비판일 것이다. 가다머의 책 『진리와 방법(*Truth and Method*)』
에 대한 비판적인 서평에서 하버마스는 우리가 누구인가에 대한 자기
인식―즉 정체성―과 앞으로 우리가 무엇을 할 수 있는가에 대한 전망,
또 무엇이 우리가 해야 할 옳은 일이고 잘못된 일인가, 사람들의 행위
와 언설의 합리성을 어떻게 이해하고 평가할 것인가 등을 포함한 모든
문제들이 우리가 현재 위치하고 있는 전통에 의해 결정되고 그 전통은
다시 우리의 언어에 의해 규정 및 정의된다는 가다머의 주장을 받아들
인다.[8] 우리가 우리를 둘러싼 세계를 해석하는 소위 '해석의 지평'은 그
세계를 이해하고 묘사하는 우리의 언어에 의해 결정된다. 이제 세계를
해석하는 언어가 가지는 '권위'는 그 언어를 발전시키고 담아내온 전통
에 의해 주어진다. 세계에 대한 우리의 인식이 선험적 범주에 의해 제
한된다고 주장한 칸트(Immanuel Kant)와 다르게, 가다머는 우리의 인식
혹은 이해는 어떤 선험적인 마음의 구조에 의해 결정되는 것이라기보
다 우리가 세계를 이해하고 해석하는 방식을 규정지어온 '역사적 침전
물(historical sediments)'이 녹아들어가 역사성을 가지게 된―즉 세계를
이해 가능한 것으로 만들어온―언어에 의해 결정된다고 주장한다.

칸트의 선험적 구조에 상응하는, 가다머가 '편견'이라 부른 인식의 지
평은 우리로 하여금 역사와 사회를 포함한 모든 인간의 실천을 이해 가
능하도록 해준다. 다시 말해 편견[혹은 선입견]은 이런 편견 없이는 의미

---

8 Jürgen Habermas, "A Review of Truth and Method", pp.335~363 in F. Dallmayr and
   T. McCarthy(eds.) *Understanding and Social Inquiry*(Notre Dame, IN: University of
   Notre Dame Press, 1977).

를 부여받지 못하는 세계에 접근하도록 해준다. 이는 하이데거가 말한 '세계 내의 존재'와 같은 개념으로 봐도 무리가 없는데 선입견 혹은 편견은 우리로 하여금 우리를 둘러싼 세계에 정향되도록 해주고 그런 의미에서 우리의 인식을 항상 어떤 방향으로 '구조화'하기 때문에 선입견 혹은 편견이라 불리는 것이다. 그러나 이런 '편견', 즉 어떤 쪽으로 편향된 인식은 전통적인 인식론이 말하는 잘못된, 즉 있는 세계를 왜곡한다는 의미에서의 편견이 아니다. 오히려 편견의 존재로 말미암아 우리는 다른 문화 그리고 지금과는 멀리 떨어진 시대를 이해할 수 있다. 우리의 인식과 해석이 자리해 있는 지평은 다른 문화와 시대를 이해하는 데 반드시 필요한 것이고 더 나아가 우리의 이해를 가능하게 하는 것이다. 이제 우리가 다른 시대, 혹은 문화를 이해한다는 것은 우리의 인식 지평과 다른 시대 혹은 문화의 인식 지평의 '융합'에 의해 가능하다는 것을 우리는 알 수 있다.

전통이 무엇인가와 그런 전통이 세계에 대한 우리의 해석에서 차지하는 역할에 대해 가다머의 해석학이 가지는 중요성을 인정함에도, 하버마스는 다른 문화의 이질성과 지난 역사적 사건을 이해하는 데 반드시 필요한 바로 그 '전통'이 다른 한편으로는 우리의 인식 지평을 '제한'한다고 비판한다. 전통에 의해 주어지는 인식의 지평은 당대에 통용되는 언어가 우리가 처한 실재를 인식하는 방식을 제한하는 만큼, 즉 현재의 언어가 우리의 인식을 지배하는 만큼, 현재 우리의 정체성과 미래 우리의 이미지를 구속하고 제한한다는 것이다. 좀더 명확하게 말하면, 하버마스는 위와 같은 가다머의 언어적 이상주의가 주장하는 바와 같이 실재에 대한 우리의 생각이 단순히 우리가 현재 사용하는, 그리고 당연시 하는 언어에 의해 구조화되고 결정되지만은 않는다고 비판한다.

이런 비판 뒤에는 가다머가 언어의 뒤에 숨어 있는 경제적이고 정치적인 요소들을 무시하거나 혹은 간과했다는 생각이 자리하고 있다. 즉 하버마스는 가다머가 우리의 욕구가 무엇인지를 정의하는 과정 그리고 그것을 충족시키는 과정이 녹아 있는 역사적·사회적 과정에 의해 우리의 언어가 결정된다는 사실을 간과하고 있다고 비판한다. 다시 말하면, 이상적 요소와 반대되는 의미에서의 '실재 요소'가 우리의 생각·관념·언어적 실천에 미치는 영향을 가다머는 완벽히 무시하고 있다는 것이 하버마스의 가다머 비판의 출발점이다.

하버마스에 따르면 가다머가 주장하듯이 우리의 주관성은 역사적·해석학적 분석을 통해서 드러나게 되지만, 이러한 주관성은 동시에 그 시대의 사회적·경제적 성격을 정의하는 객관적이고 실재적 요소들에 영향받는다. 결국 하버마스는 이러한 실재적 요소와 우리가 누구인가에 대한 자기이해—즉 우리의 주관성—가 가지는 관계를 비판적으로 평가할 수 있는 관점이 가다머의 해석학에는 결여되어 있다고 주장한다. 한마디로 하버마스 비판의 핵심은 가다머가 전통의 담지자들이 그들을 둘러싼 세계를 이해하기 위해 사용하는 특정한 언어 안에 그들의 인식을 특정한 방향으로 편향시키도록 한 권력과 특권이 녹아들어 있다는 사실을 인식하지 못하고 있고, 따라서 그들의 인식을 왜곡하는 더 근본적이고 깊은 원인을 간과했다는 것이다. 다시 말하면, 언어는 우리로 하여금 세계를 이해하고 의사소통을 할 수 있도록 해주는 동시에 지배 계층의 이해를 유지하고 증진시키는 방향으로 작동한다는 사실을 은폐하고 있음에도 이러한 인식이 가다머의 해석학에는 결여되어 있다는 것이다.

그러나 구조적으로 볼 때 이해가 그것의 적용 혹은 전유(傳諭, appropriation)를 통해서 더 발전되는 전통의 일부분이라는 사실을 인정한다 해도, 그 사실이 전통이라는 매개체의 커다란 변화가 과학적 성찰에 의해 유도될 수 없으리라는 것을 의미하지는 않는다. (⋯) 가다머는 이해 과정 안에서 발현되는 성찰의 힘을 간과하고 있다.[9]

하버마스는 성찰이 가지는 힘을 다음과 같이 재차 강조한다.

전통에 의해 인증받은 편견의 권위 혹은 권리에 대한 가다머의 편견은 성찰의 힘을 부정한다. 성찰의 힘은 전통에 입각한 주장을 기각할 수 있다는 데서 그 자신을 증명하고 있다. 성찰은 단순히 지배적인 힘을 드러내줄 뿐 아니라 나아가 그것을 파괴함으로써 당연시되는 현실을 해체한다.[10]

가다머에 대한 하버마스의 비판은 윈치(Peter Winch), 가핑클 등을 비롯한 소위 해석학적·현상학적 사회과학을 주장하는 학자들에게까지 연장된다. 하버마스에 따르면 이들은 인간의 주관적 의미세계가 마치

---

9   Ibid, p.357.
10   Ibid, p.358.

아무데도 정박되지 않고 부유(浮游)하는 어떤 것, 즉 임의적인 의미의 세계 라고 규정짓는 데서 그 한계를 노정하고 있다고 비판한다. 다시 말해 가다머, 윈치와 같은 철학자들, 그리고 가핑클 같은 민속방법론자들은 주관적 의미세계의 '자율성'을 강조한 나머지, 그런 의미의 세계가 어떻게 '객관적 요소(사회적·정치적·경제적인 요소—즉 권력)'에 의해 규정되고 강요되고 때로는 구성되는가를 간과하고 있다는 것이다.

가핑클이 창시한 민속방법론(ethnomethodology)은 그가 '민속방법론적 재규정'이라는 개념[11]을 통해 밝힌 바와 같이 전통적 사회이론과 다르게 행위자들의 세계를 행위자 외부의—즉 이론가의—이론으로서 객관적으로 재현(represent)하는 데 연구의 목표를 두지 않는다. "시공간적으로 연장된 사회 행위에서 행위자들의 행위가 어떻게 성찰적으로 유지되고 보이는지"를 이론적 카테고리의 사용 없이 묘사하는 것이 민속방법론의 목표다. 따라서 민속방법론은 사회 행위의 '내생적 조직(endogenous organization of social action)'에 관한 연구라고 할 수 있다. 전통적 사회이론들은 행위자들이 그들 행위의 근거로 삼는 '이미 해석된 세계'에 이론가들이 만든 이론을 덮어씌움으로써 행위자들의 행위를 이미 설정된 이론적 카테고리로 설명—마치 인형극에서 실에 달린 인형들이 실의 움직임에 따라 움직이는 것과 같이—해왔다. 그러나 사회

---

11 Harold Garfinkel, "Respecification: Evidence for Locally Produced, Naturally Accountable Phenomena of Logic, Order, Reason, Meaning, Method and etc in and as of essential Haecceity of Immortal Ordinary Society(I)—An Announcement of Studies", pp.10~19 in G. Button(ed.), *Ethnomethodology and the Human Sciences*(Cambriedge University Press, 1991).

행위의 내생적 조직에 관한 연구가 전통적인 사회과학 이론과 차별되는 점은 그 연구 초점을 행위자들이 생활세계를 구성하는 방법에 대한 순수한 묘사에 둔다는 것이다. 이러한 묘사가 지향하는 바는 행위자들이 어떻게 구체적인 사회적 맥락(social setting) 안에서 그들의 행위를 정당화하고 평가하는가, 다시 말해 그들의 실천적 추론을 구명하는 데 있다. 정당화와 평가, 즉 어떤 행위가 합리적인가 혹은 비합리적인가, 또 어떤 행위가 정당화되고 정당화될 수 없는가에 대한 판단이 가능하다는 것은 이를 가능하게 하는 공유된 혹은 상호주관적인 평가의 틀이 존재한다는 의미다. 그리고 이러한 공유된 평가의 틀—혹은 합리성 기준—은 사회 행위자들이 공유하고 있는 상호 신뢰에 바탕을 둔 것이다.

간단한 예를 들어보자. 우리는 대화에서 모든 것을 말하지 않아도 대화를 이끌어나갈 수 있다. 대화에서 언어로 표현되지 않은 부분은 우리가 말하지는 않지만 당연한 것으로 간주하는 배경 가정에 의해 채워진다. 예를 들어 "요즘 어때?"라고 물어보았을 때 우리가 보통 예상하는 대답은 "잘 지내" 혹은 "그저 그래" 정도다. 이런 표현은 명시적으로 말해지지 않은 실제적 감각을 포함하고 있고 따라서 누구도 "잘 지내"의 의미를 더 이상 파고들려고 하지 않는다. 만일 이에 대한 반응으로 "어떤 의미에서 잘 지낸다는 말인데?" "건강이 괜찮다는 말이야?" "사업이 괜찮다는 말이야?" 혹은 "가정생활이 괜찮다는 말이야?" 라고 캐묻는다면 이런 질문을 한 사람은 정상이 아닌 것으로, 즉 우리가 한 사회의 일원으로서 공유하고 있는 배경 가정을 깨뜨리는 사람으로 취급 받을 것이다. 예를 들어 "건강이 괜찮다는 말이야"라고 친절하게 다시 대답을 해주어도 이 사람은 여전히 "어떤 의미에서 건강이 괜찮다는 말이야?"라고 물으면서 다시 무언가를 캐내려는 태도를 취할 것이다. "두통이 없다는 말이야?" "허리가 괜찮다는 말이야?" 등등의 질문은 이 대화를 무한회귀로 이끌고 갈 것이다. 이렇게 사회에서 말해지지는 않으나 성원들이 공유하는 배경 가정들을 무시하고 위반하는 사람들은 정상적이고 유능한 사회 구성원으로 취급 받지 못할 것이다.

위와 같은 예를 가핑클은 위반 실험(breaching experiment)이라고 불렀다. 한마디로 위반 실험은 사회 행위와 소통이 공유된 인식의 틀에 의존하고 있다는 것을 보여줄 뿐 아니라 이러한 인식의 틀을 구성하는 요소들을 '분석적'으로 분해할 수 없다는 것을 보여준다. 이 인식 틀이 바로 한 사회에서 행위자들의 행위를 정당화하고 평가하는 기준이며, 그러한 틀이 실제 구체적인 사회적 맥락 안에서 어떻게 사회 성원들에 의하여 실천됨으로써 그들 간의 의미 있는 상호주관적 행위와 대화의 조화가 성취되는가를 연구하는 것이 민속방법론이다. 바꾸어 말하면 전통적인 이론에서처럼 이론가가 이미 만들어놓은 이론적 틀에 따라 행위자들의 행위의 합리성을 평가하는 것이 아니라 이론가의 이론을 배제한 상태에서 행위자들이 서로의 행위를 '어떻게 평가하는가'—즉 어떻게 행위자들이 서로의 행위와 언설의 합리성을 평가하는가—를 묘사하는 것이다. 민속방법론의 견해에 따르면 우리의 상호작용과 소통에서 당연시되는, 일련의 의심되지 않는 가정들은 우리의 행위 맥락 '안'에 녹아 있다. 이러한 맥락 안에서 '보이는' 실천적 논리는 우리 행위들을 정당하고 합리적인 것으로 간주하도록 만든다.

하버마스는 가다머를 비판한 연장선상에서 민속방법론을 비판한다. 그는 민속방법론처럼 사회과학을 행위자들의 일상적 실천이 가지는 합리성에 관한 연구에 국한시키는 것은 사회과학의 '비판적 기능'을 무시하는 일이라고 주장한다. 그 이유는 민속방법론을 규정짓는 '언어적 실천에의 천착'은 언어의 사용과 해석에 기존의 '권력관계'와 불평등이 얼마나 녹아들어가 있는가를 간과하게 되기 때문이다. 비트겐슈타인이 말한 '언어 게임'의 의미 해석에 치중하는 정적(靜的)인 해석학적 접근은 사회 성원들이 당연시하고 의문을 제기하지 않는 많은 가정들이 실제로는 사회 성원들을 무의식적으로 지배하고 있음을 놓치고 있다. 이와 같은 '지배에 대한 무의식적 순종'은 하버마스가 비판하는 '왜곡된 의사소통'을 영속화하는 데 기여할 뿐 그러한 지배를 무너뜨릴 수 있는 '비판적 의식과 방법론'을 결여하고 있다. 물론 하버마스는 앞에서 논의한 민속방법론을 모두 부정하기보다는 우리의 해석의 지평—생활세계의 당연함과 인지적 관성(cognitive inertia)—이 우리의 인식과 사고를 제약하고 있다는 점을 인정한다. 그러나 그는 우리가 그러한 해석학적 순환에 갇혀 있는 것은 아니라고 주장하면서, 비록 우리가 사회세계에 부여하는 의미의 총체는 '해석학적 관점'을 전제하지만 이 해석학적 관점 자체도 비판될 수 있다는 관점을 취한다. 따라서 하버마스는 가핑클의 민속방법론을 다음과 같이 비판한다.

가핑클은 의사소통을 통하여 얻어진 합의에 기반하는 상호주관성의 인식에 기초를 두고 있는 언술의 타당성 주장을 단순한 현상(mere phenomenon)

으로 취급한다. 그는 필요에 따라 행위자들이 근거를 댈 수 있는 합리적 합의와 타당성을 결여한 합의—즉 제재의 위협, 수사적 공격, 계산, 절망 그리고 포기 등을 통하여 수립된 합의—를 구분하지 않는다.[12]

이 인용문에서 하버마스는 사회 구성원들이 비성찰적으로 공유하고 있는 가정들, 그리고 말해지지 않고 의심하지 않는 관행들을 그대로 받아들이면서 이런 것들이 상호작용의 맥락 속에서 어떻게 실천적 추론을 구성하고 있는가를 이론가의 평가와 판단없이 '단순한 현상'으로 기술하는 것을 목표로 하는 민속방법론을 비판하고 있다. 즉 가핑클은 우리의 인식을 가능하게 해주는 편견—말해지지 않는 당연시되는 배경 가정—이 마치 "제재의 위협, 수사적 공격, 계산, 절망 그리고 포기 등을 통하여 수립된 합의"를 배제한 자발적 합의인 것처럼 보고 있다는 것이다.[13]

---

12 Jürgen Habermas, *The Theory of Communicative Action*, vol.I. Translated by Thomas McCarthy(Boston, MA: Beacon Press, 1984), pp.128~129.

13 그러나 가다머를 비판하는 하버마스의 입장은 또 다른 전통 '안'에서만 가능한 비판이다. 다시 말하면, 하버마스도 결국 어떤 전통을 비판하기 위해서는 자신이 속한 지적 전통— 예를 들면 마르크스의 지적 전통—안에서 시작해야 한다. 이런 비판은 따라서 어떤 관점에서도 자유로운 객관적 비판이 아닌 특정한 관점에서의 비판이 되며, 이런 특정 전통 하에서 진행되는 비판이 비판의 대상이 되는 전통에 충격을 주어 변화를 유도할 수 있는가는 아래에 논의되듯이 하버마스와 로티 논쟁에 중심이 되는 주제다.

2.3 심리치료 모형과 비판이론:
『지식과 이해 관심』에서 『의사소통 행위이론』으로

위에서 언급한, 흔히 객관적 혹은 물질적 요소라 불리는 실재적 요소와 우리가 갖는 자기이해 혹은 주관성이 갖는 관계를 파헤치기 위해 하버마스는 자신의 책 『지식과 이해 관심(*Knowledge and Human Interests*)』에서 프로이트(Sigmund Freud)의 심리분석 모형에 의존하고 있다.[14] 이는 인간의 주관성이 객관적 요소에 의해 지배받고 있음을 밝혀내 사회과학이 단순히 의미의 문제를 다루는 해석학을 넘어 행위자들의 주관적 의미를 규정짓고 결정하는 객관적 요소를 찾아냄으로써 사회과학(Geisteswissenschaften)의 해석적 전통과 자연과학(Naturwissenschaften)의 인과적 분석을 통합한 비판적 사회 이론을 구축하려는 시도였다. 하버마스가 프로이트의 심리분석 모형을 자신의 비판이론에 접목한 이유는 그것이 마르크스 식의 인과적 결정론과 가다머 식의 해석학적 접근을 '통합'한 모형이기 때문이다. 이러한 통합적 모형은 전통적인 실증주의와 해석학 양자가 가지고 있는 단점을 상호 보완하려는 시도에서 탄생했다.

프로이트는 심리치료 모형에서 정신질환은 환자가 제어할 수 없는 '외부적 원인'에 의해 유발되었다고 가정한다. 그럼으로써 자연과학에

---

14 Jürgen Habermas, *Knowledge and Human Interests*, translated by Jeremy J. Shapiro, Heineman, Second Edition(London,1978).

서 상정하는 인과관계를 설정한다. 즉 환자는 자신의 이해를 넘어서기 때문에 자신이 제어할 수 없는 어떤 원인에 의해 정신적 질환을 가지게 되는데, 이는 정신질환이 자신의 인식을 넘어서는 어떤 자연적 원인을 가짐을 의미한다. 이 모형을 사용한 치료는 먼저 환자의 의식 상태에 대한 해석학적 분석으로 시작된다. 환자의 의미세계에 대한 '이해'가 위에서 말한 인과적 분석에 반드시 선행되어야 하기 때문이다. 환자가 자신의 삶에 대해 가지고 있는 생각은 환자의 언어와 행위를 통해서 발현되는데, 의사는 이에 대한 해석을 통해 환자의 의식, 즉 의미의 세계를 이해하려고 시도한다. 그러나 이런 시도는 곧 어려움에 봉착하고 한계에 도달하게 된다. 왜냐하면 환자의 무의식 저변에 자리잡고 있는, 자신의 충격적인 경험(traumatic experience)을 억압하려는 힘이 의사로 하여금 환자의 의미세계에 접근하는 것을 방해하기 때문이다. 예를 들어 환자가 어렸을 때 겪었던 학대는 이런 충격적인 경험의 일종인데, 환자는 이를 억누르고 싶지만 그럴수록 이 경험은 그를 괴롭힌다. 그 경험이 너무 '생경'하고 생생하기 때문에 억누를 수도 없고, 그렇다고 이 경험을 의식의 세계에 그대로 노출할 수도 없는 것이다. 이러한 상황에서 이 경험을 억지로 누르고 감추려는 갈등이 정신질환을 유발한다고 프로이트는 보았다.

여기서 문제는 환자를 포함한 우리 누구나가 가지고 있는 자신의 인생에 대한 해석에서 이러한 충격적인 경험이 차지하는 비중이다. 우리는 누구나 인생을 살아가면서 여러 일을 겪게 되고 이런 경험은 다소간의 차이는 있을지 몰라도 우리가 그려놓은, 즉 해석한 자신의 생에 대한 해석에 '부드럽게' 흡수된다. 그러나 생경하고 충격적인 경험의 강도와 진폭이 자신의 생에 대한 해석에 부드럽게 수용될 수 없을 정도의 것일 때는 문제가 야기된다. 위에서 언급한 학대가 바로 충격적 경험의 한 가지 사례다. 이러한 충격적인 경험은 지금까지 부드럽게 이어져온 자신의 삶에 대한 해석에 급격한 단절을 가져오게 되고, 그 결과 환자는 이 생경한 경험을 어떻게 해석해야 할지 몰라 갈등에 빠지고 정신적인 질환을 겪게 되는 것이다.

하버마스는 환자의 질환은 환자의 힘으로 어찌할 수 없는 '인과적 힘'에 의해 유발된다는 점에서 자연과학에서처럼 '인과적 분석'의 대상이 되지만, 이러한 인과적 분석에 선행해야만 하는 것은 환자의 의식세계에 대한 해석이라는 점을 강조한다. 즉 환자의 의미세계에 대한 의사의 해석을 통해 억압의 근원을 찾아내야만 무엇이 환자를 괴롭히고 지배하는 인과적 힘인가를 찾아낼 수 있다. 이를 환자에게 전달하고 이해시켜 환자가 이를 깨달으면 그는 지금까지 자신을 괴롭히던 '힘'에 대항해 이를 극복하고 제어할 수 있다. 의사는 이런 해석적 작업을 통해서 찾아낸 환자의 억압의 근원을 근거로 환자의 삶의 궤적을 재구성한다. 그럼으로써 환자가 지금까지 자신의 삶을 지배해왔던 인과적 힘에 의해 고통받지 않도록 도와주는 것이다. 여기서 중요한 것은 의사가 환자를 치료하는 과정은 의사가 환자로 하여금 어떤 일을 하도록 함으로써가 아니라, 자신의 삶에 대한 의사의 재구성된 해석을 '환자 스스로' 성찰함으로써 자신의 삶에 새로운 해석을 부여하고, 자신을 지금까지 제어하고 제약해오던 인과적 힘으로부터 '해방'된다는 점이다. 이런 성찰을 통해서 환자는 '자신에게 일어나던 것'을 '자신이 일어나도록 만드는 것'으로 전환할 수 있게 된다.

생화학과 심리치료를 대조하면서 하버마스는 다음과 같이 주장한다. 심리치료는 생화학이 병든 생명체를 치료하는 것과 같이 병든 정신에 대한 '기술적 통제'를 제공할 수는 없지만, 생화학이 제공하는 단순한 치료를 넘어서는 성과를 보여줄 수 있다. 즉 심리분석은 억압된 동기 및 이와 유리된 상징들 간에 존재하는 인과성으로 말미암아 병들고 왜곡된 언어와 행위를 찾아내도록 해줄 수 있다는 것이다.

헤겔을 따라서 우리는 [심리분석에서 찾아낼 수 있는] 이런 인과성을—자연에서 발견되는 인과성과 대비되는 의미에서—운명적 인과성이라고 부를 수 있다. 왜냐하면 [환자가 노출되었던] 최초의 광경, 증상 그리고 이에 대한 방어 사이에 존재하는 인과적 관계들은 자연법칙에 의거해 움직이는 자연세계의 불변성에 기초하고 있는 것이 아니라 환자의 생애사(life history)에서 환자 자신이 만들어낸 불변성—즉 성찰의 힘을 통해 깨뜨릴 수 있는 강박 증상의 반복—에 기초하고 있기 때문이다.[15]

이 인용문에서 하버마스는 심리분석에 의해 드러나는 인과성은 자연과학을 통해 밝혀내는 자연세계의 법칙—우리의 외부에 존재하고 따라서 우리가 바꿀 수 없는 인과성—과 다르게 환자 자신이 '만들어낸'

---

15 Ibid, p.271.

강박의 반복일 뿐이며, 따라서 치료자와의 상호작용을 통한 자기성찰로 제거할 수 있는 일종의 '만들어진 인과성'임을 강조하고 있다.

> [자연과학과 다르게] 분석적 통찰은 무의식에 의한 인과성[즉 지배]에 영향을 미친다. 심리 분석적 치료는—좁은 의미에서 인과적이라 할 수 있는—신체를 다루는 의학과는 달리 알려진 인과적 법칙에 의존하지 않는다. 오히려 심리 분석적 치료의 유효성은 인과적 연결고리를 극복하는 데서 찾을 수 있다.[16]

하버마스가 프로이트의 심리치료 방법에 매력을 느꼈던 것은 정신분석학이 인간 정신세계에 대한 해석을 통해 환자의 정신세계를 지배하는 '만들어진' 인과적 연결고리를 해체하고, 그 결과 환자를 무의식에서 해방시킬 수 있다고 믿었기 때문이다.[17] 그에 따르면, 전통적인 실증주의는 자연과학적 모형처럼 인간의 행위가 인과적 법칙을 따른다고 생각했다. 하지만 그러한 인과적 모형은 사회의 성원들이 역사를 통해 발전시켜온 의미의 세계—역사적 사료, 언어 그리고 문화적 전통에 배어있는 의미—를 무시한 것이다. 심리 분석에서와 마찬가지로 사회의 성원들이 어떻게 그들의 세계에 의미를 부여하고 해석하는가에 대한 연

---

16 Ibid, p.271.
17 물론 이 같은 하버마스의 주장은 신랄한 비판을 받아온 것이 사실이다. 대표적인 예로는 Adolf Grünbaum, *The Foundations of Psychoanalysis: A Philosophical Critique* (Berkeley, CA: University of California Press, 1984).

구 없이 이들의 세계에다 객관적이라고 강변되는 이론가의 이론을 덮어씌우는 실증주의적 인과 분석은 성원들의 의미세계를 잡아낼 수 없는 공허한 실증주의가 될 뿐이라는 것이 하버마스의 주장이다.

프로이트의 심리치료 모형을 이데올로기 비판(ideologiekritik)의 모형으로 상정하고 논의를 전개한 『지식과 인간의 이해 관심』은 다양한 비판을 받았는데, 이중 몇몇은 하버마스 자신도 인정하는 중요한 비판이었다. 아래에서 논의하겠지만 이후 하버마스의 작업—특히 『의사소통행위이론』—들은 이런 비판에 답변해나가는 과정에서 탄생한 것이라 할 수 있다. 잘 알려져 있다시피 『지식과 인간의 이해 관심』에서 하버마스는 지식을 구성하는 인간의 세 가지 이해 관심(knowledge constitutive interests)을 구분한다. 첫째, 인간은 외부세계를 예측하고 통제하려는 관심을 가지고 있고, 이 관심은 소위 분석-경험과학(empirical-analytical science)이라 불리는 학문을 통해 구현된다. 분석-경험과학은 응용사회과학과 자연과학의 대부분을 포함하는데 이 과학 분과들은 자연세계뿐 아니라 사회세계에서 일어나는 다양한 현상들을 예측할 수 있는 모형들을 만들어내고, 이런 모형에 입각해 인간이 해결해야 하는 여러 문제를 다루고 통제하는 도구를 제공한다. 따라서 경험과학에서 얻어지는 지식은 인간이 환경—자연과 사회적 환경 모두—에 적응할 수 있도록 해준다. 둘째, 하버마스는 인간의 지식은 '의미의 이해'에 대한 욕구에 의해 구성되고 생성된다고 주장한다. 역사학이나 인류학, 그리고 문화연구 등은 인간을 둘러싼 환경을 통제하려는 동기에서 출현한 학문들과는 다르게 인간의 상징 산물인 역사·언어·예술 등을 이해하고 이를 담고 있는 문화의 형성·계승·변형을 이해하려는 인간의 관심에 의해 출현했다. 따라서 소위 역사-해석학적 학문(historical-hermeneutic disciplines)은 인간의 상징적 상호작용의 산물인 문화와 상징의 이해 그리고 소통에 관한 학문이라 할 수 있다. 그러나 위의 두 학문은 인간이 가지고 있는 또 다른 지식 관심인 '해방적 관심'을 간과하고 있다. 이 세 번째 지식 구성 관심은 위에서 하버마스가 가다머와 해석학적 사회과학을 비판하면서 제시한, 전통과 그것을 담지(擔持)하고 있는 언어가 숨기고 있는 권력과 그에 의한 지배에서 해방되고자 하는 관심이다.

그러나 『지식과 인간의 이해 관심』을 비판하는 이들에 대한 답변을 담은 책의 「후기」에서 하버마스는 책의 가장 중심 개념인 '성찰'이 두 가지 다른 개념을 가졌음에도, 두 개념을 구분 없이 사용했다고 시인했다. 성찰의 첫 번째 개념은 칸트가 제시한 지식의 초월적 조건을 이해하려는 시도에서 파생되는 것이다. 즉 첫 번째 성찰은 모든 지식을 지식으로 가능하게 하는—지식의 형성 '전'에 요구되는—이해 관심을 '드러내준다'는 의미에서 초월적이다. 다시 말하면, 하버마스에게 지식은 실증주의자들의 주장과는 반대로 모든 이해 관심에서 자유로운 것이 아니라 오히려 '특정한 이해 관심' 아래에서만, 그리고 바로 그런 이해 관심 때문에 타당성을 얻고 지식으로서의 지위를 획득하게 된다. 즉 첫 번째 의미에서의 성찰은 지식의 가능성을 사전에 제한한다는 의미에서 초월적인 것이다.

칸트와 그의 계승자들에게 성찰은 가능한 이론적 지식(그리고 도덕적 행위)을 정초하는 초월적 기반을 찾아내려는 형태를 띠고 있다. 이론 혹은 이론적 지식을 초월적으로 정초한다는 것은 무엇을 의미하는가? 그것은 이론을 가능케 하는 동시에 이론의 한계를 노정하는 주관적 조건들을 이론이 알 수 있도록 하는 것을 의미한다. 이런 종류의 초월적 확증(corroboration)은 이론이 그 자신에 부여하는 과신을 항상 비판할 수 있도록 해주는 경향이 있다.[18]

예를 들어 경험적–분석적 과학에서 '과학적 지식'이라는 지위를 부여받는 지식은 어떤 것들인가? 이들은 경험적–분석적 과학이 되기 위한 사전적 조건을 만족시키는 것들이다. 다시 말해 "과학적 방법이란 무엇인가?"가 지식을 획득하기 전에 먼저 규정되고 이런 기준을 충족하는 지식만이 과학적 지식으로 간주되는 것이다. 그렇다면 과학적 방법에 의해 획득되는 지식이란 무엇인가? 그것은 과학지식의 이해 관심인 외부세계의 지배와 통제를 가능케 하는 지식만을 의미하는 것이다. 따라서 하버마스는 경험적 지식이란 이 지식을 습득하고 획득하기 전에 정의되는 조건, 즉 예측과 통제라는 관심을 충족시키는 조건에 의해 '사전에 정의'된다고 주장한다. 마찬가지로 해석학적 지식은 해석학적 이해 관심에 의해 사전적으로 정의된 범주에 따라 지식이라고 간주되는 것만을 포함한다.

하버마스는 헤겔의 현상학(Phenomenology)에서 성찰의 두 번째 의미를 찾아낸다. 그에 따르면 헤겔은 성찰이라는 개념 아래 위에서 논의

---

18 Jürgen Habermas, "A Postscript to *Knowledge and Human Interest*," *Philosophy of the Social Sciences* 3(1973), pp.157~189. 인용은 p.182.

한 칸트적 의미의 성찰과는 또 다른 의미의 성찰, 즉 주관적으로 형성된 가짜 객관성(pseudo-objectivity)을 폭로하고 해체한다는 비판적 의미의 성찰을 논하고 있다. 두 번째 의미의 성찰은 한 사회의 구성원들로 하여금 지금까지 숨겨져왔기 때문에 인식되지 못한 지배로부터 벗어날 수 있도록 해준다는 데서 그 의의를 찾을 수 있다. 집단은 이러한 성찰을 통해 지금까지 당연시해온, 비성찰적 혹은 전성찰적 실천을 성찰의 영역으로 끌어들인다. 그렇게 함으로써 당연시해온 집단의 실천을 더 합리적인 방향으로 변화시킬 수 있는데, 하버마스에 따르면 이러한 철학적 의미의 성찰은 프로이트의 심리치료 모형을 통해서 경험적 모형으로 변형된다.

헤겔이 객관적 환상으로부터의 분석적 해방을 언급했다면 프로이트는 성찰의 자기비판적 성격과 강박 때문에 제한된 지각 및 행위 패턴에 의해 자신이 자신의 존재에 대한 잘못된 인식을 가지고 있다는 것을 경험적 주체로 하여금 깨닫게 하는 성찰적 경험을 연결했다. 그럼으로써 성찰의 자기비판적 성격을 헤겔이 초점을 맞춘 인식론적 맥락으로부터 벗어나도록 했다. 이런 환상을 이해함으로써 주체는 자신으로부터 해방되는 것이다.[19]

하버마스에 따르면, 이와 같은 두 번째 의미의 비판적 성찰은 다음 세 가지 측면에서 칸트적 의미의 '합리적 재구성'을 가능케 하는 성찰과

---

19 Ibid, p.183.

구분될 수 있다.

1. 이와 같은 성찰적 비판은 경험의 대상이 가진 가짜 객관성을 폭로하는 데 사용될 수 있다.

2. 이런 성찰적 비판은 구체적이고 특정한 것들—예를 들면 특정한 자아와 집단, 그리고 정체성의 자기 형성 과정—을 비판하는 데 사용될 수 있다.

3. 비판은 무의식적인 것을 의식적으로 전환시켜 실제적 결과를 초래할 수 있는 능력으로 묘사될 수 있다. 즉 비판은 허위의식을 유발하는 요인을 바꾼다. 반면 [1, 2, 3과는 다르게] "(합리적) 재구성은 '실제적 결과'의 초래를 포함하지 않는 바른 노하우, 즉 우리가 규칙을 따라갈 수 있는 능력(rule-competence)을 보유할 때 얻어지는 직관적 지식을 설명하는 어떤 것이다."[20]

『지식과 이해 관심』의 「후기」에서 구분한 성찰의 두 가지 개념은 사실 하버마스 사상의 전환점이 되었다. 「후기」는 하버마스의 연구기획이 언어적 전환을 통해 의사소통 행위이론으로 옮겨가는 과도기적 글이다. 특히 위의 3에서 주장한 재구성적 성찰과 비판적 성찰의 '차이'는, 왜 하버마스가 언어적 전환을 통한 '보편화용론'을 이용해『지식과 이해 관심』에서와는 다른 종류의 비판이론인 의사소통 행위이론을 만들어내게 됐는가를 이해하는 데 결정적 역할을 한다.

---

20 Ibid, p.183.

3에서 하버마스는 비판적 성찰을 허위의식을 폭로하고 그 결과 실제적 변화를 초래하는 기능을 가진 것으로 묘사하는 반면, 합리적 재구성은 "'실제적 결과'의 초래를 포함하지 않는 바른 노하우, 즉 우리가 규칙을 따라갈 수 있는 능력을 보유할 때 얻어지는 직관적 지식을 설명하는 것"[21]으로 묘사하고 있다. 언어를 사용하는 직관적 지식을 재구성해 얻을 수 있는 '규칙 적용 능력'은 아래에서 논의하게 될 '의사소통 능력'을 일컫는 말이다. 이는 2에서 언급한 특정한 믿음과 자아 형성의 왜곡을 지적하고, 가짜 객관성을 폭로하려는 시도에 중심이 되는 비판적 성찰과는 다음과 같은 점에서 확연히 구분된다. 즉 "(화용) 규칙에 관한 재구성 가능한 체계는 일상적 실천의 타당성에 대한 의문을 제기하는 인지적 요소들로 구성된 것이 아니며, 진리 주장을 확증하려는 과정에서 축적되는 과학적 이론들로 구성되는 것은 더욱 아니다".[22]

위의 인용문은 하버마스의 언어적 전환과 보편화용론을 이해하게 해줄 키워드를 담고 있다. 즉 이론가가 행위자들의 일상 행위의 '내용', 즉 그들 행위와 발화의 타당성을 비판함으로써 행위자들의 생활세계를 지배하는 권력 및 이데올로기를 폭로하려는 것과 달리 화용의 규칙을 재구성한 합리적 재구성 그리고 그에 기초한 보편화용론은 '일상적 실천의 타당성'과 그것의 과학성을 의문시하지 않는다.

위 인용의 핵심은 하버마스가 『지식과 이해 관심』에서 제시한 해방의

---

21 Ibid, p.183.
22 Ibid, pp.183~184.

모형, 즉 프로이트의 심리치료 모형이 왜 집단의 성찰과 해방에 기여할 수 없는가를 살펴보면 곧 이해될 수 있을 것이다. 심리치료 모형에서는 의사가 환자의 의미세계를 자신의 이론적 시각에서 재구성함으로써 환자를 인과적으로 지배하는 힘을 찾아낸다. 이를 다시 환자와의 대화를 통해 인식시키고 성찰하도록 함으로써 환자가 자신을 지배하는 힘으로부터 해방된다는 이론적 시나리오가 전개된다. 그러나 이 모형에서 하버마스가 극복할 수 없었던 커다란 난제는 치료자가 환자의 의미세계를 분석하고 재구성함으로써 얻어낸 이론적 지식이 환자 자신이 옳다고 믿는 의미세계보다 어째서 '더 진리에 가까운가'를 '증명'해낼 방법이 없다는 것이다. 만일 치료자가 '진리'라고 제시하는 이론에 입각한 해석을 환자가 틀린 것이라고 화를 내면서 '거부'하면 이는 어떻게 해석되어야 할까? 최소한 두 가지의 시나리오가 존재할 수 있다. 첫째, 이론가의 설명이 너무나 자신의 상태를 정확하게 집어냈기 때문에 환자가 이를 거부했을 수 있다. 둘째, 그것이 너무나 자신의 상태와는 동떨어진 말도 안 되는 분석이기 때문에 화를 냈을 수도 있다. 이 경우 어떻게 의사는 자기 이론의 '타당성'을 확인할 수 있을까? 만일 하버마스가 이를 증명할 수 없음에도 이론가의 분석이 환자의 해석보다 더 진리에 가깝다거나 이것이 진리라고 '강요'한다면 이는 하버마스 자신이 비판해온 실증주의에 입각한 객관주의 혹은 정초주의(foundationalism)와 다를 바가 없다.[23] 물론 이를 인식하고 있는 하버마스는 책 전체를 통해 의사의 해석의 타당성은 전적으로 환자에게 달려 있다고 주장한다.[24] 하지만 이는 다른 한편으로 하버마스 자신을 막다른 골목으로 인도한다. 왜냐하면 만일 해석의 타당성이 전적으로 환자에게 달려 있고, 환자가 분석자의 이론적 재구성을 거부할 경우 하버마스는 비판적 성찰과 해방의 연계를 더 이상 주장하기 어렵기 때문이다.

기든스는 하버마스의 심리치료 모형을 언급하면서, 하버마스가 그려낸 치료자와 환자와의 관계는 이상화된 것일 뿐이라고 비판한다.

우리는 심리분석에 입각한 치료(psychoanalytic therapy)가 심리분석가 [즉 이론가]에 의해 독점되고 조작되는 권위적인 상황에서 일어나는 현상으로 쉽게 표현될 수 있다고 얘기할 수 있다. 분석적 이론이 분석자 자신이 환자에게 강압적으로 심어준 어떤 것이 아니며 이것으로 환자가 겪고 있는 병의 실제 원인을 찾아낼 수 있다는 주장은 임상 자료를 넘어서는 증거 없이는 받아들이기 어렵다.[25]

다시 말해 분석자가 환자의 심리를 이론적으로 재구성해 찾아냈다고 생각하는 질병의 원인은 분석자의 구성물일 뿐이며, 실제 환자의 병의 원인과 '대응'하는 '진리'라는 것을 확증할 방법이 없는 상황에서

---

23 Russell Keat, *The Politics of Social Theory: Habermas, Freud and the Critique of Positivism*(London: Basil Blackwell, 1981)을 참조할 것.

24 분석자가 제시한 해석의 타당성을 결정할 권한을 전적으로 환자가 가지고 있다는 점에 대해 하버마스는 다음과 같이 쓰고 있다. "분석자의 통찰은 환자 자신이 이런 통찰을 받아들이고 난 후에야 그 타당성을 가지게 된다. (…) [이런] 통찰의 경험적 타당성은 (…) 자기성찰과 치료자와 치료 대상인 환자와의 소통에 달려 있다." *Knowledge and Human Interests*, p.261.

25 Anthony Giddens, "Habermas's Critique of Hermeneutics", pp.135~164 in *Studies in Social and Political Theory*(New York: Basic Books, 1977). 인용은 p.159.

분석자는 자신의 이론적 구성물을 '진리'라고 환자에게 강요할 수 없다는 것이다.

이 상황에서 하버마스가 선택할 수 있는 길은 행위자들의 의미세계의 '내용', 즉 '타당성'에 대한 비판적 평가를 유보하는 길밖에 없다. 즉 위에서 논의한 두 종류의 성찰 가운데 특정 이데올로기와 정체성의 자기 형성에 대한 '비판적 성찰'을 포기하고, 하버마스는 이제 화용의 일반적 규칙을 재구성함으로써 지식의 '산출' 과정의 합리성에 연구의 초점을 맞추게 되었다. 아래에서 상술하겠지만, 이제 하버마스는 전통적인 비판이론이 추구해온 행위자들의 믿음의 '내용'에 대한 비판을 포기하고 '언어적 전환'을 통해 행위자들이 그들의 언술 행위를 통해서 의미세계를 창출해나가는 '과정'의 합리성에 대한 비판적 평가가 비판이론의 핵심이 되어야 한다는 이론으로 선회하게 된 것이다. 이런 지적 전환의 완성이 바로 의사소통 행위이론의 완성이었고 이 이론의 중심에는 아래에서 논의하게 될 보편화용론(universal pragmatics)이 자리잡고 있다.

2.4 보편화용론

『지식과 인간의 이해 관심』에서 주로 논했던 두 번째 의미의 성찰은 비판적 성찰이 개인의 의식세계를 지배하던 인과적 힘을 찾아내고, 이를 통해 그를 해방시키는 의식철학의 패러다임에 기초했다. 이것은 위에서 제시한 이유로 후기 하버마스에서는 더 이상 논의되지 않고, 이제 하버마스는 언술 행위를 가능케 하는 일반적 구조와 보편적 규칙을 찾아내 이를 기반으로 어떻게 체계적으로 왜곡된 의사소통을 교정할 수 있는가를 지향하고 있다. 위에서 언급한 「후기」의 마지막 부분에서 하버마스는 자신의 연구 계획이 이러한 전환점을 통과한 것에 대해 다음과 같이 적고 있다.

> 개인의 능력을 합리적으로 재구성하려는 시도는 이상한 새로운 과학의 탄생으로 이어졌다. 나는 인지 발달 심리학을 모방한 발생적 과학(genetic science)을 의미하는 것이다. 이 과학은 인지적, 언어적 그리고 대화적 능력(communicative competence)을 재구성 가능한 논리적 유형 그리고 경험적 기제로 설명하려 한다는 점에서 재구성적이며 동시에 경험적이라고 할 수 있다. (…) 심리분석이나 사회이론과 같은 '비판 과학' 역시 능력에 관한 일반 규칙을 성공적으로 재구성할 수 있는가에 의존하고 있다. 예를 들면, 언어적 소통이 어떻게 가능한가를 규정하는 조건들에 대한 이해를 가능케 해주는 보편화용론은 체계적으로 왜곡된 의사소통과 사회화에서 벗어난 일탈 과정을 설명할 수 있는 이론적 기초가 되어야만 한다.[26]

여기서 '이상한 새로운 과학'이란 하버마스에게 있어 성찰의 수준이 개인의 이데올로기와 자아형성 과정에 대한 비판으로부터 '언어의 보편적 구조'로 옮겨감으로써 탄생하게 된 과학을 의미한다. 의사소통의 구

---

26 Habermas, "A Postscript to *Knowledge and Human Interest*", p.184.

체적이고 경험적인 화용론(empirical pragmatics)에서 '보편적 구조'를 추출해냄으로써 얻어지는, '이상한 새로운 과학'은 왜곡되지 않은 의사소통의 보편적 구조를 예시하고 이에 기초해 왜곡된 의사소통을 찾아내도록 해줄 수 있다.

「후기」에서 마지막으로 인용할 아래 인용문은 아래에서 길게 논의하게 될 하버마스의 『의사소통 행위이론』의 요체를 이해하는 데 매우 중요한 단서를 제공한다. 로티와의 논쟁에서 하버마스가 포기하지 않고 끝까지 주장하는 단 하나의 명제가 바로 아래의 인용문에 다 담겨 있다고 해도 과언이 아니다.

보편화용론에 입각한 재구성적 분석은 기초적인 언어적 소통에서조차 잠재적으로 비판 가능한 진리 주장들이 **인식되어야만** 한다는 것을 보여주는데, 이 진리 주장들은 **담론**에서만 그 진위가 결정되기 때문에 하나의 **절대적 형태**로 나타나게 될 수밖에 없다. 그러나 사회적·문화적 삶의 형태에 구속된 인간은 진리라는 가장 비자연적인 매개체를 통해서만 재생산될 수 있는 존재라는 것이 확실한 사실인데, 진리는 보편적인 합의가 **가능하다**는—사실과는 반대되는—가정으로부터 반드시 출발해야만 한다. 경험적인 언술은 합리적 언술에 대한 근본적인 규범이 존재해야만 **가능하기** 때문에, 실제 언어 공동체와 불가피하게 이상화된 언어 공동체 사이에 존재하는 괴리는 논쟁적인 추론뿐 아니라 사회체계 내의 생활 실천 속에도 내재되어 있다. 이성적 사실이라는 칸트의 개념은 아마 이런 방식으로 다시 활성화될 수 있을 것이다.[27]

이 길고 어려운 인용문에서 하버마스는 합리적 재구성이 '맥락 초월적 진리'와 가지는 관계를 최초로 밝히고 있다. 이는 아래에서 길게 논의될 것이므로 여기서는 간략하게 이 주장이 의미하는 바를 살펴보자.

1960~70년대에 하버마스는 가다머 등과의 논쟁과 『지식과 인간의 이해 관심』이 가진 문제점을 보완하려 노력하는 과정에서 언어적 전환을 수용하게 된다. 하버마스에게 언어적 전환은 이후 그가 발전시킨 '의사소통 행위이론'의 초석을 제공하는데 바로 이 언어적 전환에 핵심이 되는 논문이 그가 1970년대 초에 발표한 「보편화용론이란 무엇인가?」이다.[28] 아래에 상술하겠지만, 로티와의 논쟁에서도 핵심을 차지하는 주제인 상호주관성의 철학(philosophy of intersubjectivity)은 그가 『지식과 이해 관심』에서 적절하게 다루지 못했다고 인정한 '성찰'을 통한 해방의 문제를 개인의 성찰에서 집단의 성찰로 그 수준을 끌어 올림으로써 해결하려 했던 시도에서 나온 것이다.

언술 행위의 구체적 실천에서 그 행위를 가능케 하는, 즉 그 행위에 선행하는 조건들을 추출해 재구성하는 것을 '합리적 재구성'이라 부른다. 이 합리적 재구성을 통해 얻어지는 지식은 '새로운' 성찰의 영역, 즉 언술 행위에 필요한 규칙들을 체계화하는 것을 의미한다. 따라서 이는 순수한 지식의 영역이다. 하버마스의 보편화용론의 핵심은 소쉬르

---

27 Ibid, p.185. 강조는 하버마스 자신의 강조임.
28 Jürgen Habermas, "What is Universal Pragmatics?" pp.1~68 in *Communication and the Evolution of Society*, Translated by Thomas McCarthy, Boston, MA: Beacon Press, 1979.

제2장 계몽주의에 대한 하버마스의 옹호: 합리성과 합리화에 대한 새로운 접근 | 91

(Ferdinand Saussure)가 구분한 랑그(Langue)와 파롤(Parole) 가운데 그가 전통적인 언어학자들과 다르게 랑그가 아닌 '파롤'에서 일반적이고도 보편적인 구조를 찾아내려 한 시도에서 찾을 수 있다. 화용론(話用論)은 언어의 사용 부분에 해당하는 파롤에 관한 연구다. 비교적 최근에 발달한 화용론은 음성의 형성을 연구하는 음성학(phonetics), 음운학(phonology), 의미를 연구하는 의미론(semantics) 그리고 문장의 구조를 연구하는 형태학(morphology)으로 구성된 종래의 언어학 연구와 다르게 언어가 실제로 어떻게 '사용'되고 '수행'되는가에 초점을 맞춘다. 화용론은 전통적인 언어학에서 추구해온 보편성과 추상적인 일반성을 지양(止揚)하고 사회언어학(sociolinguistics), 심리언어학(psycholinguistics) 등 경험적 연구를 수행해왔지만, 하버마스는 화용론에서도 '보편적인 구조'를 찾아낼 수 있다고 주장함으로써 일반적인 화용론의 주장과 궤를 달리하고 있다.

하버마스는 화용론에서 다루는 '발화(speech)'에서도 '보편적 성격'을 찾아낼 수 있다고 주장하는데, 이는 구체적인 발화 및 의사소통이 가능하려면 먼저 어떤 공식적 조건이 필요한가를 연구한다는 점에서 칸트적인 연구 프로그램이라고 할 수 있다. 경험적으로 관찰되는 모든 언술 행위에 선행하는, 즉 그 발화들을 의미 있게 만들고 소통 가능케 하는 공식적 조건들이 무엇인가를 실제의 언술 행위로부터 추출하고 찾아내 '재구성하는 작업'이 바로 보편화용론이다. 라일(Gilbert Ryle)의 말처럼, 구체적 발화에서 행위자들이 암묵적으로 인지하고 있는 '어떻게[know how]'를 명확한 '지식[know that]'으로 재구성하는 작업인 것이다.

이를 더 잘 이해하기 위해서 우리는 하버마스가 촘스키(Noam Chomsky)를 비판한 근거를 살펴보아야 할 것이다. 잘 알려져 있다시피 촘스키가 제시한 언어적 능력(linguistic competence) 개념은 개인의 인지구조에 이미 언어적 능력이 내재되어 있음을 암시한다. 이 능력은 '독백'의 모형(monological model)에 기초한 것이다. 촘스키의 모형을 독백 모형이라 하는 이유는 한 개인이 자신의 내재적인 혹은 생래적인 언어 능력을 통해 자신을 둘러싼 세계와 상호작용하고, 그 결과 의미를 창출해낼 수 있다고 가정하기 때문이다. 그러나 하버마스는 이런 독백 모형이 어떻게 개인들이 대화가 일어나는 '상황'에 그들의 언어 행위를 '배태(embed)'시킬 수 있는가에 대해서는 아무런 답을 하지 못한다고 비판한다. 하버마스는 개인이 어떻게 문법적으로 옳은 스피치를 구사할 수 있는가를 밝히기 위해 그가 어떻게 변화하는 상호작용의 상황에 맞는 스피치를 만들어낼 수 있는가에 초점을 맞추고 분석한다.[29]

하버마스는 '사회적 맥락' 안에서 개인이 언술 행위를 통해 의사소통과 상호주관적 세계를 이해할 수 있는 능력을 촘스키의 언어적 능력과 대비시키면서 이를 소통적 능력이라고 불렀다. 소통적 능력은 다음 네 가지의 타당성 주장을 '구분'해낼 수 있고, 변화하는 대화 및 행위 상황에서 제기되는 네 개의 타당성 주장을 상환(償還, redeem)할 수 있는 능력을 지칭한다. 첫째는 발화의 이해 가능성(intelligibility)에 관한 타당

---

29 이에 대한 보다 자세한 논의와 비판은 김경만, 『담론과 해방: 비판이론의 해부』(궁리, 2005), 5장을 참조.

성 주장이다. 이는 언어 행위 중 구문(syntax)과 의미론(semantics)에 관한 것으로 사람들의 상호작용에서 언어적 행위가 이해 가능한 것이어야 한다는 점을 함축한다. 즉 어떤 발화(utterance)가 의미를 가지려면 그리고 그 의미가 상대방에게 이해되려면 그 발화는 구문과 의미 모두에서 하자를 가져서는 안 되고, 그 결과가 상대방이 이해할 수 있는 것이어야 한다는 말이다. 둘째는 발화 내용의 사실성에 관한 타당성 주장이다. 이는 우리의 의사소통은 발화하는 사람의 발화 내용이 '사실'이라는 암묵적인 가정에 입각하고 있다는 것을 의미한다. 셋째는 주어진 사회 상황에서 언어 사용은 그 정당성을 확보하고 있어야 한다는 주장이다. 즉 어떤 주어진 상황과 맥락에 합당한 언어 사용만이 그 상황에 적합한 의미를 가지고 있는 것으로 인식된다. 넷째는 진실성에 관한 주장인데, 이는 의사소통에서 소통 당사자들이 서로를 기만하지 않을 것을 당연시하거나 전제한다는 것을 뜻한다.

이제 하버마스는 위에서 언급한 네 가지 타당성 주장이 배태되는 화용의 보편적 구조를 찾고자 한다. 그는 자신이 '화용에 보편적 요소'라 부른 요소들을 사용해 의사소통 행위가 이루어지는 방식을 예시한다. 첫째로 의사소통이 이루어지는 대화 상황에서 화자들은 나, 너, 그, 그들 등 대화를 전개해나갈 때 필요한 지칭의 사용에 익숙해서 문제가 없어야 한다. 둘째 이런 지칭들을 특정한 시공간에 적절하게 위치시킬 수 있는 능력이 필요하다. 셋째 위에서 말한 네 가지 타당성 주장을 상환하기 위한 화용동사(話用動詞, pragmatic verbs)들을 자유자재로 사용할 수 있어야 한다. 특히 하버마스는 여기서 세 가지의 화용동사를 구분한다. 첫째 외부세계의 진리를 나타내는 동사(constative), 둘째 상호주관적인 규범의 세계를 나타내는 동사(regulative), 마지막으로 자신의 주관적 세계와 감정을 표현하는 동사(expressive)가 그것이다. 이제 하버마스는 언어가 이 세 가지 동사를 사용해 성취하는 행위를 '소통'(communicative)이라 부르고, 위에서 언급한 네 가지 타당성 주장 가운데 이해 가능성 주장을 제외한 것들이 이 세 가지 동사를 통한 소통에 의해 상환된다고 주장한다.

구체적인 예를 들면 위의 추상적인 논의가 쉽게 이해될 것이다. 두 사람의 대화를 생각해보자. 이 대화에서 대화 당사자 모두는 자신의 주장이 외부세계에 대한 '진리'를 말한다고 주장한다. 이때는 자신의 주장을 객관적 외부세계와 연결해, "~는~ 이다"라는 외부세계의 진리를 재현 혹은 지칭하는 동사를 사용한다. 둘째로, 외부세계의 진리에 대한 주장은 한 개인이 외부세계의 진리에 대해 독백하듯 주장하는 것으로 이해해서는 안 된다. 그 이유는 외부세계에 대한 진리 주장은 이 개인뿐 아니라 그와 상호작용하는 다른 사람들이 공유하는 상호주관적인 규범을 포함하고 있기 때문이다. 다시 말하면 이들의 대화는 단순히 외부세계의 상태를 나타내는 언술로 구성되는 것이 아니라, 이런 언술이 기반하고 있는 암묵적 규범—즉 대화가 배태되어 있는 사회적 맥락에서 규범적으로 용인될 수 있는 형태—에 대한 '합의' 아래 진행된다. 마지막으로 대화에 참여하는 당사자 모두는 자신들의 주관적 느낌과 상태를 표현하는 동사들을 사용해 대화를 이끌어나갈 때 자신들의 표현이 '진실'한 것임을 나타낸다.

이제 하버마스는 이러한 화용의 보편적 요소들을 아무런 제약 없이 자유자재로 구사하면서 언술 행위를 통해 논쟁을 진행시키고 어떤 합의에 이르도록 해주는 대화 상황을 '이상적 담화 상황(ideal speech situation)'이라 부른다. 위의 인용문에서 하버마스가 '사실에 반하는' 상황이라고 묘사한 것이 바로 그것인데, 이상적 담화상황이 하버마스의 보편화용론에서 중요한 이유는 비록 이런 상황이 실제 대화에서 항상 만족되는 것은 아니지만 모든 종류의 대화에는 이러한 화용의 보편적 요소들이 이미 언어적 행위 '안'에 내재(內在)되어 있다는 사실 때문이다. 이런 의미에서 이상적 담화 상황이 왜곡된 의사소통을 그렇지 않은 의사소통과 식별해낼 수 있도록 해주는 하나의 준거가 될 수 있다. 아래에서 더 상세하게 논의되겠지만 보편화용론은 어떤 요소들이— 예를 들면 이데올로기적 요소들—사회 구성원들로 하여금 이러한 보편 화용 요소를 자유자재로 구사할 수 없도록, 혹은 특정한 방식으로만 구사하도록 하는지를 식별케 하는 모형(template)을 제공한다. 그럼으로써 사회 구성원들이 '합리적 합의'라고 생각하는 합의가 실제로 합리적인지, 전통과 권력에 의한—즉 지배에 의한—합의는 아닌지 '성찰'할 수 있게 해준다. 이 모형은 위에서 언급한 '합리적 재구성'을 통해 실천의 영역을 비판적으로 성찰한다는 의미에서, 개인의 이데올로기나 정체성에 담긴 허위의식을 비판하는 비판적 성찰과 구분된다. 즉 '사회 전체의 이데올로기 비판의 틀'로서 작동하는 것이다.

2.5 이해와 진리의 대화 모형: 가상적 참여와 의사소통 행위이론

2.4절에서 논의한 바와 같이 '언어적 전환'을 통해 보편화용론을 강조한 하버마스는 행위자들 믿음의 내용 그 자체의 옳고 그름에 초점을 맞추지 않는다. 대신에 그는 오직 행위자들이 그들의 언술 행위를 통해 의미세계를 창출해나가는 '과정'이 합리적인가 혹은 비합리적인가에 천착한다. 이런 지적 전환으로 의사소통 행위이론이 완성되었는데, 의사소통 행위의 중심에는 아래에서 논의하게 될 '진리의 대화 모형'이 자리잡고 있다. 진리의 대화 모형은 사실 하버마스 후기 이론의 중심이 되는 것이지만, 불행하게도 많은 하버마스 학자들이 간과하고 있다. 많은 하버마스 전문가들이 보편화용론에 관한 추상적인 이론에 천착한 반면, 나는 이 책에서 하버마스가 『의사소통 행위이론』의 1부에서 정치(精緻)하게 논증해나간 진리의 대화 모형을 정밀하게 살펴봄으로써 보편화용론이 실제 대화 상황에서 어떻게 작동할 수 있는가를 예시해나갈 것이다.

진리의 대화 모형은 이론가가 어째서 그가 이해하고자 하는 문화적 실천에 '가상적으로나마' 참여해야 하며, 그 참여 과정에서 피할 수 없이 행위자들의 소통 '과정'에 대한 '비판적 평가'를 해야 하는지 설명하면서 시작한다. 먼저 토머스 매카시(Thomas MaCarthy)와 하버마스의 논쟁으로부터 논의를 시작해보자. 다음의 질문은 현대 비판이론에서 끝나지 않고 지속되는 논쟁 가운데 하나다. '이론가가 문화적 실천에 관한 연구를 하면서 행위자의 세계를 이해하려고 할 때 이들 실천의 합리성/비합리성 또는 참/거짓에 관해 이론가 자신이 판단해야 하는가 하지 말아야 하는가?[30] 『의사소통 행위이론』에 관한 비판적 논의에서 매카시는 이론가가 생경한 문화적 실천을 이해하는 데 있어서 하버마스가 주장하듯이 그 문화의 합리성에 대한 이론가 자신의 평가를 수반하는 '수행적 태도(performative attitude)'를 취할 수는 있지만, 꼭 그래야만 할 '필요는 없기' 때문에, 문화적 실천을 이해하는 데 이론가의 '수행적 역할(performative role)'이 반드시 수반되어야 한다는 하버마스의 주장은 '매우 강한 명제'라며 비판한다.[31]

매카시는 "다원적 문화 아래에서 자라났고 상이한 역사 및 문화적 차이 아래에서 교육받은" 우리는 "[생경한 문화의] 상징적 표현에 대한 입

---

30 이 논쟁에 관해서는 David Hoy, "Critical Theory and Critical History" pp.101~214 in D.C. Hoy and T. McCarthy(Eds) *Critical Theory*(Cambridge, MA: Blackwell, 1994); Thomas McCarthy "Reflections on Rationalization in the Theory of Communicative Action" pp.176~191 in *Habermas and Modernity*(Oxford: Basil Blackwell, 1985); Thomas McCarthy, "Scientific Rationality and the 'Strong Programme in the Sociology of Knowledge" pp.75~96 in E. McMullin(Ed.) *Construction and Constraint : The Shaping of Scientific Rationality*(Notre Dame, IN: University of Notre Dame Press, 1988); Thomas McCarthy, "Philosophy and Critical Theory: A Reprise" pp.1~100 in D.C. Hoy and T. McCarthy(Eds), *Critical Theory*(Cambridge, MA: Blackwell, 1994); David Bloor, *Knowledge and Social Imagery*(London: Routledge and Kegan Paul, 1991); Martin Hollis, "The Social Destruction of Reality" pp.67~86 in M. Hollis and S. Lukes(Eds.), *Rationality and Relativism*(Oxford: Blackwell), 1982; Michael Lynch *Scientific Practice and Ordinary Action*(New York: Cambridge University Press, 1993); William Newton-Smith, *The Rationality of Science*(London: Routledge and Keagn Paul, 1981); Martin Hammersely, *What's Wrong with Ethnography?*(London: RKP, 1992); Peter Winch, *The Idea of Social Science and Its Relation to Philosophy*(London: Routledge and Kegan Paul, 1958)를 참조 할 것.

31 Thomas McCarthy, "Reflections on Rationalization in the Theory of Communicative Action" pp.176~191 in *Habermas and Modernity*(Oxford: Basil Blackwell, 1985), p. 185.

장을 취하지 않고도 그것들을 이해할 (…) 충분한 능력이 있다"라고 주장한다.[32] 물론 우리는 다른 문화에 관한 우리의 이해가 우리 고유의 선입견, 언어적 실천, 타당성 기준에서 자유로울 수 있다고 가정할 수는 없다고 매카시는 덧붙인다. 그러나 그들과 우리의 "믿음과 실천의 차이를 인정하는 것"이 반드시 "그들의 실천과 믿음에 대한 [우리의] 판단을 유보"할 수 없음을 의미하는 것은 아니고,[33] 이를 과학적 분석의 대상으로 삼을 수 없다는 것을 의미하지도 않는다. 그래서 매카시는 하버마스가 옹호하는 합리적 해석은 "가능하지만 불가피하지는 않다"고 결론 짓는다.[34]

매카시는 행위자가 자신의 행위를 정당화하기 위해 제시하는 규범적 정당화를 사회과학자가 받아들일 수 없을 때 사회과학자는 왜 그런 규범적 정당화가 행위자가 비성찰적으로 받아들이는 전통적인 규범적 실천을 따른 결과이며, 따라서 '합리적 근거(rational ground)'를 결여하고 있는지에 대한 인과적 설명을 제공해야 한다는 하버마스의 주장[35]을 중점적으로 겨냥한다. 매카시가 볼 때, 행위자의 행동과 발화에 대한 행위자 자신의 규범적 정당화에 회의적인 경우에도 사회과학자는 행위자를 특정한 역사·종교·심리·사회적 맥락 내부에 위치시킴으로써 이런 행위를 하는 '행위자의 이유'를 이해할 수 있다. 그러므로 사회과학자는

---

32 Ibid.
33 Ibid.
34 Ibid.
35 Habermas, *The Theory of Communicative Action*, p.104.

행위자의 정당화에 대한 이론가 자신의 판단이나 평가를 보류할 수 있다. 매카시는 "행위자의 믿음을 지지하거나 거부하지 않고도 객관적인 이해(detached understanding)"는 얻어질 수 있다고 주장한다.[36] 이는 다시 말하면 우리 사회과학자들이 "그렇게 이해된 실재에 대해 객관적이며 가설적 태도를 채택할 능력, 즉 이를 과학적 탐구와 기술적 통제의 대상으로 취급할 수 있는 (…) 능력을 가진다는" 뜻이라고 매카시는 얘기한다.

이런 주장을 할 때, 사실 매카시는 지식사회학자는 자신이 연구하는 믿음에 대한 분석에 자신의 평가를 개입시켜서는 안 된다고 주장하는 반즈와 블루어 같은 스트롱 프로그램의 옹호자들과 같은 입장을 취하고 있다.[37] 잘 알려져 있듯 스트롱 프로그램을 지지하는 지식사회학자들은 전통적 철학자와 사회학자들이 참/거짓인 믿음과 합리적/비합리적 믿음의 설명에 서로 다른 유형의 원인을 적용해왔다는 이유로 이들을 비판한다.[38] 이들은 전통적 학자들이, 문제시되는 특정 믿음의 참/거짓 또는 합리성/비합리성을 우선 평가하고 이 평가에 의거해 이 믿음의 운명을 상이한 유형의 원인을 동원해 설명한다고 주장한다. 즉 현재 옳다고 수용된 믿음의 원인으로는 합리적 증거가 제시되는 반면,

---

36 McCarthy, "Reflections on Rationalization in the Theory of Communicative Action", p.186.

37 Barry Barnes and David Bloor, "Relativism, Rationalism, and the Sociology of Knowledge", pp.21~47 in M. Hollis(Ed.), *Rationality and Relativism*(Cambridge, MA: MIT Press, 1982).

38 David Bloor, *Knowledge and Social Imagery*(London: Routledge and Kegan Paul, 1976).

틀렸다고 기각된 믿음의 경우에는 사회적인(그래서 비합리적인) 요인이 이 믿음을 기각한 원인으로 제시된다. 블루어의 '방법론적 대칭성'은 합리적/비합리적 믿음에 대한 이런 비대칭적 취급의 발생을 막도록 고안됐다. 블루어는 두 가지 믿음이 같은 유형의 원인에 입각해 대칭적으로 설명돼야 한다고 보았다.

하나의 예는 위의 논의를 명료하게 할 수 있을 것이다. 호피(Hopi)족의 기우제에 대한 로버트 머튼의 잘 알려진 설명을 생각해보자.[39] 머튼에 따르면 호피족은 자신들의 기우제가 충분한 비를 불러오리라 믿는다. 머튼은 기우제를 왜 지내는가에 대한 호피족의 이유를 기각하고 머튼 자신의 설명을 제공한다. 즉 머튼은 그들이 기우제를 지내는 진정한 이유를 이해하려면, 호피족 자신이 제시한 이유—그들이 '의도한' 결과, 즉 비를 불러오는 것—를 기각하고 호피족의 인식 너머에 존재하는 기우제의 잠재적 기능에 주목해야 한다고 주장한다. 머튼에 의하면 기우제에는 부족 구성원 간의 결속력을 강화하는 잠재적 기능이 있다. 이런 분석에서 머튼은 우선 자신의 '규범적인' 합리성 기준을 설정하고 이런 기준에 의거해 호피족 믿음의 참 또는 거짓을 평가한다. 그리고 그는 이 평가에 의거해 호피족이 그들에게조차 알려져 있지 않은 사회적 힘(즉 잠재적 기능)에 의해 지배당한다는 설명을 제시한다. 이러한 설명은 머튼의 믿음은 합리적인데 반해 호피족의 믿음은 비합리적이란 비대칭적 설명이다. 즉 호피족의 믿음은 호피족에게 알려져 있지 않은 신비

---

39   Robert Merton, *Social Theory and Social Structure*(New York: Basic Books, 1968).

로운 힘에 의해 야기되는 반면 합리적인 머튼의 믿음은 어떤 요인에 의해서도 야기되지 않고 그래서 어떤 인과적 요인으로도 설명될 필요가 없다는 것이다.

  분명히 이런 종류의 설명에서 분석가는 믿음의 참 또는 거짓을 우선 판단하고 이 평가에 의거해 이 믿음에 대한 인과적 설명을 생산한다. 그러나 블루어는 머튼 같은 전통적 분석가의 이론적 설명에 수반되는 이런 비대칭성이 그가 '방법론적 대칭성 공준(公準)(postulate of methodological symmetry)'이라 부르는 것의 타당성을 훼손하지 않는다고 주장한다.[40] 이런 주장의 근거를 제시하고자 블루어는 그가 각각 '심리적 비대칭성'과 '논리적 비대칭성'이라 부른 두 가지 유형의 비대칭성을 구분한다. 블루어의 이 논의는 모든 합리성에 대한 '평가적' 개념 또는 그가 '규범적 합리주의(normative rationalism)'라 부르는 것을 기각하는 것과 밀접히 연관된다. 원시적 믿음, 예를 들면 기우제의 효과에 대한 호피족의 믿음을 설명하려 할 때 탐구자는 이런 믿음을 거짓이라고 평가할 수 있다. 더 나아가 그는 왜 이런 평가를 했는가에 대한 설명의 일환으로 자신의 판단의 근거가 된 논리적 이론을 제시할 수도 있다. 심리적 비대칭성은 분석 중인 믿음의 거짓 또는 참에 대한 탐구자의 판단을 지칭하는 반면 논리적 비대칭성은 그런 특정 판단에 이르도록 한 논리적 이유를 지칭한다. 그러나 블루어는 이 두 가지 비대칭성을 허용한다고 해서 우리가 분석 중인 믿음—예를 들면 기우제에 대한 호피

---

40 Bloor, *Knowledge and Social Imagery*.

의 믿음―의 참과 거짓(또는 합리성과 비합리성)에 대한 우리의 '사전' 판단을 분석에 도입해야 하는 것은 아니라고 주장한다. 위에서 언급한 두 가지 유형의 비대칭성은 이론가가 선호하는 기준 또는 합리성이 무엇인가에 대해 이론가가 설정한 규범적 개념을 호피족의 의미세계에 부과한 결과이기 때문이다.

블루어의 관점에서는 호피족 믿음에 대한 머튼의 설명도 머튼이 호피족의 믿음에 적용한 것과 같은 방식의 사회학적/인과적 설명에 부쳐져야 한다. 이는 합리적이라 주장된 머튼의 믿음도 객관적 세계를 합리적으로 반영한 것이 아니라 그의 잠재적 기능 이론이 진화한 특정한 지적·정치적·사회적 환경의 산물로서 인과적으로 설명되어야 한다는 말이다. 반즈와 블루어에게는 머튼이 과학적이라 주장하는 믿음도 사전에 존재하는 일련의 개념과 믿음으로 구성된 문화 안에서 작동하는 것이지, 본질적으로 비사회화된 고립된 개인(머튼)이 물질세계와의 상호작용에만 입각해 만들어낸 것은 아니다. 머튼도 호피족과 똑같은 '인지성향(cognitive propensity)' 또는 반즈의 용어로 '자연적인 합리성(natural rationality)'[41]을 공유함에도 호피 기우제에 대한 머튼의 해석은 호피족의 설명과 완전히 다르다. 이는 머튼의 해석이 그가 다른 기능주의 사회학자와 공유하는 이론적 범주를 통해 '사전에 구조화(prestructured)'되었기 때문이다.

---

41 Barry Barnes, "Natural Rationality : A Neglected Concept in Social Science", *Philosophy of the Social Sciences* 6(1976), pp.115~126.

이런 관점에서 볼 때 호피족과 머튼의 믿음은 모두 물질 세계에 대한 경험과 이 경험이 해석되는, 사전에 존재하는 분류 범주가 혼합된 결과다. 이 주장을 받아들인다면, 호피족의 믿음만이 사회적 힘에 의해 '오염됐다'고 말하는 것은 명백한 잘못이다. 호피와 머튼의 두 믿음은 모두 '같은 유형'의 원인에 의해 대칭적·인과적으로 설명돼야 한다. 자신이 선호하는 평가 기준이 실재에 대한 특권적 접근을 제공하지 않으며 따라서 자신의 믿음 및 평가 기준도 연구 중인 믿음과 같은 인과적 분석에 부쳐져야 한다는 사실을 인식하면, 분석가는 연구 중인 믿음에 대한 자신의 평가를 분석에 개입시키는 행위가 무의미하다는 사실을 깨닫게 된다. 그 결과 그는 연구하고 있는 믿음의 진리/오류에 대한 평가를 중단하게 될 것이다. 블루어는 탐구 중인 믿음을 평가하는 대신 사회학자에게 "흥미로운 질문"은 "행위자에 의해 세계가 (…) 기술되는 방식"을 인과적으로 설명하는 것이라고 논한다.[42]

매카시와 마찬가지로—하지만 훨씬 더 정교한 분석을 통해서—블루어는 우리가 연구하고자 하는 믿음을 인과적으로 설명될 수 있는 '대상'으로 취급할 것을 제안한다. 블루어는 지식사회학자가 탐구 중인 행위자의 믿음을 특정 종교적·사회적·정치적 맥락에 위치시킴으로써 이 믿음이 생산되고 유지되며 변형되는 방식과 이유를 설명할 수 있다고 주장한다. 잘 알려져 있다시피 블루어는 행위자의—주로 과학자의—사회적·정치적·전문적 이해 관심을 이용해 이들의 행동과 주장을 설

---

42 Bloor, *Knowledge and Social Imagery*, p.177.

명한다. 그래서 블루어는 과학자의 믿음을 설명할 때 과학자의 믿음에 대한 자신의 평가를 개입시키지 않고 '비평가적'인 인과 요인, 즉 행위자의 '사회적이고 정치적인 이해 관심'만을 이용해 과학자의 행위를 이해 가능하게 만들 수 있다고 주장한다.

하버마스는 매카시의 비판에 대한 답변에서 매카시가 옹호하는 판단의 회피가 해석자가 중립적 위치를 유지할 수 있다는 것을 의미하지는 않는다고 논박한다. 하버마스에게 이런 회피는 해석자가 해석 과정을 중도에 멈춰 당분간 해석을 유보하는 것일 뿐이다.[43] 매카시가 다른 문화에 속한 사람들의 행위와 실천을 이해하려 할 때 중립적 위치를 취하는 '척' 할 수 있지만, 그렇게 하면 그는 연구 대상인 문화 실천에 관한 진정한 이해가 아니라 '반쪽 짜리' 이해에 이를 수 있을 뿐이라고 하버마스는 비판한다. 왜냐하면 다른 문화적 실천을 진정하게 이해하려는 해석자에게는 '제3자의 관점'을 취하는 것이 허용되지 않기 때문이다.

이제 하버마스는 행위자의 세계를 진정으로 이해하려면 해석자는 그가 '가상 참여자'라 부른 참여자의 역할을 해야 한다고 주장한다. 이 참여자는 주어진 대화의 맥락에서 행위자들이 추구하는 실천적 목적을 추구하지는 않으면서도 그 맥락에서 제기되는 타당성 주장의 상환에는 참여한다는 의미에서 '가상' 참여자다.

이제 가상 참여자로서의 이론가 혹은 해석자의 역할이 무엇인가를 살펴보기 위해—매카시와 같이—행위자가 제공한 이유를 해석자가 그

---

43 Jürgen Habermas, "Reply to my Critics" in *Habermas and Modernity*, pp.204~205.

에 대한 자신의 평가 없이 수용하는 경우를 생각해보자. 이런 경우 해석자는 행위에 대한 행위자의 이유가 무엇인지는 알지만, 행위자가 왜 그것을 '타당한' 이유라고 믿는지는 '이해하지' 못한다. 이런 상황에서 해석자는 이렇게 말할 수 있다. "행위에 대한 행위자 자신의 이유에 대해 더 많이 알수록 그들이 왜 그런 행위를 했는지는 더 이해하기 어렵게 된다." 행위자의 설명을 단순히 받아들이는 것은 그들 행위를 이해하는 데 도움을 주지 못하며 오히려 "우리가 너무 빨리 해석 과정에서 빠져나와 해석을 유보하고 있다"[44]는 사실을 말해줄 뿐이다. 그러므로 행위자의 타당성 주장에 대한 평가를 회피할 수 있는 척하는 것은, 행위자의 의미세계를 "우리가 아직 이해하지 못했다는 사실을 자백하는 것과 마찬가지"다.[45]

우리[이론가]는 왜 참여자들이 [그들의 행위에 대한] 자신들의 설명에 믿음을 가지는가에 대한 이유를 얘기할 수 있을 때만 그들을 이해한다. 그러나 이 정도의 이해를 성취하려면 우리는 '참여자들'이 제시하는 설명과 우리가 옳다고 생각하는 종류의 설명 사이에 내적 관계를 확립해야 한다. 우리는 '우리'를 '참여자들'로부터 분리하는 성공적이거나 성공적이지 않은 학습 과정을 재구성할 수 있어야만 한다. 두 가지 설명 양식은 같은 담론의 세계 내에서 찾아져야 한다.[46]

---

44 Ibid.
45 Ibid.
46 Ibid.

바로 위와 같은 이유로 하버마스는 이론가가 단순한 '적합성 체계의 변경(change of the system of relevance)'을 통해 '이해 관심이 없는 객관적 관찰자'의 위치를 획득할 수 있다고 주장한 슈츠(Schutz)를 비판했다.

위의 인용을 풀어보자. 해석자 혹은 이론가는 왜 행위자 자신들이 그들이 제시하는 행위의 이유가 옳거나 정당한 것이라고 생각하는가에 대한 해석자 나름의 설명을 할 수 있어야 하며, 그래야만 행위자들을 이해한 것이다. 이것이 하버마스 주장의 요체다. 다음의 구체적인 논의가 이해를 도울 수 있을 것이다. 하버마스가 주장하는 이해의 수행적 개념은 행위자의 이유를 이론가의 입장에서 이론가의 언어[이유]로 '번역하는', 즉 재묘사(혹은 재기술) 또는 '재구성'하는 행위로 개념화할 때 가장 잘 이해될 수 있다. 이론가 A가 생경한 문화권 출신인 행위자 B의 특정 행위를 이해하려 시도하는 경우를 생각해보자. B가 자신의 행위에 대해 제시한 이유를 듣더라도 B가 이러한 이유를 왜 '타당한 이유'라고 믿는지 A는 여전히 이해하지 못한다. 하버마스는 왜 B가 자신이 제시한 행위의 이유를 타당한 것으로 믿게 됐는가에 대한 인과적 과정을 A가 재구성해서 B가 제시한 이유를 A 자신에게 이해 가능하게 만들 수 있는 경우에만 B의 행위에 대한 진정한 이해가 성취될 수 있다고 주장한다. 이렇게 하려면 분석가는 자신이 이해하고자 하는 대상에 수행적 태도를 취해야 하고 자신의 타당성 기준을 행위자의 타당성 기준과 연관시켜야 한다. 즉 위에서 인용한 하버마스의 용어를 빌리면, '행위자가 옳다고 생각하는 설명과 우리가 옳다고 생각하는 설명 사이의 내적 관계'를 확립해야 한다.

예를 들어 머튼이 호피족의 기우제를 이해하려면 그들의 믿음에 대한 자신의 재구성이 갖는 타당성과 부족민이 제공하는 설명의 타당성을 결부시켜야 한다. 즉 머튼은 자신의 잠재적 기능 이론에 입각하지 않고서는 부족민의 허위 믿음이 '영속되는' 이유를 이해할 수 없다. 다시 말하면, 호피족이 현재 믿는 바를 믿게 된 인과적 과정을 머튼의 기능주의 이론을 통해 재기술하거나 재구성하는 시나리오를 제시할 때에야 비로소 비합리적으로 보이던 호피족의 믿음이 머튼에게 이해 가능해진다는 것이다. 그렇게 재구성하지 않으면 머튼은 왜 호피족이 '호피족 자신의 이유'를 그들의 행위에 대한 '타당한 이유'로 제시하는지에 대해 계속 의구심을 갖게 될 것이다.

그러나 불행히도 머튼은 자기 이론에 너무 만족한 나머지 자신의 타당성 기준을 의심의 여지가 없는 것으로 여기면서 자신의 해석 대상인 기우제에 관해 '수행적 관점'을 취하는 대신 자신이 '객관적인' 또는 '제3자의 관점'을 취할 수 있다고 상정한다. 그러나 이런 식의 태도로는 해석자가 행위자의 세계를 진정으로 이해할 수 없다.

불투명하고 이해하기 힘든 표현이 있을 때 해석자는 어떻게 이런 불투명함이 발생하는지, 즉 저자가 그의 맥락에서 제공할 수 있었을 이유가 왜 우리에게 더 이상 수용될 수 없는지를 설명함으로써만 그 표현의 의미를 밝힐 수 있다. 해석자가 타당성 질문조차 던지지 않는다면 그가 과연 해석을 하고 있는 중인지, 그가 저자 및 그의 동시대인들과 우리 사이의 원활하지 않은 의사소통을 다시 한 번 진행해보려는 노력을 하고 있는지 그에게 정당하게 물어볼 수도 있다. 다시 말해 해석자는 심지어(그리고 바로) 그가 이해할 수 없는 텍스트에 깔려 있는 전제를 탐구하고 있을 때조차 자신을 의사소통 행위자로 상정하는 수행적 태도를 유지할 의무를 가진다.[47]

바로 이런 맥락에서 하버마스는 해석자는 행위자가 제공하는 이유를 해석자 자신의 이론에 입각해 평가하는 '가상 참여자'의 역할을 수행해야 한다고 강조한다.

매카시가 지식사회학의 스트롱 프로그램에 대한 비판[48]에서 인정하듯 몇 년 전에 그가 하버마스를 비판했던 것[49]은 위에서 논한 하버마스의 주장—행위자의 믿음에 대한 해석자의 설명은 행위자의 믿음에 대한 비판적 평가를 하지 않고 성취될 수 없다, 즉 '의미와 타당성은 서로 얽혀 있다'는 주장—이 의미하는 바를 매카시 자신이 포착하지 못했기 때문이었다.[50] 매카시는 자신의 오류를 인정하고 하버마스의 관점에서 블루어를 비판하면서, 블루어는 자신이 과학적, 즉 비평가적이라 주장한 이해관계라는 개념이 사실은 합리적 설명의 일종이라는 것을 깨닫지 못하고 있다고 주장한다. 블루어가 특정 이해 관심을 행위자에게 귀속시켜 그의 행위를 설명할 때 블루어는 평가를 하고 있는가, 아니면

---

47 Habermas, *The Theory of Communicative Action*, p.133.

48 McCarthy, "Scientific Rationality and the 'Strong Programme in the Sociology of Knowledge", p.94.

49 McCarthy, "Reflections on Rationalization in the Theory of Communicative Action".

50 McCarthy, "Scientific Rationality and the 'Strong Programme in the Sociology of Knowledge", p.93.

단지 사실을 묘사하고 있는가? 이해 관심은 확실히 행위자가 자기 행위를 설명할 때 사용하는 개념이 아니므로 특정 이해 관심을 행위자에게 귀속시켜 행위자의 행위를 설명할 때 블루어는 행위자의 설명이 가진 합리성(그것이 어떤 것이든)을 기각하고 대신 행위자의 언어를 블루어의 인과적 언어로, 즉 사회적·정치적·전문적 이해 관심으로 번역한다. 이렇게 행위자의 이유를 기각하는 것으로부터 블루어가 행위자가 제시한 이유의 '합리성(reasonableness)'을 비판적으로 평가하고 있음을 알 수 있다. 매카시는 블루어가 특정 동기(이유)—즉 사회적·정치적 이해관계—를 행위자에게 이렇게 귀속시킬 때, 이런 귀속 행위가 얼마나 암묵적인지에 상관 없이 그는 이미 행위자의 이유에 대한 비판적 평가를 하고 있는 것이라고 비판한다.

이제 하버마스가 주장하듯이 이론가가 어떤 문화적 실천을 이해한다는 것이 이론가의 입장에서 행위자들의 합리성 기준에 대한 비판적 평가를 반드시 포함해야 하는 것이라면, 또 그리고 이런 비판적 평가가 행위자들이 그들의 일상적 생활을 유지하는 데 사용하는 합리성 기준과 '상충'하게 된다면, 해석은 무엇이 진리이고 정당화될 수 있는가라는 문제에 대한 해석자와 행위자 간의 '대화'를 요구하게 된다.

따라서 해석자는 행위자들이 [해석자가] 의문시하는 표현에 대해 '네' 혹은 '아니오' 혹은 '답을 유보합니다'라고 반응하는 행위의 맥락으로부터 유리되어서는 이 표현의 의미적 내용(semantic content)을 이해할 수 없다. 또한 그는 행위자들이 이런 답을 한 이유가 무엇인지를 그 자신에게 분명하게 하지 못한다면 행위자들의 '네/아니오'라는 반응을 이해할 수 없다. (…) 왜냐하면 이유[혹은 근거]는 제3자의 관점을 취해서는—즉 긍정, 부정 혹은 유보라는 반응이 수반되지 않고서는—묘사될 수 없는 것이기 때문이다.[51]

위에서 제시한, 이론가의 가상 참여자로서의 역할을 중시한 하버마스의 '이해의 대화 모형'은 바우만이 주장하듯 전통적인 사회이론들과 그 궤를 달리한다. 왜냐하면 하버마스의 모형이 "사회과학자들의 특권적인 관점이 사실과 오류를 가려내는 심판관 역할을 하기에 충분하다는 것"을 확실하게 포기했기 때문이다.[52] 이론가가 행위자를 이해하기 위해서는 행위자들과의 대화에 참여해야 한다고 주장하며 하버마스는 행위자들을 명확하게 담론의 공간으로 '다시 불러들였다'. 즉 정초주의 혹은 초월주의 철학자들과는 다르게, 하버마스는 해석자[이론가]가 사용하는 평가 기준도 맥락 의존적일 수밖에 없으며 따라서 다른 어떤 과학적 가설과 마찬가지로 수정될 수 있다고 주장한다. 그러나 하버마스는 해석자의 평가 기준이 지닌 맥락 의존성은 장점이 될 수 있다고 보았다. 왜냐하면 진리란 무엇이 진리와 정의에 관한 더 나은 기준이 되어야 하는가에 대해 해석자와 행위자가 초점을 맞추고 논쟁하고 대화하는 가운데 얻어지는 것이기 때문이다.

---

51 Habermas, *The Theory of Communicative Action*, p.115.
52 Zygmunt Bauman, *Toward A Critical Sociology: An Essay on Commonsense and Emancipation*(London: Routledge and Kegan Paul, 1976), p.102.

그러나 하버마스에게 대화 모형이 지닌 더 중요한 함의는 이러한 대화에서 주고받는 타당성 주장들은 그것들이 가지는 양면적 성격으로 말미암아 그것들이 교환되는 지엽적인 맥락을 넘어 궁극적으로는 '보편적 지위'를 갖게 된다는 것이다. 이 타당성 주장들은 '지금 여기'라는 행위 맥락 안에서 제기되었기 때문에 '맥락 의존적이고' 또한 '특정 문화에 의존적'이라고 할 수 있다. 그러나 다른 한편으로 '주장'으로서 이 주장들은 그것들이 제기된 어떤 지엽적 맥락도 초월한다.

물론 이들 타당성 주장들은 양면성을 가진다. 그것들은 주장으로서 어떤 지엽적 맥락도 초월한다. 동시에 그것들은 지금, 여기서 제기되어야 하고 이들 상호작용 참여자가 효과적으로 협력하기 위해 필요한 합의를 사실상 담고 있는 것으로 그들에게 인식되어야 한다. 보편적인 타당성이 획득되는 초월적 순간은 모든 지엽성을 파괴하는 반면, 당연하게 받아들여온 타당성 주장을 받아들여야만 하는 의무적 순간은 이 주장들을 통한 일상적 실천을 가능하게 해준다. 소통에 참여하는 사람들은 서로에게 타당성 주장을 제기하기 때문에, 그들은 서로를 비판할 수 있는 잠재력에 소통을 의존하고 있다. 따라서 무조건성의 순간이 상호 이해의 실제 과정 안에 내포되어 있다. 즉 옳다고 주장된 타당성은 사실상 사회적으로 옳다고 믿어져온 실천과 구분되지만, 동시에 현존하는 합의의 근거로도 작동한다.[53]

---

53 Habermas, *The Philosophical Discourse of Modernity*, pp.322~323.

의사소통 행위를 통해 '역사와 맥락'을 초월한 보편성을 획득할 수 있음을 설명한 위의 인용은 사실 하버마스가 그의 저작 여러 곳에서 개진해온 것이다. 이 주장의 핵심은 그가 소위 '타당성 주장의 야누스적 측면'이라 부른 것에 있다. 타당성 주장은 그것이 무리 없이 진행되는 언어 게임 안에서 제기되며, 그것이 제기되는 문화적·지엽적 맥락에서 옳다고 인정되어온 기준들에 의해 지배받는다. 그러나 지엽적인 맥락에서 제기되는 이러한 타당성 주장은 그것의 지엽성에도 불구하고 그것이 '타당'하다는, 그 주장이 가진 '성격'으로 말미암아 그것이 제기되는 지엽성을 초월하도록 정향되어 있다. 그 주장이 가진 성격이란 무엇인가? 하버마스에 따르면 논쟁의 참여자들은 각자 자신들을 둘러싸고 있는 세계에 대한 상충되는 해석들이 "하나의 단일한 객관적 세계에 대한 것이라고 가정"[54] 하기 때문에 이 타당성 주장들은 비록 그것이 지금 여기서 제기되지만 공간과 시간을 초월하고, 결과적으로 시공간을 넘어서도록 한다.[55]

위에서 논의한 하버마스의 '진리의 대화 모형'은 가상 참여자로서의 이론가 혹은 해석자가 '맥락으로부터 벗어난 객관적 관찰자'의 역할을 포기하고 수행적 태도를 취할 수밖에 없다는 것을 논증하고 있다. 전통적 이론가들이 자신들의 이론만이 외부세계의 주어진 진리를 나타내는 특권적·인식론적 권위를 가진 '언어'라고 행위자들에게 강요해왔던 것

---

54 Jürgen Habermas, "Richard Rorty's Pragmatic Turn", pp.31~55 in R. Brandom(Ed.) *Rorty and His Critics*(Oxford: Blackwell, 2000), p.48.
55 Ibid.

과 달리, 진리의 대화 모형에서 이론가는 행위자들과의 자유로운 논쟁을 통해서 진리에 관한 합의에 도달하기 때문에 "[담화] 내부로부터 협상된 공평함"[56]을 얻어낼 수 있다. 하버마스에게 진리란 우리의 담론 저 밖에 존재하는 어떤 추상적인 것이 아니라 담론의 내부에서 생성되고 파괴되고 또 재생성되는 것일 뿐이다.

---

56 Jürgen Habermas, "Interpretive Social Science vs. Hermeneuticism." pp.251~270 in N. Haan(Ed.), *Social Science as Moral Inquiry*(New York: Columbia University Press, 1983), p.258.

3

현대성과
계몽주의에 대한
리처드 로티의
포스트모던 비판

3.1 로티의 반플라토니즘과 인식론 비판

로티 철학을 관통하는 하나의 커다란 흐름이 있다면 그것은 그리스 철학 전통의 중심에 있었고 현대 철학에서도 가장 중심적인 위치를 차지하는 객체와 주체의 '이원론'에 근거한, 소위 '인식론적 전통'에 대한 지칠 줄 모르는 비판이다. 로티는 비교적 최근 저작인 『철학과 사회적 희망 (*Philosophy and Social Hope*)』의 서문에서 "지난 10년간 내가 쓴 글의 대부분은 나의 사회적 희망들—전지구적이고 코스모폴리탄적이며, 민주적이고 평등하며, 계급과 차별이 없는 사회를 향한 희망—을 플라톤주의에 대한 나의 반론(antagonism)과 연결하려는 시도였다"라고 썼다.[1]

---

1   Richard Rorty, *Philosophy and Social Hope* (London: Penguin, 1999), xii.

로티에 따르면 그리스 철학의 중심에 있던 주체와 객체의 구분은 플라톤·데카르트·칸트로 이어지며 현대 철학에서 '치유'되어야 할 병으로 계속 남았다. 주체/객체의 이분법은 다시 표상과 실재(appearance/reality) 간의 관계를 규명하려는 문제의식으로 등장하여, 인식론의 문제를 주체가 어떻게 실재를 객관적으로 나타내는가 혹은 재현하는가(represent)의 문제로 고착화하는 역할을 하였다. 플라톤·데카르트·칸트의 전통에 따르면 인식론의 문제는 외부세계를 묘사하고 잡아내는 언어를 어떻게 더 명징(明澄)한 것으로 만들어내는가와 밀접한 관계가 있다. 외부세계를 '있는 그대로' 묘사하고 잡아내는 작업은 외부세계와 주체 사이를 연결하는 매개체, 즉 언어를 깨끗하게 닦아서 그것이 외부세계를—로티의 말을 빌리면— '거울처럼 비치도록(mirroring)' 하는 것이기 때문이다.

로티의 문제작인 『철학과 자연을 비추는 거울』의 대주제는 재현주의(representationalism)로 대변되는 주체/객체의 이원론을 비판하고 그 대안을 제시하는 것이다.[2] 이 책을 포함한 저작 여러 곳에서 로티는 자신의 철학적 입장을 '반플라톤주의자(anti-platonist)', 반정초주의자(anti-foundationalist), 반형이상학주의자(anti-metaphysician)라고 밝혔다. 부정의 형용사(anti)를 사용함으로써 자신의 입장을 이원론과 더 강력하게 대조하려 했다. '진리는 실재가 가지고 있는 근원적 성격과 대응

---

2 Richard Rorty, *Philosophy and the Mirror of Nature*(Princeton, NJ: Princeton University Press, 1979).

한다'는 재현주의와 맞서서 로티는 이러한 전통적인 대응 이론은 폐기되어야 할 플라톤적 '단어' 혹은 '언어'라고 주장한다. 이원론을 고수하는 전통적 철학자들은 로티를 상대주의자 혹은 '사회구성주의자(social constructivist)'라고 비판했다. 로티는 이들의 비판이 '발견되는 것'과 '만들어지는 것' 간의 구분 아래 성립되는 것이며 이는 다시 객체/주체의 구분과 밀접하게 연관되어 있다고 주장한다.

로티는 존재하는 모든 것은 사람들에 의해 '만들어지는 것'이라고 주장함으로써 언어가 언어와 독립적으로 존재하는 외부세계와 대응하는 진리를 '발견'한다는 전통적 철학자들의 주장을 거부했다.

그러나 모든 진리는 외부세계의 내재적 속성의 재현이 아니고 인간의 산물이라는 로티의 주장은 상대주의와 구성주의에 대한 전통적인 '투 쿼키' 비판[(Tu Quoque, 즉 You too(너도 마찬가지)라는 의미]—즉 이런 주장을 하는 로티의 주장을 자신에게 들이대면, 자신의 주장도 구성되고 만들어진 것일 뿐이며 따라서 받아들여야 할 근거가 없다—에 당연히 노출될 것이며, 이런 비판에 답하지 못한다면 로티는 자신의 주장을 스스로 반박하는 결과를 초래할 것이다. 상대주의에 대한 이러한 고전적 비판에 대해 전통적인 지식사회학자들이 취해온 전략—지식사회학자 자신들의 주장도 외부세계의 진리에 대응하는 어떤 객관적인 것이 아니며, 그들이 구성되었다고 주장하는 지식과 똑같이 인과적인, 즉 사회적·정치적인 분석에 노출되어야 한다는 전략[3]—과 다르게 로티는

---

3   예를 들면 Bloor, *Knowledge and Social Imagery*.

만일 자신과 같이 인식론적 이원론에 맞서 싸우는 사람이 주체/객체, 만들어짐/발견, 주관/객관이라는 '어휘'를 당연한 것으로 받아들이고 이들과 논쟁한다면 자신은 당연히 상대주의자로 낙인 찍힐 수밖에 없을 것이라고 말했다. 그는 자신의 비판자들이 사용하는 위와 같은 이분법적 단어를 거부하는 길만이 자신의 주장을 설득력 있는 것으로 만들 수 있다고 보았다.

로티는 이분법적 단어들을 부정하는 전략 때문에 비판자들은 자신을 다시금 비합리주의자(irrationalist)라고 몰아세우겠지만, 그런 비판은 이원론을 받아들이는 것만이 합리적이라는 '가정' 하에서만 가능한 것이라고 주장한다. 곧이어 로티는 이원론을 거부하여 자신이 비합리주의자라는 비판을 받기는 했으나 전통적인 이원론 옹호자들과의 논쟁 자체를 거부하지는 않는다고 말했다.

비합리주의자라고 해서 "입에 거품을 물고 짐승처럼 행동하지는 않는다"라는 로티 주장의 이면에는 '언어의 기능과 기원'에 대한, 그가 플라톤·데카르트·칸트 전통이라 부른 인식론적 전통과는 전혀 다른 관점이 숨어 있다.[4] 플라톤·데카르트·칸트 전통에서 상정하는 언어의 재현 기능을 거부하는 로티가 자신의 주장이 기존의 주장보다 낫다고 말할 수 있으려면 자신의 주장이 객관적인 외부세계와 대응하기 때문이라고 주장해선 안 된다. 그에게 이는 오직 "이 문제에 대해 새롭게 말할

---

4   Richard Rorty, "Relativism: Finding and Making", in *Debating the State of Philosophy*, p.34.

수 있는 방법을 점진적으로 설득함으로써" 가능한 것이다.[5] 이 책의 다음 장에서 논의하겠지만, 바로 이 점이 하버마스와 로티 논쟁의 '핵심'이다. 즉 하버마스는 진리가 논쟁 당사자들이 제기한 명제들에 대한 직설적인 상호 논쟁과 논박을 통해 나타날 수 있다고 생각하지만, 로티는 진리란 경험적 증거와 논리에 의해 '드러날 수 있는 것' 혹은 증명될 수 있는 것이 아니라고 본다. 진리란 세계에 대해 말하는 방식, 그리고 그런 방식에 중심이 되는 '단어'들을 상대방에게 점진적으로 '설득'시킬 때 출현하게 되는 것이다.

　로티의 인식론 비판의 저변에는 콰인(W.V.O. Quine)이 「경험주의의 두 개의 독단」이라는 논문에서 제시한 경험주의 비판이 자리 잡고 있다.[6] 이 논문에서 콰인은 이론과 사실의 분리, 혹은 분석적인 것(선험적인 것)과 경험적인 것의 구분이 경험주의의 두 독단 중 하나이고, 나머지 하나는 '환원주의(reductionism)'라고 지적한다. 논리 실증주의의 핵심 명제인 '환원주의'는 어떤 명제를 그것을 구성하는 단어들로 쪼개고, 이 쪼개진 단어 각각이 밖의 세계와 '대응'하는가를 확인해 진리 값(truth value)을 결정한다. 이런 진리 값들의 합이 결국 그 명제의 진위를 결정한다는 것이다. 환원주의는 우리가 밖의 세계에 의미를 부여하는 것은 어떤 고립된 단어(이론적이든 일상적이든) 하나가 밖의 세계와 대응하는가 아닌가에 따라 결정되는 것이 아니라, 특정 단어들로 구성된 이

5　Ibid.
6　W.V.O. Quine, "Two Dogmas of Empiricism", *The Philosophical Review* 60(1951), pp. 20~43.

론 전체의 망(網) 혹은 콰인이 말한 '믿음의 거미줄(web of beliefs)'을 경험세계와 대응시킴으로써만 얻어진다는 사실을 간과했다고 콰인은 비판한다. 콰인의 반환원주의(anti-reductionism)는 어떤 이론적 단어가 그것이 의미를 얻게 되는 맥락—즉 그것이 의미를 얻게 되는 이론적 단어들의 네트워크—밖에서 외부세계와 대응하는 고정된 의미가 있다고 주장하는 경험론을 기각한다. 이는 다시 말하면, 어떤 이론적 단어도 그 단어가 위치 지워진 이론 전체를 떠나서는 외부세계와 대응하는 '단일한' 경험적 의미를 가지지 못한다는 것이다. 논리 실증주의자의 주장과 다르게 이론적 단어들은 하나하나가 외부세계와의 대응을 통해 의미를 갖는 것이 아니라, 이론 전체로서 밖의 세계와 대응한다.

또한, 무엇이 분석적 명제이고 경험적 명제인가의 '구분' 자체도 결국 이런 명제들을 가능케 하는 이론적 단어들의 거미줄 '안'에서만 얘기될 수 있기 때문에 전통적 경험론자들의 두 번째 독단인 분석적/경험적 명제라는 구분도 깨지게 된다. '무엇이 경험적으로 다루어져야 할 문제인가', '무엇이 선험적으로, 즉 당연시해야 할 것인가'는 주어진 패러다임에 의해 결정된다는 쿤의 주장을 상기하면 바로 콰인의 분석적/경험적 명제의 구분에 대한 비판을 이해할 수 있을 것이다. 실제 과학에서의 예를 들면, 연속적 지각 변동을 주장하는 지질학 이론(uniformitarian geology)에서는 세계가 연속적으로 변하고 있다는 것을 '자명한', 즉 경험적 연구를 필요로 하지 않는 '선험적'인 것으로 간주한다. 반면 지각 변동의 불연속성을 주장하는 이론(catastrophic theory)에서는 지각이 불연속적으로 움직이고 있다는 것이 '선험적', 즉 분석적인 명제로 받아들여진다.[7] 이를 통해 우리는 무엇이 '분석적(선험적) 명제'인가는 맥락을 초월한 보편적 기준에 의해서 결정되는 것이 아니라 주어진 이론적 틀에 의해 결정된다는 것을 알 수 있다. 실증주의에 대한 콰인의 비판은 분석적이라고 생각되는 어떤 명제도 사실은 외부세계를 나타내는 특권적 지위를 가질 수 없다는 결론으로 이끈다. 왜냐하면 어떤 특정한 믿음의 진리 값(truth value)은 그것이 위치해 있는 믿음의 망 내의 다른 믿음들과의 조화에 의해서 진리를 보장받을 뿐, 이 믿음의 전체 망 밖으로 끄집어내어 그 개별 믿음이 외부세계와 대응하는가를 검증할 수 없기 때문이다.

셀라즈(Wilfrid Sellars)의 경험주의 비판 역시 로티의 인식론 비판에서 큰 축을 형성한다. 셀라즈는 지식사회학자들이 그랬던 것처럼[8] 인식의 맥락과 배경을 강조하면서 모든 경험은 그것이 어떤 '특정한 경험'으로 인식되기 위해서는 이 경험을 그러한 경험으로 인식하게 해주는 '개념들'을 이미 전제하고 있어야 한다고 주장한다. 셀라즈는 우리의 언어 사용능력이 밖의 세계에 존재하는 대상을 전(前)언어적인 개념들(pre-linguistic concepts) 없이도 즉각적으로 잡아낼 수 있다고 생각한 전통적인 경험론을 '주어진 것에 대한 미신'이라며 비판했다. 그는 경험이 '가능'한 것은 이런 경험 이전에 이것을 '어떤 경험'으로 경험하게끔 해

---

7 두 개의 상반되는 지형 변동 이론에 대해서는 Peter Bowler, *Evolution: The History of an Idea*(Berkeley, CA: University of California Press, 1983)을 참조할 것.

8 Barnes, "Natural Rationality: A Neglected Concept in Social Sciences", *Philosophy of the Social Sciences* 6, pp.115~126.

줄 수 있는 수많은 개념이 존재하기 때문이라고 주장한다. 즉 어떤 경험이 '적절한 의미'에서의 경험으로 간주되려면 그 경험이 '~이 아니라 ~라는 경험'이라고 인식시켜주는 개념이 선행(先行)되어야 한다는 것이다.[9] 이러한 셀라즈의 관점은 앞으로 논의하게 될 로티의 실용주의 언어관—특히 언어의 사회적·실천적 측면—과도 밀접하게 연관되어 있다. 셀라즈는 개념을 가지고 있다는 것은 언어 공동체에 이미 참여하고 있음을 의미하고, 이는 다시 참여자들이 자신의 언어적 행위를 정당화할 수 있는 개념적 공간을 '공유'하고 있음을 의미한다고 본다.

로티는 "정당화는 사회적 실천의 문제"[10]라는, 자신의 철학에 중심이 되는 명제를 뒷받침하기 위해 셀라즈의 논의를 가져온다. 셀라즈와 로티 모두 외부세계가 우리에게 미치는 물리적 영향을 부정하지 않지만, 정당화는 외부세계와의 대응에 의해서가 아니라 언어 공동체 '내'의 문제라고 주장한다. 그 이유는 경험(혹은 외부대상의 속성)이 외부세계에 대한 단일하고 옳은 표상이 아닌, 우리가 이미 가지고 있는 개념들에 의해 '특정한 경험' 혹은 '적절한 경험'으로 인식되기 때문이다. 셀라즈는 경험 그 자체만으로는 외부세계에 어떠한 질서도 부여할 수 없으며 우리가 이미 가지고 있는 개념들에 의해서만 경험이 적절한 의미를 부여받을 수 있다고 주장한다. 여기서 '적절한'이 의미하는 바는 무엇

---

9   Wilfrid Sellars, "Empiricism and the Philosophy of Mind", in Herbert Feigl and Michael Scriven, eds., *Minnesota Studies in the Philosophy of Science*, Volume I: *The Foundations of Science and the Concepts of Psychology and Psychoanalysis* (University of Minnesota Press, 1956), pp. 253~329.

10 Rorty, *Philosophy and the Mirror of Nature*, p. 186.

인가? 외부세계에 대한 감각(경험) 자극은 맥락을 초월한 보편적인 해석을 보장해주지 않는가? 그렇지 않다는 것이 셀라즈의 답이고 로티는 이를 통해 '사회적 실천'이 정당화의 초석이라고 주장하는 것이다.

이 주장의 의미를 더 자세히 이해하려면 지식사회학자인 반즈(Barry Barnes)가 '자연적 합리성'이라고 부른 합리성이 실제 상황에서 어떻게 작동하는가를 살펴볼 필요가 있다. 반즈에 따르면 자연적 합리성이란 인간이 진화 과정에서 생래적으로 습득한, 외부자극에 대한 자연적 인지성향(natural cognitive propensity)을 의미한다. 인간이 외부세계에 적응하는 데 이런 생래적 성향이 필요하기는 하나 이러한 성향이 반드시 모든 사람들에게 똑같은 반응을 불러일으키지는 않는다. 간단한 예는 논의의 요점을 명확히 해줄 것이다. 왜 같은 연소 실험에서 프리스틀리(Joseph Priestly)는 플로지스톤(phlogiston)을 보고, 라부아지에(Antoine Lavoisier)는 산소를 보았는가? 여기서 자연적 합리성이란 프리스틀리와 라부아지에에게 똑같이 작용한 '시각 자극(visual stimulus)'이다. 그러나 외부세계를 인지하는 데 있어 자연적 합리성이 하는 역할은 여기서 끝이 난다. 자연적 합리성만을 가지고는 왜 두 과학자가 '같은' 실험에서 다른 것을 보았는가를 설명할 수 없기 때문이다. 따라서 반즈는—콰인 및 셀라즈와 같은 이유로—우리의 자연적 합리성은 항상 위에서 논의한 '이미' 존재하는 개념의 거미줄 혹은 망 안에 위치 지워져 있고 또 그 안에서 작동하고 있다고 주장한다.

그러나 이런 분류의 망은 어떤 고립된 개인의 것이 아니고 집단이 오랫동안 발전시켜오고 지켜온, 외부세계를 해석하는 문화적 자원이다.

이런 상이한 문화적 자원과 이들과 밀접하게 관련된 개념의 네트워크 안에서 '자연적 합리성'이 작동하기 때문에 비록 '같은 대상'을 볼지라도 그에 대한 두 과학자의 '해석'이 다른 것이다. 여기서는 단순히 어떤 외부대상을 '본다'는 것이 아니라 셀라즈의 주장처럼 '어떤 것으로 본다'라는 점이 중요하다. 주어진 것을 이미 제도화된 어떤 사회적 범주를 통해 본다는 것은 우리의 인식이 외부세계의 자극뿐 아니라 이미 각 집단이 전통적으로 발전시켜오고 옹호해온 어떤 분류와 인지의 틀—즉 분류의 망—에 의해 결정됨을 의미한다.[11] 자연적 합리성에 대한 위의 논의는 어떻게 셀라즈의 주장에서 로티가 '정당화는 사회적 실천의 문제'라는 명제를 도출해낼 수 있었는가를 잘 보여준다. 경험이 적절한 경험으로 간주되고 받아들여지는 것은 그 경험을 의미를 지닌 특정한 경험으로 '인식하고 받아들이는' 사회적 집단의 실천 안에서 가능하며 그런 의미에서 정당화가 가능한 것이지, 실증주의자들이 말하듯이 탈맥락적이며 초월적인, 외부세계의 진리를 재현하는 어떤 것이 정당화의 근거로 사용될 수는 없다는 것이다.

언어가 외부세계와 마음을 이어주는, 즉 나타내고 재현해주는 명징하고 중립적인 것이 아니고 인간이 당면한 맥락에서 요구되는 목적과 필요에 의해 창출되는 적응의 도구라는 로티의 진화론적·자연주의적 관점은 어떤 언어 혹은 단어가 외부세계에 대응하기 때문에 그렇지 않은 단어들보다 '인식론적으로 특권적인 위치'를 가질 수 있다는 전통적

---

11 보다 자세한 논의는 김경만, 『과학지식과 사회이론』(한길사, 2004)을 참조할 것.

인 인식론적 관점을 비판한다. 로티에게 있어 한 시대 혹은 한 사회에서 당연하다고 여겨지며 사용되는 단어들은 그 사회가 진화하는 어느 시점에서의 필요와 목적에 부합되었기 때문에 선택되고 계속 사용됨으로써 마치 그 단어들이 실재와 대응하는 것처럼 생각될 뿐이지, 그 단어들이 실재와 대응하며 그것을 거울처럼 나타내기 때문이 아니다. 로티에 따르면, 현재 당연시되는 담론을 구성하는 단어들도 예전에는 그것의 유용성에 대한 논쟁을 거쳐 '살아남은' 것들이다. 이 단어들이 계속 한 문화에서 사용되어옴으로써 소위 '죽은 은유'가 되고 마치 그것이 실재와 같은 것으로 '여겨지는' 것이다.

3.2 로티, 다윈 그리고 적응도구로서의 언어

언어의 기원과 기능에 대한 로티의 다윈적 관점을 논하기 전에 나는 우선 미국 실용주의 철학자이면서 상징적 상호작용론이라는 사회학 이론을 창시했던 미드(George Herbert Mead)가 제시한 언어와 마음과 자아의 관계부터 논의할 것이다. 왜냐하면 미드가 스스로 '사회적 행태주의(social behaviorism)'라 부른 그의 철학적 관점은 다윈에게서 영향을 받은 것이고 따라서 로티의 다윈적 언어관과 밀접하게 연관되어 있기 때문이다. 미드에게 마음(mind)은 어떤 것일까? 데카르트·로크의 전통에서처럼 이미 마음이 '존재'하고, 이제 이 마음에 외부세계의 자극이 전달되고 기록되는 것일까? 그렇다면 마음은 항상 우리의 감각 자극 이전에 존재하는 어떤 것일까? 미드의 문제의식은 마음과 몸의 이원론을 극복하는 데 있었다. 아래 인용문은 미드가 '마음의 출현'을 어떻게 설명하고 있는가를 잘 보여준다.

그러나 개인의 내적 경험—즉 과정 혹은 행위의 내적 단계—을 무시한다는 의미에서 나의 주장이 '행태주의적'인 것은 아니다. 오히려 나는 정반대로 행위 과정 전체를 통해 그런 내적 경험이 어떻게 출현하는지에 특별한 관심을 두고 있다. 그러한 내적 경험이 어떻게 그런 과정[행위 과정]을 통해 나타나게 되는가를 탐구하는 노력을 통해 그 과정이 내부에서 외부로 작동하는 것이라기보다는 오히려 외부에서 내부로 작동한다는 것을 알 수 있다.[12]

이 인용문에서 '내적 경험'은 바로 마음을 의미한다. 미드의 동료였던 시카고 대학의 왓슨(John B. Watson)은 파블로프(Ivan Pavlov)와 함께 스키너(B.F. Skinner)의 행태주의에 가장 큰 영향을 끼친 인물이다. 미드는 위의 인용문에서 자극과 반응의 관계에만 연구를 집중했던 왓슨의 행태주의와 자신의 '사회적 형태주의'를 구분하려 하고 있다. 왓슨과 스키너로 이어지는 행태주의 연구자들은 의식을 연구하는 심리학이 실제로 의식이 무엇인가에 대한, 즉 마음이 무엇인가에 대한 조작적 정의 없이

---

12 George H. Mead, *Mind, Self and Society*(Chicago: University of Chicago Press, 1934), pp.7~8.

마음과 의식이라고 하는 실증적으로 확증될 수 없는 개념을 사용함으로써 심리학을 과학으로부터 멀어지게 했다고 주장했다. 따라서 과학적 심리학은 의식이라는 추상적 개념을 폐기하고 인간도 다른 동물과 마찬가지로 자극과 그에 반응하는 것으로 보는 진화론적 사고의 연장선상에서 이해해야 한다는 것이다.

위의 인용문에 대한 자세한 논의는 우리가 언어의 기원과 기능에 대한 로티의 다원적 관점을 이해할 수 있도록 도와줄 것이다. 미드는 위의 인용문에서 '내적 경험의 출현'에 자신이 특별한 관심을 가졌음을 언급하고 있다. 경험적으로 관찰 가능한 것만이 과학의 대상이라 주장하는 실증주의자들에게 내적 경험, 즉 마음이란 경험적 관찰을 통해 측정 가능한 것으로 '환원'할 수 있는 무엇이다. 미드는 자신의 관점을 행태주의라 부를 때 마음의 존재를 부인하지 않는다. 오히려 그는 '마음의 출현'에 대해 설명하며 마음이 '내부에서가 아니라' 외부에서 내부로 작동하는 것이라고 주장한다. 다시 말하면 미드는 마음이 우리 몸의 내부에 먼저 '존재'하고 이 마음에 외부세계가 '비추어'진다고 보는—로티의 말을 빌리면, 데카르트·칸트 전통의 주체/객체의 구분에서 객체가 주체에 비춰지는 혹은 주체가 객체를 '재현'하는—마음/몸의 이원론을 거부하고 있는 것이다.

마음 및 언어의 출현을 설명하기 위해서 '외부에서 내부'로 가야 한다는 미드의 주장은 어떻게 이해되어야 하는가? 이에 답하기 위해 일종의 사고 실험(思考實驗)을 해보자. 인간이라 불리는 생물들이 외딴 섬에 존재한다고 가정해보자. 마음이 어떻게 출현하는가가 이 실험의 핵심이므로 당연히 이 예에서 인간이라는 생물은 마음을 가지고 있지 않다고 가정한다. 다만 이 생물들은 살아남기 위한 과정의 일부로서 외부세계와 어떤 '상호작용'을 한다고 가정하면 될 것이다. 이제 이 생물들이 섬구석구석을 돌아다니다가 우연히 자신을 둘러싸고 있는 여러 사물들에각자 나름대로의 이름을 붙였다고 생각해보자. 여기서 '이름'이란 우리가사용하는 언어가 아니라 어떤 음성적인 발성(phonetic sound)일 뿐일 것이다. 첫 날에는 A라는 인간이 거북이, 돌, 모래, 나무 등 100여 가지에이름—사실은 '음성적 발성'—을 붙였다고 해보자. 둘째 날에도 100가지, 셋째 날에도 또 100가지에 이름을 붙였다고 해보자. 또한 B라는 생물도 A와 마찬가지로 3일 동안 300가지의 사물에 나름대로의 이름을붙였다고 생각해보자. 이런 식으로 한 달 정도면 그들은 수천 가지의사물에 이름을 붙일 수 있다. 이제 한 달 후에 이 섬에 존재하는 인간들이 모여서 그들이 지난 한달 동안 이름 붙였던 수천 가지의 음성적 발성을 기억해내고 사물들을 일관성 있게 '지칭'하는 일이 가능할까?

여기서 두 가지의 가능성을 얘기할 수 있을 것이다. 이들의 기억력이비상해서 그렇게 할 수 있을 것이라는 답이 그 하나다. 두 번째 답은 그들이 저마다 다르게 발성한 수천 가지 발성을 잊어버렸기 때문에 전에이름 붙인 것들을 지금 똑같이 음성적으로 재생하지 못하리라는 것이다. 물론 두 번째 답이 더 개연성이 높겠지만 설령 전자가 옳다고 하더라도 과연 이들이 모여서 자신만의 음성적 발성을 동시에 '토해낸다는것'이 무슨 의미를 가질 수 있을까? 이것은 그냥 소리의 불협화음만을만들어낼 것이다. 더 나아가 우리는 무엇 때문에 이들이 이런 일을 하는지 물어볼 수 있을 것이다. 어떤 '효용' 혹은 목적이 있기에 모여서 이런 일을 할까? 말할 것도 없이 이런 행위가 어떤 효용이나 목적을 가지고 있다고 하기는 어려울 것이다. 이 섬의 인간들이 한 자리에 모여서 서로 이해도 할 수 없는 음성적 발성을 토해낼 이유는 없다. 즉 이렇게 모여 자신이 한 달 동안 붙인 이름을 동시에 서로에게 '토해내는' 상황은 우리의 상상에서나 가능할 뿐 개연성이 전혀 없을 것이다.

그러나 일단 이들이 외부세계와 상호작용할 때, 즉 사물에 이름을 붙일 때 어떤 '관심'이나 흥미가 있었다면 위의 논의는 아주 다르게 전개될 것이다. 아무런 관심 없이 그가 우연히 마주치는 어떤 것에 이름을 붙이는 일과, 먹어봤을 때 맛이 썼다거나 복통 또는 구토를 일으켰던 것에 이름을 붙이는 일을 비교해보자. 이 두 경우의 이름 붙이는 행위나 그것을 지칭하는 음성적 발성을 기억해내는 능력에는 커다란 차이가 있을 것이다. 이 섬에 사는 사람들이 P라는 사물을 먹고 심한 구토를 일으켰다고 해보자. 이런 경우 이들은 P를 일관성 있게 지칭하려고 하는 관심 혹은 흥미를 가지게 되고, 더 나아가 '필요'를 느끼게 될 것이다. 왜냐하면 집단의 구성원들이 P에 특정한 이름을 붙이고 지칭함으로써 서로 P가 가지고 있는 위험에 대해, 즉 P의 '의미'에 대해 '소통'할 수 있다면 P를 섭취할 때 야기되는 '위험'에서 벗어날 수 있기 때문이다. 다윈의 진화론적 시각에서 본다면 이제 P라는 단어는 소위 '적응가치(adaptive value or survival value)'를 가졌다고 할 수 있다. 이렇듯 P라는 단어를 만들어내고 일관성 있게 이를 지칭하고 찾아내 의사소통할 수 있는 집단과 그렇지 못한 집단은 생존율에서 커다란 차이를 보이게 될 것이다. P라는 단어는 외부세계를 있는 그대로 나타내는 것이 아니라 위험을 피하기 위한 '도구'로 사용되는 것이다.

위의 예는 외부와의 상호작용에서 언어와 마음이 생성된다는 미드의 주장이 의미하는 바가 무엇인가를 잘 보여준다. 마음이 '먼저 존재하고' 언어를 통해 외부세계를 마음에 기록 혹은 재현한다는 몸/마음의 이원론은 마음이 모든 외부세계를 통한 지각에 선행한다는 주장에 기초해 있지만, 위에서 살펴본 바와 같이 아무런 '이해 관심과 필요가 없는 곳'에서는 상호작용을 통한 언어와 마음의 형성은 가능하지 않다. 외부세계와의 상호작용을 통해서 언어와 의미, 즉 마음이 등장하게 되는데 이때의 마음은 미드에 따르면 당연히 개인적인 마음이 아니라 '사회적 마음'일 것이다. 언어는 위험을 피하기 위한 집단적 소통의 '필요'에 의해 생성되는 것이다. 아무런 필요와 목적이 없는 곳에서는 상호작용도 언어도 존재하지 않을 것이다.[13] 정리하면 마음이란 고립된 개체 내의 공간에 이미 존재하는 어떤 것이 아니고 특정한 '상황'에서 요구되는 인간의 상호작용을 통해 특정한 목적에 부합되도록 만들어진 것이다. 따라서 외부세계와의 상호작용과 사회적 마음은 동시에 결정된다. 즉 이미

---

13 위의 논의에서 마음의 출현을 사회적 상호작용을 통해 설명하고자 한 미드의 주장을 살펴보았다. 그렇다면 언어의 출현과 마음의 출현은 어떤 관계를 가지고 있을까? 위의 논의에서는 마음과 언어를 상호 대체될 수 있는 단어로 사용했다. 마음은 미드에게 '음성적 제스처(vocal gesture)'로 표현되고 다시 음성적 제스처가 하나의 의미 있는 상징(significant symbol)으로 나타날 때 이것을 언어라 부를 수 있다. 위의 예를 들어 다시 설명하면 먹어서 '위험하다는 의미'는 음성적 제스처로 표현되고, 이런 음성적 제스처가 다시 이런 음성적 발성을 듣는 청자에게 같은 의미, 즉 '위험하다는 의미'로 '들릴 때' 위험하다는 의미를 가진 음성적 제스처는 의미 있는 상징, 즉 언어가 되는 것이다.

형성된 마음을 가지고 상호작용하는 것이 아니라, 상호작용(외부)을 통해 사회적 마음이 형성되고 소통 또한 가능해진다는 것이 미드 이론의 핵심이다.

언어와 마음에 대한 다윈의 진화론적 관점은 "실재가 가지고 있다고 생각되는 근원적인 성격과 대응하는 이론을 찾아내려는 시도로부터 벗어나 당면한 문제를 풀려는 시도"[14]로의 전환을 요구하는데 이는 위에서 논의한 바와 같이 언어를 외부세계를 재현하는 것으로 보는 관점에서 당면한 문제를 풀어내는 데 필요한 도구로 보는 것으로의 전환을 의미한다. 로티는 자신과 같은 실용주의자는 데카르트·로크의 전통에서와 같이 마음이 그것의 외부에 존재하는 실재와 접촉하려는 어떤 것으로 보기보다는 모든 다른 동물들과 마찬가지로 인간도 고통을 줄이고 즐거움을 증가시키기 위해 도구를 만들어내는 동물로 본다고 주장하면서 다음과 같이 말한다. "단어는 인간이란 영리한 동물들이 만들어낸 도구 중 하나다."[15]

그렇다면 언어가 외부세계의 근본적인 성질을 나타내는 것이 아니라 하나의 적응의 도구라고 보는 관점으로의 이행은 우리의 학문적 탐구에 어떤 영향을 미칠까? 언어가 도구라면 전통적인 인식론적 질문, 즉 '언어가 외부세계를 얼마나 정확히, 있는 그대로 나타내는가?'라는 질문은 그 의미를 상실하게 된다. 망치나 끌, 대패, 삽 등의 도구는 '주어

---

14 Rorty, "Relativism: Finding and Making", p.37 in *Debating the state of Philosophy*.
15 Ibid, p.38.

진 목적 혹은 필요'를 충족시킬 뿐이며 따라서 그것들이 주어진 목적을 '상대적으로' 얼마나 잘 달성하게 해주느냐가 도구를 평가하는 시금석이지, 그것이 외부세계를 얼마나 정확하게 재현하는가가 그것의 적합성을 평가하는 잣대로 사용될 수는 없다. 로티는 다음과 같이 말한다.

실재와 접촉하고 있다는 바로 그 생각은 마음을 몸에 작용하는 모든 인과적 힘으로부터 자유로운 어떤 것으로 보는 반다윈적(un-Darwinian)이며 데카르트적인 관점을 전제하고 있다. 데카르트는 마음과 독립적인 세계와의 관계를 인과적이라기보다 재현의 관계로 보고 있다. 따라서 데카르트적 관점의 흔적을 지우고 완전히 다윈적인 관점으로 옮겨가려면 우리는 단어들이 재현을 위한 것이라고 생각하지 말고, 생물체를 그것의 환경과 묶어주는 인과적 망의 매듭 혹은 마디라고 생각해야 한다.[16]

위의 철학적 관점을 설명하기 위해 로티는 다음의 예시를 들었다.

실용주의의 관점에서 보면, "나는 배가 고프다"라는 말을 했을 때 우리는 발화 전에 내적이었던 것을 외적으로 만드는 것이 아니고 우리 주위의 사람들로 하여금 우리가 무엇을 할 것인가를 예측하도록 해주는 것이다. 이런 문장들은 사람들의 의식이라고 하는 밀봉된 내부의 방에서 어떤 일이 벌어지고 있는가를 보고(report)하는 데 사용되는 것이 아니다. 그런 문장

---

16 Ibid.

들은 우리의 행위와 다른 사람들의 행위를 조화시키고 조정하는 데 사용되는 도구일 뿐이다.[17]

이는 위에서 논의한 미드의 주장, 즉 우리의 언어는 상호작용에 요구되는 혹은 필요한 도구라는 주장과 궤를 같이 한다. 로티와 미드는 공통적으로 언어를 마음의 내적 상태를 보고하는 어떤 것이 아닌 우리의 행위를 상호 조정하고 조화를 이루게 하는 도구로 본다. 여기서 주체/객체의 이분법에서 파생되는 질문, 즉 주체가 객체를 얼마나 정확하게 재현하고 있는가의 질문은 의미를 상실하고 마는 것이다.

위에서 내가 제시한 '위험한 음식'에 대한 소통의 필요에서 언어가 생겨나고 이것은 외부환경에의 적응의 산물로 보아야 한다는 것을 로티는 다음과 같이 서술하고 있다.

다윈을 따라서 (…) 우리는 '언어'라는 단어를 그 자체로 근원적인 성격을 가진 어떤 것을 명명하는 것으로 보아서는 안 되고, 진보된 유인원이 그들을 둘러싼 특별한 세계와의 복잡한 상호작용들을 축약하는 방법으로 보아야 할 것이다. 이 상호작용들은 일련의 소음과 집단 행동을 용이하게 하는 표식들을 사용하는 행위에서 나타나는데, 이는 개인들이 서로의 행위를 조화시키는 데 필요한 도구들이다.[18]

---

17 Ibid, p.39.
18 Rorty, *Philosophy and Social Hope*, p.64.

3.3 적응도구로서의 언어와 상대주의

이 시점에서 사회구성주의 혹은 상대주의의 주장이 문화나 사회적 현상에는 적용 가능하나 소위 '자연적 종(natural kinds)'에는 적용될 수 없다는 반론을 생각해보자. 즉 우리는 '은행 계좌'는 사회적 구성물이며 따라서 사회적 종이지 자연적 종이 아니라고 말한다. 반면 '기린' 같은 것은 자연적 종으로서 우리가 그것이 존재하길 원하든 혹은 그렇지 않든 우리의 의사와 관계없이 존재하는, 우리의 구성과는 상관없는 객관적 대상이라고 생각한다. 다시 말해 은행계좌는 '만들어진 것'인 반면 기린은 '발견되는 것'이라는 차이가 구성주의자들의 주장을 틀린 것으로 만드는 중요한 구분으로 여겨져왔다.[19] 이 주장의 요체는 인간이 존재하지 않는다고 가정해도 기린은 여전히 존재할 것이지만, 인간이 없다면 은행계좌도 존재하지 않으리라는 점이다. 실용주의에 대한 이러한 반론은 실용주의가 주장하는 것과 반대로 인간의 욕구나 필요와 관계없이 여전히 기린은 존재하며, 따라서 실용주의가 틀렸다는 것을 암시한다.

그러나 로티는 이러한 주장에 맞서서, 기린조차 우리의 필요와 목적 그리고 관심에 따른 것이라고 주장한다. 어떻게 이런 주장이 가능한가? 우리의 목적이나 필요에 따라 기린이 없어지기도 하고 생겨나기도 한다는 것일까? 이런 주장이 말이 안 된다는 것은 모두 안다. 그렇다면

---

19 예를 들면 Ian Hacking, *The Social Construction of What?*(Cambridge University Press, 1999)을 볼 것.

우리의 이해(interest)와 목적은 도대체 저기 '존재'하는 기린과 어떤 관계를 가지고 있는 것일까? 로티의 손에서 우리는 기린이 다시금 인간의 욕구와 이해관계에 따라 다른 어떤 것으로 '묘사'될 수 있음을 알 수 있다. 우리의 언어에 '기린'이란 단어가 포함돼 있는 것은, 로티에 따르면 '기린'이란 단어가 지닌 유용성 때문이다. 기관, 세포, 원자 등 기린을 구성하는 단어들도 마찬가지다. 이 모든 '묘사'는 모두 우리의 '목적'에 부합되는 것들이다.

　이는 얼핏 우리의 상식과 매우 배치되는 주장이다. 그러나 다음과 같은 로티의 주장은 실용주의 철학이 어떤 의미에서 진리의 대응 이론이나 주체/객체의 구분에 의존하는 재현주의와 배치되는가를 생생하게 보여준다. 기린의 고기를 원하는 사냥꾼에게는 기린과 기린을 둘러싼 공기의 경계가 확실하다. 반면 언어를 사용할 수 있는 개미, 아메바—물론 그런 개미와 아메바가 있다면—혹은 지구 밖 멀리서 관찰하는 우주인에게는 기린과 그것을 둘러싼 공기의 경계는 그리 확실하지 않을 뿐더러 '기린'이란 단어를 사용해야 할 이유도 분명치 않다. 좀더 일반화해 보자. 우리가 '기린'이라 부르는 시공간의 특정한 좌표를 차지하는 어떤 것을 나타내는 수백만 가지의 묘사 가운데 어느 것이 그것을 가장 정확하게 '있는 그대로' 묘사 혹은 재현하는가라는 질문, 즉 전통적인 재현주의(representationalism)에서 제기되는 질문은 그 의미를 찾기 어려우며 따라서 성립하기 어려운 질문이다. 로티는 이제 다음과 같이 주장한다.

　기린이 진짜로 원자들의 집합인가, 인간의 감각기관에 포착되는 실제의 또는 가능한 감각들의 집합인가, 다른 어떤 것인가를 물어보는 것이 의미 없는 우스꽝스런 질문인 것처럼 "우리는 그것을 있는 그대로 묘사하고 있는가?"라는 것도 우리가 전혀 물어볼 필요가 없는 질문이다. 우리가 알 필요가 있는 것은 서로 경쟁하는 묘사들 중 어떤 것들이 우리의 목적에 더 부합되는가일 뿐이다. 목적 의존적인 묘사의 상대성은 실용주의자들의 반재현주의 주장에서 핵심적인 것이다.[20]

다시 위에서 언급한 섬에 있는 인간들을 상기해보면 로티의 예가 의미하는 바가 더 생생히 드러날 것이다. 어떤 것을 P라고 지칭하는 행위는 위험을 피하려는 욕구와 필요를 충족시킬 도구일 뿐이다. '그것이 P의 내재적 속성을 얼마나 정확하게 재현하고 있는가'는 의미를 찾기 어려운 질문이다. 즉 P는 외부세계의 속성을 나타내는 재현 기능을 가졌다기보다 섬 사람들의 행위를 조정함으로써 생존의 가능성을 향상시켜주는 도구라고 할 수 있다. 만일 다른 목적과 필요가 생겨난다면 물론 P는 다르게 묘사되고 그 목적에 맞게 사용될 것이다.

3.4 철학과 사회 이론의 역할

『철학과 자연을 비추는 거울』에서 로티는 인식론이 경쟁하는 지식 주

---

20 Rorty, "Relativism: Finding and Making", p.41.

장들 가운데 어느 것이 외부세계를 있는 그대로 재현하고 있는가를 '증명'함으로써 다른 경쟁 이론을 폐기하도록 할 수 있는, 모두가 합의할 수 있는 명확한 근거(ground)를 제공하는 데 실패했다고 말한다. 그렇기 때문에 경쟁하는 지식 주장들 혹은 이질적인 문화를 접했을 때 우리가 할 수 있는 최선은 대화를 유도해내는 것이라고 로티는 주장한다. 로티에 따르면 인식론과 달리 해석학은 진리의 '근거'를 제시하지 않는다. 그러면서도 우리로 하여금 대화를 통해 서로를, 지나간 역사를, 더 나아가 이질적인 문화를 가진 사람들을 이해할 수 있도록 도와주고, 기존의 이해를 '수정'해줌으로써 우리 이해의 깊이를 더하고 지평을 넓혀 줄 수 있다. 이것이 로티가 자신의 주장을 뒷받침하기 위해 가다머의 해석학을 끌어들인 중요한 이유다. 그러나 로티는 해석학이 철학과 문화 연구에서 할 수 있는 역할을 가다머와는 조금 다른 곳에서 찾고 있다.

가다머는 해석학의 중요성을 전통이 가지는 권위(즉 편견)가 우리 자신의 정체성, 더 나아가 우리의 현재와 미래 그리고 다른 문화와 시대를 이해하는 데 끼치는 영향력, 즉 그가 '유효한 역사(effective history)'라 부른 것에서 찾는다. 반면 로티는 이러한 유효한 역사로 말미암아 우리 자신, 다른 문화 그리고 여타의 모든 것에 대한 우리의 해석과 이해가 탈맥락적일 수도 객관적일 수도 없다는 것, 그런 의미에서 우리의 인식이 지난 역사와 그 역사가 만들어낸 단어들에 의해 제한된다는 것을 강조한다. 로티에 의하면 어떤 단어들의 집합이 외부세계를 있는 그대로 나타낸다는, 이분법적이며 정초주의적인 인식론(foundational epistemology)을 극복하게 되면 우리는 진리란 외부세계를 있는 그대로 나타내주는 특정하고도 특권적이라 생각되는 단어들의 집합 혹은 담론에 대응하는 어떤 것이 아님을 깨닫게 된다. 그리고 우리는 진리가 '세계를 다르게 묘사하고 표현할 수' 있는 대안적 은유에서 사용되는 단어들의 집합일 뿐이라는 사실을 깨닫게 된다.

즉 과거에도 그랬던 것처럼 진리는 세계를 다루고 이해 가능하게 하는 도구로서—니체의 말을 빌리면—유동적 은유 가운데 하나가 '당분간 고착화'된 것 이상이 아니다. 이는 다시 우리의 이해와 인식은 인식론적 '근거'에 의해 정초되고 비판되고 변화될 수 없으며, 오히려 우리 실천과 문화에 대한 다른 해석—즉 우리의 실천에 대한 '재묘사'—에 의해 바뀌고 수정될 수 있을 뿐임을 말해준다. 이것이 "우리가 할 수 있는 가장 중요한 것은 우리를 재묘사하는 것이다"라는 로티 주장의 근거다.[21]

로티는 '근거'에 의해 지식 주장의 진위를 가려내려는 인식론과는 달리, 해석학은 합리적이라고 당연시되는 기존의 사회적 실천에 대한 재묘사로써 촉발되는 '대화'를 통해 새로운 인식의 지평을 확장시킬 수 있는 매력을 지녔다고 생각한다. 『철학과 자연을 비추는 거울』에서 로티는 쿤(Thomas Kuhn)이 『과학혁명의 구조』에서 사용한 '정상 과학(normal science) / 혁명적 과학(revolutionary science)'의 구분과 유사하게 '정상 담론'과 '비정상 담론'을 구분함으로써 해석학이 가지는 힘을 예시한다. 로티는 우리가 당연하게 생각하고 실재와 대응한다고 생각하

---

21 Rorty, *Philosophy and the Mirror of Nature*, pp.358~359.

는 단어들로 구성된 담론—즉 지금은 '당연시되어버린' 은유—을 '정상 담론(normal discourse)'이라 부르고, 이러한 정상 담론에 대항해 우리가 당연하게 생각해온 세계를 '다르게' 표현하는 단어들로 구성한 담론을 '비정상적 혹은 변태적 담론(abnormal discourse)'이라고 부른다. 정상 담론이란 "문제를 푸는 데 무엇이 요구되고, 어떤 설명이 현상들을 잘 설명하는가에 대한 배경적 합의(background consensus) 하에 문제들을 풀어나가는 실천"이다. 그런 의미에서 정상 담론은 전통적인 인식론자들이 소위 '합리적인 실천 혹은 행위'라고 지칭하는 실천에 해당한다. 반면 비정상적인 담론은 "이런 배경 합의를 모르는 혹은 무시하는 어떤 사람이 담론에 참여할 때 발생하는데", 이럴 경우 "비정상적 담론은 의미를 찾기 어려운 말도 안 되는 것(nonsense)이 될 수도 혹은 지적인 혁명을 유발할 수도 있다. 예측할 수 없는 것 혹은 창의성을 연구하는 학문이 존재하지 않듯이, 이런 비정상적 담론을 묘사하는 학문도 존재하지 않는다".[22]

소위 '비정상적인 혹은 변태적인 담론'은 정상적인 인식론적 틀에 갇혀 세계를 인식하고 바라보며 행위하는 기존의 '인식 틀'을 필요로 한다는 의미에서 그것에 기생적이지만, 결국은 기존 인식의 지평에 갇혀 있는 실천의 '변화'를 유도해내려는 것이라는 점에서 비정상적 혹은 변태적인 것이다. 후기 비트겐슈타인·하이데거·듀이의 철학에서 보이는 비정상적 담론에 대한 옹호는 철학을 "체계적이기보다 교육적

---

22 Ibid, pp.320~321.

(edifying)인 것으로, 그리고 구성적(constructive)이기보다는 치료적인 (therapeutic) 것"으로 보도록 만들었다. 로티에 따르면 이들 철학은 인식론과 다르게 "현재의 관습과 통찰을 정초하는 근거를 제시하기보다는 독자들 혹은 사회로 하여금 낡은 단어들과 태도로부터 벗어날 수 있도록 도와주려는 의도"를 가지고 있다.[23]

위 인용문에서 중요한 것은 로티가 제시하는 자신의 철학은 구성적이기보다 치료적이며, 체계적이기보다는 교육적이라는 대목이다. 전통적 인식론이 구성적이며 체계적이라는 것은 무엇을 말하는가? '체계 만들기(system building)'라는 말이 이를 한마디로 요약하는 단어일 것이다. 체계 만들기란 로티가 옹호하는 자연주의적 철학(naturalistic philosophy)에 대비되는 말로써, 데카르트로부터 내려오는 정초주의의 핵심인 근본 철학(first philosophy)을 의미하는 것이다. 근본 철학이란 다시 우리가 확신할 수 있고 더 이상 의심할 수 없는 가장 근본적인 원리(first principle)로부터 시작해 체계적으로 철학을 '쌓아나가는' 과정을 통해 만들어진 것이다. 이렇게 체계적으로 쌓아올려진 근본 철학은 모든 문화 그리고 지식의 근저를 관통하고 조정할 수 있다고 가정된다. 그럼으로써 '문화를 지키는 자'의 역할을 할 수 있고, 그 결과 "이에 기반해 과학과 도덕, 예술 그리고 종교에서 지식이라고 제기되는 주장들을 보장 혹은 폭로할 수 있는 권위를 가진 철학"[24]이 될 수 있다. 이는

---

23 Ibid, p.12.
24 Ibid, p.3.

위에서 로티가 비판한 인식론적 전통에서 상정해온 '철학의 역할'이다. 그렇다면 위에서 논의한 전통적 철학에 대비해 로티가 옹호하는 교육적이며 치료적인 새로운 철학의 역할은 어떤 것인가? 여기서 로티는 인식론과 해석학을 대비함으로써 그 답을 찾으려 한다. 문화와 과학이 제기하는 모든 주장의 진위를 가려낼 권위를 추구해왔던 인식론적 탐구와 다르게 해석학적 탐구는 서로 소통이 되지 않는 혹은 되지 않는다고 생각해왔던 이질적인 문화, 좀더 세밀하게 얘기하면 상이한 언어 공동체에서 생산되는 담론들을 연결하고 소통시키는 역할을 한다. 인식론자들은 이런 상이하고 양립 가능해 보이지 않는 담론들 가운데 어떤 것이 실재를 있는 그대로 '재현'하는가를, 이런 담론들과 떨어질 수 없이 연결된 사회적 실천 밖으로 나와서 탈맥락적이며 보편적인 인식론적 기준에 의거해 갈라낼 수 있다고 믿는다. 반면 해석학자들은 서로 다른 담론들을 연결하고 소통하려 할 때 특정 문화의 담지자 혹은 학문의 참여자들이 당연시 여기는 익숙한 실재를 그들이 새로 만들어낸 단어들로 재해석하려 시도한다. 이런 시도는 위에서 얘기한 것처럼 현재 합리적이라고 생각하는 '정상 담론'에 기생적이다. 왜냐하면 이런 재해석은 정상 담론을 구성하는 단어들을 새롭고 익숙하지 않은 단어들로 치환하고 재묘사함으로써 당연시되고 익숙한 세계를 더 이상 그렇게 '보이지 않게 하도록' 만들기 때문이다. 이것이 로티가 해석학을 치료적이며 교육적이라고 말한 이유다.

치료적이며 교육적이라는 말은 우리가 고정 불변이라고 생각해왔으며 외부세계와 대응한다고 믿어왔던 실재가 꼭 그런 방식, 즉 우리가 그 세계에 대해서 말하고 쓰고 그에 따라 행동해왔던 식으로 묘사되지 않아도 된다는, 그래서 세계가 다른 방식으로 이야기될 '가능성'을 열어줄 수 있기 때문에 사용되었다. 로티는 인식론자들과 다르게 자신을 포함한 '교육적인 철학자들(edifying philosophers)'들이 자신의 이론이 외부 세계와 대응하고 있다는 논리적 주장을 제시하는 대신 풍자와 격언 등을 통해 듀이가 '관습의 껍질을 벗겨버리는 일'이라고 표현한 사회적 기능을 하도록 도와준다고 말한다. 이는 "우리가 선택한 임의적 묘사들"을 통해서만 우리 자신을 알 수 있음을 깨닫게 해주는 기능을 말한다.[25]

"우리가 선택한 임의적 묘사들을 통해서만 우리를 알 수 있다"라는 말로 로티는 인식론적 전통에서 주장하는 단 하나의, 외부세계와 대응하는 특권적 묘사가 존재한다는 주장을 반박한다. 실재는 현 시점에서 우리의 목적과 필요에 부응하는 묘사에 의해 '다르게' 나타낼 수 있다는 것이다. 이렇게 다르게 '표현'하고 나타내는 데 중요한 역할을 담당하는 사람들이 바로 인식론자와 대비되는 의미에서의 '교육적인 철학자'인 것이다. 이렇게 실재를 재묘사하는 것을 철학의 역할이라고 생각하는 자신과 같은 철학자는 모든 진리 주장 가운데 어떤 것을 정초하려는 인식론자들과 다르게 자신을 사회와 문화에 대해 다른 사람들과 토론하는 '토론 상대자'로 인식한다.[26] 소위 '대화 철학(conversational philosophy)'이라 불리는 로티 철학은 결국 '진리란 외부세계와의 대응

---

25 Ibid, p.379.
26 Ibid, p.372.

144 | 진리와 문화변동의 정치학

이 아닌 언어의 함수(truth is the function of the language spoken)'라는 말로 요약될 수 있다. 로티는 자신과 같은 철학자 및 문인(시인)들은 정상 담론에 대항하는 새로운 비유와 은유를 끊임없이 만들어냄으로써 비정상적인 담론을 생산해내고 결과적으로 문화 변동에 기여할 수 있다고 보았다. 즉 교육적 담론은 우리가 누구이고 무엇을 할 수 있는가에 대한 우리의 생각을 고착화하는 현재의 특권화된 담론(묘사), 그가 '문화의 동결(freezing-over of culture)'이라 부른 현상에 지속적으로 도전함으로써 '관습의 껍질을 벗겨버리는' 역할을 하게 되는 것이다.[27]

3.5 공적 영역과 사적 영역: 언어와 문화 변동에 관한 로티의 관점

로티는 인식론을 공격하기 위해 『철학과 자연을 비추는 거울』에서 해석학을 옹호했다. 이러한 해석학 옹호는 『우연, 아이러니, 그리고 결속력(*Contingency, Irony and Solidarity*)』에 이르러 정점에 도달하게 된다.[28] 이 책에서 로티는 철학의 공적 역할에 대한 미묘한 전환을 시도한다. 『철학과 자연을 비추는 거울』에서 교육적 철학자가 서로 다른 언어 게임과 서로 다른 시대를 연결하고 소통시키는 공적 역할을 맡는다는 '암시'를 했다면, 이 책에서 로티는 철학자의 '사적 영역'에서의 활동을 부

---

27 Ibid, p.377.
28 Rorty, *Contingency, Irony and Solidarity* (Cambridge: Cambridge University Press, 1989).

각시킨다. 해석학은 이제 서로 다른 문화 혹은 시대를 연결하고 소통시키는 공적 역할보다 철학자 혹은 더 넓은 의미에서 지식인의 사적 완성 추구의 한 부분으로 제시된다. 다시 말해 공적 유용성—즉 문화와 과학의 합리성을 수호하는 역할—을 당연시해왔던 종래의 철학에 대항해 로티는 이 책에서 철학의 역할에 대한 그야말로 비정상적이며 변태적인 재묘사를 시도한다.

로티가 소위 '아이러니스트 자유주의자(ironist liberal)'라고 표현한 지식인들은 자신들의 이론을 '공적으로 정당화'해야 한다고 생각하지도 않을 뿐더러 또 그럴 필요도 없다고 생각한다. 자신의 철학과 이론이 공적 영역의 문제를 풀어내는 데 어떤 기여를 할 수 있다고 생각하는 대신, 이들은 그들이 물려받은 지적 전통 안에서 찾아낸 문제를 풀어냄으로써 그들의 "선배들로부터 자신을 자유롭게 하는 데" 주된 관심을 둔다.[29] 로티에 따르면 자신과 같은 아이러니스트 자유주의자들은 인식론자들처럼 세계에 대한 서술 혹은 묘사를 '정초'할 수 있다고 생각하지 않으며 자신들의 '최종 어휘(final vocabularies)'로 묘사된 세계도 다른 사람의 '재묘사'로 언제든지 대체될 수 있음을 잘 알고 있는 사람들이다. 여기서 '최종 어휘'란, 사람들이 자신의 "행위와 신념 그리고 자신의 삶을 정당화하기 위해 사용하는" 일련의 어휘들을 말한다.[30] 아이러니스트는 자신의 최종 어휘에 대한 비순환적 정당화가 불가능하며, 따

29 Rorty, "Habermas, Derrida and the Functions of Philosophy", *Revue International philosophie* 49(194), 1995, p.438.

30 Rorty, *Contingency, Irony and Solidarity*, p.73.

라서 다른 대안적 어휘가 가능함을 알고 있으므로, 자신의 최종 어휘가 "다른 어휘들보다 실재에 더 가깝고, 자신보다 권력에 더 가깝다"라고 생각하지 않는다.[31]

따라서 이들 아이러니스트 자유주의자는 "진리는 발견되는 것이 아니라 만들어지는 것이며, 언어적 개체들, 즉 문장들의 속성"일 뿐이라고 생각한다.[32] 진리가 언어의 함수일 뿐 외부세계와의 대응에서 유래하는 것이 아니라면 당연히 "무엇이든 재서술을 통해 선하거나 악하게, 중요하거나 사소하게, 유용하거나 불필요하게 보일 수 있게 되며"[33] 결과적으로 사람들이 당연시해온 실천, 즉 무엇이 옳고 그리고 고쳐져야 하고 개선되어야 하는가 등에 관한 사회적 실천을 새로운 시각 아래서 조명할 수 있게 된다. 로티는 그렇게 당연시해온 실천을 바꿔나갈 '유일한 방법'은 지금까지 생각하지 못했던 언어를 창조하고 제도화하는 길밖에 없다고 주장한다. 창조적인 언어적 은유를 생산하는 데 유능한 아이러니스트 자유주의자들—특히 소설가, 시인, 언론인—은 우리가 말하는 방식, 우리가 원하는 것, 그리고 우리가 누구라는 정체성을 변화시킬 수 있다. 그렇기 때문에 로티는 이들을 "인류의 전위로서" 보호해야 한다고 주장한다.[34]

「트로츠키와 야생란(野生蘭)」은 자신의 어린 시절 경험이 어떻게 『우

---

31 Ibid, p.73.
32 Ibid, p.7.
33 Ibid.
34 Ibid, p.20.

연, 아이러니 그리고 결속력』에서 발전시킨 아이러니스트적 관점에 영향을 미쳤는가를 서술해나간 자전적인 글이다. 이 글은 로티가 왜 그토록 논쟁적인 사적/공적 영역의 분리를 자신의 철학 중심에 놓고 있는가를 잘 보여준다.[35] 여기서 로티는 사회주의를 추종하던 부모의 영향을 받아 자신이 이루어야 할 가장 중요한 목표가 사회정의라고 생각한 한편, 뉴저지 북서부의 산에 피어 있는 야생란 수십 종을 외우고 알아보는 자신만의 개인적인 취향과 취미를 가지고 있었다고 적었다. 시카고 대학에서 학부를 마치고 예일 대학에서 철학박사 과정을 밟고 있을 때만 해도 그는 "실재와 정의를 하나로 묶을 수 있는 시각"이 가능하다고 생각했다. 여기서 실재(reality)란 "말할 수 없이 중요한, 어떤 빛나는 것에 닿았다고 느끼는 순간" 혹은 "내가 좋아하는, 오직 몇 사람에게만 알려져 찾기 어려운, 빛나는 난과 같은 절대성"을 말한다. 정의란 "강한 자로부터 약한 자를 해방시키는 것"을 의미한다.[36] 이 시절 로티는 선택된 몇몇—즉 자신과 같은 철학자—에게만 보여지는 도덕적·철학적 절대 진리와 약한 자를 강한 자로부터 해방시킬 수 있는 사회적 정의는 결국 하나로 수렴한다는 것을 '철학적 논증'을 통해서 증명할 수 있다고 생각했다.

이러한 철학적 논증에 필수적인 것은 중요한 문제에 대한 '비순환적인 정당화'가 어떻게 얻어질 수 있는가라는 문제였다. 불행하게도 철학

---

35 Richard Rorty, "Trotsky and the Wild Orchid" in *Philosophy and Social Hope* (Penguin, 1999).
36 Ibid, pp.7~8.

을 탐구해나갈수록 로티는 이러한 비순환적 정당화는 어디에서도 가능하지 않을 것이란 불길한 느낌에 사로잡혔다. 왜냐하면 그가 읽은 위대한 철학자들 각각은 서로 양립 가능하지 않은 '기본 전제 혹은 철학'을 가지고 있었기 때문이다. 그는 다음과 같이 적었다.

> 이렇게 상충되는 근본 전제들을 평가할 수 있는 중립적 관점은 존재하지 않을 것이란 생각을 하게 되었다. 만일 그러한 중립적 관점이 존재하지 않는 것이 사실이라면, '합리적 확실성'이라는 개념, 그리고 열정과 감성을 이성으로 대체할 수 있다는 소크라테스-플라톤의 주장은 의미를 찾을 수 없게 되었다.[37]

이러한 모순적인 상황에서 벗어나기 위해서 로티는 진리란 의심할 수 없는 근본 원리로부터 '연역'될 수 있는 어떤 것이 아니라 철학적 체계 내 요소들의 조화에 달려 있다는 진리의 조화론(coherence theory of truth)에 집착했지만, 이 역시 그에게 만족할 만한 답은 주지 못했다. '조화'란 결국 이 체계와 모순되는 것을 피하는 것에 불과했고, 따라서 어떤 모순에 봉착했을 때 조화를 회복하는 일이란 더 복잡하고 많은 분류 및 정교화를 통해 그 모순에서 빠져나오는 것에 불과했기 때문이다. 로티는 이렇게 더 정교한 구분을 하고 재분류함으로써 모순에서 다시 조화를 회복하는 일에 대해 다음과 같이 적었다.

---

37 Ibid, p.10.

"[모순에서 다시 조화를 회복하는 일은] 인접한 지적 영역을 재묘사함으로써 나의 적이 사용한 단어들을 적합하지 않은 것처럼 보이도록 하고, 더 많은 의문을 제기하도록 하고, 또 바보같이 보이도록 하는 것이다. 나는 그런 재묘사에 재능이 있는 것으로 드러났지만 그런 기술을 발전시키는 것이 나를 더 현명하게 혹은 더 훌륭하게 만들 수 있는가에 대해서는 확신할 수 없었다.[38]

철학이 진리를 담보할 수 있는가에 대한 회의와 절대적 진리에 대한 망상에서의 탈출은 그후 40년 동안 로티로 하여금 철학이 무엇을 할 수 있는가에 대한 깊은 고민에 빠져들게 하였다. 헤겔의『정신 현상학 (*Phenomenology of Spirit*)』은 로티로 하여금 철학이 할 수 있는 것이 무엇인가에 대한 대전환점을 제공했다. "철학은 가장 최근의 철학—마지막 철학자—을 재묘사해서 넘어서는 것과 같다. 이성의 능력은 이러한 종류의 경쟁도 이용할 줄 알아야 한다"라는 헤겔의 주장은 철학이 이성을 사용해 "더 자유롭고, 정의롭고, 더 나은 사회를 만들어나갈 수 있는 개념적 틀"을 만들어낼 수 있음을 의미한다고 로티는 해석했다.[39] 즉 헤겔이 말했듯이 철학이 기껏해야 '한 시대를 담고 있는 사상'이라면, 또 그래서 시대와 역사를 초월한 플라톤적 의미의 이해는 존재할 수 없는 것이라면 로티는 자신이 가진 '재능', 즉 지금까지 당연하다고 여겨져왔

---

38 Ibid.
39 Ibid, p.11.

던 혹은 깨뜨릴 수 없는 실재라고 여겨졌던 것들에 대한 '대안적 묘사'를 제공하는 재능을 헤겔이 주장한 것처럼 더 자유롭고 정의로운 사회를 구현하는 데 사용할 수 있을 것이라는 결론에 도달했다.[40] 즉 재묘사에 능한 자신의 능력을 사용할 곳을 비로소 찾게 되었다는 것이다.

비순환적인 철학적 논증을 통해 진리를 담보할 수 없다는 사실을 깨달은 로티에게 이제 실재와 사회적 정의를 한꺼번에 잡아낼 수 있는 철학 이론은 존재할 수 없었고, 그 결과 『우연, 아이러니 그리고 결속력』은 정의라고 생각하는 것(즉 트로츠키의 사회적 정의에 해당하는 것)과 개인이 실재라고 생각하는 것(나의 야생란에 해당하는 것)을 함께 묶어낼 필요는 없다"라는 주장을 담게 되었다.[41] 이 주장은 로티 철학에서 가장 논쟁적이라고 비판받는 공적 영역과 사적 영역의 구분에서 가장 핵심적인 것이다. 이 비유를 풀어서 다시 말하면 야생란에 대한 사랑·애착·관심은 자신의 개인적이고 특수한 취향이며 따라서 이런 '개인적' 관심을 다른 사람도 야생란을 사랑해야 하고 관심을 가져야 한다는 도덕적 책임 혹은 의무와 연결짓는 것은 잘못된 것이라는 뜻이다. 따라서 로티는 사르트르가 "확실성에 대한 칸트의 자기기만적인 추구를 비판한 것은 옳았으나, 프루스트(Marcel Proust)의 글과 생애가 진짜로 중요한 단 하나의 사안—자본주의 전복을 위한 투쟁—에 대해 아무런 적절한 역할을 하지 못한 자본주의의 주구(走狗)였다고 비판한 것은

---

40 Ibid.
41 Ibid, p.13.

틀렸다"고 말한다.

　사실 프루스트의 생애와 작품은 그런 투쟁과는 관계없다. 그러나 그런 이유로 프루스트를 경멸하는 것은 바보 같은 짓이다. (…) 사르트르 식의 편향은 순수한 마음, 즉 어떤 것에 대한 염원이 지나쳐서 부패해버린 그런 것이다. 그것은 자신의 한계를 인정하고 받아들이기보다 자신을 자신보다 커다란 어떤 것[운동(movement), 이성, 선, 신성]으로 화한 것(incarnate)으로 보려는 시도다.[42]

　위의 인용에서 로티는 사르트르의 문제는 사르트르 자신의 개인적 편향—즉 자본주의 전복을 위한 투쟁—을 프루스트도 똑같이 공유해야 하는 도덕적 책임으로 단정해버리고, 거기에 바쳐지지 않은 프루스트의 생애와 문학을 그런 '거창한 책임' 혹은 '누구나 가져야 할 책임 의식'을 회피한, 즉 '사회적 정의'를 이루기를 거부한 사람으로 매도하는 데 있다고 주장한다. 로티 자신이 사랑하고 아꼈던 개인적 취향, 즉 야생란을 다른 사람도 사랑하고 아껴야 할 이유가 없는 것처럼 프루스트의 개인적 취향도 사르트르를 포함한 그 이외의 사람들에게 이상하고 특별하게 느껴질지 모르지만 이것이 프루스트로 하여금 이런 취향을 가진 것을 부끄러워하거나 혹은 버리려고 하거나, 더 나아가 경멸해야 하는 이유는 될 수 없다고 로티는 주장한다. 사르트르는 한마디로 자신

42　Ibid.

의(로티의 야생란에 해당하는) 개인적 취향을 모든 사람이 받아들여야 하는 사회적 정의로 수렴시키려는 잘못된 시도를 하고 있는 것이다.

이제 아이러니스트 자유주의자의 '사적 영역'과 그 영역에서의 '자기 창조(self-creation)'가 로티에게 무엇을 의미하는가를 『우연, 아이러니 그리고 결속력』에서 논의된 프루스트의 경우를 예로 들어 살펴보자. 철학 이론이 다른 사람을 구원할 수 있는 혹은 해방시킬 수 있는 궁극적 '진리'를 찾아낼 수 있다고 믿어왔던 정초주의 철학자들과 다르게, 프루스트는 자신을 억눌러왔던 권위를 자신의 어휘로 재서술하는 행위가 자신에게 미학적이고 사적인 만족, 즉 오직 자기 자신에게만 국한된 만족을 가져다주길 원했다. 프루스트는 개인적 완성 혹은 자기창조에 관심을 두었고, 자신의 미학적 기준에 부합하는 낱말들을 발견하는 데 만족했다. 즉 기존의 권위에 대한 재서술을 통해 프루스트가 얻고자 한 것은 사르트르가 그랬던 것처럼 이런 어휘들을 사용해 다른 사람을 해방시키겠다는 원대한 야심이 아니었다. 그는 자신의 미학적·개인적 기준을 창조함으로써 자신을 지배하던 힘으로부터 자신을 구해내려 했다.

프루스트의 작업은 세계가 존재하는 방식을 있는 그대로 재현하는 혹은 그 방식과 대응하는 최후의 어휘들을 발견하는 것이 아니었다. 왜냐하면 자신의 이론(어휘)이 모든 미래의 가능성의 전(全) 영역을 남김없이 포괄한다고 말하고 싶어하는 인식론적 정초주의자들과 다르게 아이러니스트 자유주의자인 프루스트는 자신이 세계를 서술하는 방식은 다른 여러 방식 가운데 '단지 하나'에 불과하고, 따라서 다른 사람의 재서술 혹은 재묘사를 통해 능가될 수 있다고 생각했기 때문이다.[43] 로티의 프루스트는 칸트 이래의 철학 전통에서 그래왔던 것처럼 모든 것을 아우르는 보편적 조건을 찾아내려 시도한 사람이 아니라, 자신의 새로운 어휘를 통해 기존의 '정상 담론'에 지배받던 자신을 해방시키려 한 사람이다.

　프루스트에게는 어떻게 하면 **지양**(aufgehoben)되는 것을 피할 것인가는 문제가 되지 않는다. 다양함에 어떤 형태를 부여함으로써 창출되는 아름다움은 너무나도 일시적인데 그 이유는 다양함에 새로운 요소들이 추가될 때, [이전의] 아름다움은 쉽사리 훼손될 수 있기 때문이다. (…) 이와 달리 숭고함(sublimity)은 일시적이거나 상대적이거나 변화에 민감하거나 유한하지 않다. 아이러니스트 소설가와 달리, 아이러니스트 이론가는 단순한 아름다움뿐 아니라 숭고함을 끊임없이 추구하고자 한다. 이것이 바로 그가 끊임없이 다시 형이상학으로 회귀하려는—현상들에서 보이는 유형이 아니라 하나의 거대한 감춰진 실재, 즉 그가 구현하고자 하는, '유럽' '역사' '존재'라 불리는 자기 자신보다 큰 주체의 현존을 암시하고 싶은—유혹을 받는 이유다. 숭고한 것은 다양한 것들의 종합이 아니기 때문에, 일련의 시간적 흐름을 통해 조우하는 것들을 재서술한다고 해서 얻어질 수 없다. 숭고함을 추구한다는 것은 단지 사소하고 우연한 현실로부터가 아니라, 가능성의 전 영역으로부터 하나의 유형을 추출해내려는 노력이다. 칸트 이래

43　Rorty, *Contingency, Irony and Solidarity*, p.106.

로 숭고함을 추구하는 형이상학적 시도는 "가능한 모든 X에 요구되는 필요조건들"을 정식화하려는 형태를 취했다. 철학자들이 이러한 초월적 시도를 수행할 때, 그들은 프루스트가 얻었던 사적 자율성이나 사적인 완성과 같은 종류보다 더 큰 것을 얻으려는 모험을 시작한 것이다.[44]

이 인용문은 철학자를 포함한 지식인의 역할에 대한 로티의 관점을 그야말로 완벽하게 축약한 부분이다. '숭고함'에 대비된 '아름다움'은 로티가 정초주의 인식론과 자신의 실용주의 철학을 대비하기 위해 사용한 단어다. 정초주의 인식론이 모든 가능한 것의 필요조건을 찾는다는 의미에서 '보편성(숭고함)'을 추구한다면, 아름다움은 그러한 보편성보다는 당분간 주어진 맥락에서 얻어질 수 있는, 자신을 만족시키는 '어휘'를 추구한다. 숭고함이 "일시적이거나 상대적이거나 변화에 민감하거나 유한하지 않은" 반면, 아름다움은 그것을 넘어서는 또 다른 어휘에 의해 재묘사되고 다시 표현될 수 있다는 가능성을 인식하고 있다는 의미에서 '일시적이고 유한하며 또 상대적'이라 할 수 있다. 지식이 모든 형태의 가능성을 '사전에' 포괄할 수 있는 보편성(overarching generality), 그리고 초시간성(atemporality)을 가져야만 하는 것으로 생각한 인식론자들과 다르게 로티의 아이러니스트는 자신에게 중요한 어휘들이 반드시 다른 사람들에게도 똑같은 중요성을 가져야 한다거나, 자신과 마찬가지로 그들을 고통과 굴욕에서 해방시켜줄 수 있어야 한

---

44 Ibid, p.105.

다고 믿지 않는다. 다시 말해 이러한 사적 영역에서의 작업은 그것이 공적 영역에서도 정당화되어야 한다는 혹은 정당화될 수 있다는 전제 하에서 진행되는 것이 아니다. 아이러니스트 자유주의자로서 프루스트 가 "관심을 두는 것은 [공적] 권력이 아니라, 오직 [사적] 완성이다"[45]라 는 로티의 말에 그가 이 책에서 그려내려 한 철학과 지식인의 역할이 담 겨 있다.

로티에 따르면, 지식인의 상습적인 오류는 자신들의 사적인 어휘에 입각한 이론이 언제나 공적인 유용성을 가질 수 있다고 믿는 것이다. 그 결과 다른 사람들에게 자신들의 사적인 어휘를 실재에 대한 특권적 인 재현으로 받아들이라고 강요함으로써 때로는 가학적이 되어버린다. 이제 남은 문제는 아이러니스트 자유주의자의 사적인 어휘들과 자아상 이 "궁극적으로 공적 영역에까지 파급될지는 예측할 수 없으며, 일반적 으로 그들의 사적인 목적과는 무관하다"[46]는 로티의 주장이 과연 얼마 나 설득력 있는가를 평가하는 일이다.

로티는 배고픈 사람, 고통받는 사람들에게 우리가 연민을 가지는 이 유는 칸트가 말한 인간의 본성 혹은 우리가 공유하는 보편적인 '통찰' 혹은 때로는 합리성이라 불리는 인간 보편의 속성 때문이 아니고 우리 가 속하고 자라나고 교육받은 문화에 의해 '형성'되는 '능력' 때문이라 고 보았다.[47] 여기서 로티가 헐벗고 굶주리는 사람들의 고통에 연민을

---

45 Ibid, p.102.
46 Rorty, "Habermas, Derrida and the Functions of Philosophy", p.448.
47 Rorty, *Philosophy and Social Hope*, p.14.

느끼고 가진 것을 나눠주는 것을 '통찰' 혹은 도덕적 법칙에 대한 '지식'이라 하지 않고 '능력'이라고 말한 것은 앞으로 그와 하버마스의 논쟁을 이해하는 데 매우 중요한 단서를 제공한다. 지식에 대비되는 능력은 무엇을 의미하는가? 로티에 따르면, 굶주린 사람에게 연민을 가지려면 그런 연민을 느낄 수 있는 '능력'을 배양해야 한다. 즉 어느 누구나 굶주린 사람을 보거나 어린아이가 혹사당하는 것을 볼 때 연민을 느끼고 구해내야겠다는 생각을 하는 것은 아니라는 것이다. 능력을 배양하지 못한 사람들은 그런 문화 속에서 자라났기 때문에 이런 상황에서도 그 어린아이에게 연민을 느낄 수가 없다.

로티의 주장은 결국 '연민을 느끼는 능력'은 어떤 사람이 자라나고 양육된 '특정한' 문화적 환경에 의해서 결정된다는 것이다. 로티는 이에 대해서 다음과 같이 쓰고 있다.

도덕적 의무감은 통찰의 문제라기보다 교육(conditioning)의 문제다. 이는 또한 인간의 욕구와 필요를 떠난, 저 밖에 존재하는 어떤 것으로서의 통찰이란 개념은(물리학뿐 아니라 윤리학을 포함한 어떤 분야에서도) 의미를 찾을 수 없게 된다는 것을 의미한다. (…) 좀더 구체적으로 얘기하면 우리의 양심과 심미적인 취향은 공히 우리가 자라온 문화적 환경의 산물일 뿐이다. (나와 내 책의 서평을 쓴 사람들이 속한 도덕 공동체를 대표하는) 우리 자유주의-인본주의자들은 우리가 맞서싸우는 나쁜 사람들보다 더 깊은 통찰력을 가지고 있지 않다. 우리는 단순히 그들보다 운이 좋을 뿐이다.[48]

위에서 "저 밖에 존재하는 어떤 것"은 '통찰' '합리성' '인간의 본성' 등 다양한 말로 표현된, 초역사적이며 보편적인 인간성을 지칭한다. 로티는 이런 플라톤적인, 즉 초역사적인 존재의 상정이 바로 지금까지 자신이 싸워온 개념이라고 얘기한다. 이 인용문에서 중요한 것은 로티 자신과 그 비판자들을 포함한 서구의 민주주의적 환경에서 자라난 사람들이 이들의 적들보다—예를 들어 인권을 유린하고 사람을 학대하는 사람들보다—인권이나 인간 본성에 대한 더 깊은 '지식' 혹은 '통찰력'을 가지고 있지 않다는 주장이다. 그는 다만 서구 문화에 속한 그와 동료 학자들이 이렇게 인권이 유린당하는 문화에 속한 사람들보다 "운이 좋을 뿐"이라고 주장하는 것이다. 이러한 주장의 저변에는 '인권을 존중해야 한다'는 명제가, 위에서 언급한 '저기 존재하는 어떤 탈맥락적이며 초역사적인 진리'와 연결되어 있어서 우리에게 힘을 가지는 것이 아니고, 역사적 우연에 의한 것—즉 서구 문화가 인권을 존중하도록 만드는 방향으로 진화해왔다는 의미에서—이라는 의미가 깔려 있다.

이제 로티는 상대주의가 어떤 "도덕적 관점도 여타의 도덕적 관점과 똑같이 옳다"는 것을 뜻한다면 자신의 주장은 상대주의와 거리가 멀다고 주장하면서, 자신의 비판자들이 자신을 '상대주의자'라고 매도한 것을 개탄한다. 로티는 자신을 포함한 서구 지식인들의 인권 개념이 나치나 비서구권의 독재체재 하에서의 인권 개념보다 "훨씬 더 낫다고" 믿는다고 역설한다. 그렇다면 그는 어떻게 자신이 속한 문화의 인권 개념

---

48 Ibid, p.15.

이 악당 문화의 그것보다 낮다고 주장할 수 있을까? 그는 어디에다 자신의 문화에서 당연시하는 인권 개념을 정박시키는 걸까? 정초주의자들과 다르게, 그는 인권·인간 본성·합리성 등 자신보다 크고 보편적이고 탈맥락적이고 초역사적인 어떤 것을 발견할 수 있으며 그것을 다른 각 문화의 특수함을 '교정'하는 데 사용할 수 있다는 소위 '합리주의자'의 주장을 기각한다. 그는 역사적 우연에 의해 자유주의를 옹호하게 된 서구의 특정한 지역에서 성장했고, 특정한 학교에서 교육을 받고 그런 문화적 환경에서 생각하고 논쟁하며 자라났기 때문에 자신의 문화에서 배우고 습득한 인권 개념의 우월성을 믿고 있을 뿐이지, 정초주의자들처럼 '초역사적인, 거기 존재'하는 어떤 것에 준거하여 다른 문화의 인권 개념을 '통일'하고 평정하려는 것이 아니다. 따라서 자신이 속한 문화에서 습득한 도덕적 관점이 경쟁하는 다른 문화의 그것들보다 낫다는 것을 로티는 확신하긴 하지만, 논쟁을 통해 자신이 가진 도덕 관념을 이질적인 문화에 속한 사람들로 하여금 받아들이도록 할 수 있는지에 대해서는 회의적이다.

로티는 이 점을 자신과 나치 철학자와의 가상 대화를 통해 예시하고 있다.

우리의 도덕과 나치의 도덕 가운데서 선택할 수 없다고 얘기하는 것은 물론 틀린 것이다. 반면 경험이 풍부한 나치 철학자와 내가 우리의 차이를 극복하기 위해 조정할 수 있는 중립적이고 공통적인 근거가 존재하지 않는다고 주장하는 것은 옳은 얘기다. 이 둘은 별개의 문제다. 나치주의자와 나는 항상 각자의 논리에 갇힌 주장을 펴면서 서로에게 중요하다고 생각하는 문제를 계속 던져댈 것이다.[49]

우리의 [즉 우리 서구 자유주의자의] 도덕과 나치의 도덕 중 어느 것이 옳은가는 로티에게 문제가 되지 않는다. 왜냐하면 로티는 당연히 우리는 옳고 나치의 도덕이 옳지 않다고 생각하기 때문이다. 여기서 문제는 과연 로티가 자신이 옳다고 생각하는 도덕을 '비순환적으로' 정당화할 수 있는 방법을 찾아낼 수 있는 가다. 만일 그렇다면 당연히 나치 철학자는 로티의 철학적 논증에 의해 자신이 틀렸다는 것을 받아들여야만 할 것이다. 그러나 공통적이고 중립적인 근거에 입각해 자신의 입장이 '진리'라는 것을 '증명'할 수 없기 때문에 로티가 할 수 있는 '최선'은 나치 철학자와의 '대화'뿐이다. 이제 이 대화는 쿤이 주장했던 것처럼 서로 양립 가능하지 않은 패러다임을 가진 과학자들의 논쟁처럼 로티와 나치 철학자가 서로가 가진 상이한 '근본 원리'에 따라 각자의 입장을 순환적으로 재확인하는 양상을 띨 뿐, 어떤 객관적인 합의점에는 도달하지 못할 것이다.

이 예를 통해 로티가 말하고자 하는 핵심은 그가 '모든 도덕적 입장이 똑같이 옳다'라는 것을 기각하고 서구 자유주의가 제시하는 인권에 관한 도덕적 관점이 옳다고 인정해도 여전히 그를 비판하는 사람들에게는 다음의 문제가 남는다는 것이다. 즉 어떻게 나치를 변화시켜 우리

---

49 Ibid, p.15.

의 관점을 받아들이도록 할 수 있는가? 합리주의자 혹은 인식론적 정초주의자들이 제시한, 시대를 초월하며 합리적이고 탈맥락적이며 보편적인 기준이 존재하지 않는다면, 어떻게 나치에게 그들의 도덕과 사회적 실천이 잘못된 것이라는 사실을 깨닫게 할 수 있는가? 이것이 아래에서 논의될 하버마스와 로티 논쟁의 핵심이다.

현대성, 합리성, 문화 변동에 대한 하버마스와 로티의 논쟁

하버마스와 로티가 수십 년 동안 진행해온 논쟁의 핵심은 '문화' '생활세계' 혹은 '삶의 형식'의 변화가 '이론'에 의해 '촉발' 혹은 '유도'될 수 있는가에 대한 것이다. 하버마스와 로티는 모두 일상적 행위자들의 세계를 이해 가능한 것으로 만들기 위해 객관적이라고 강변되는 범주들을 행위자들의 의미세계 '밖'으로부터 부여함으로써 사회과학을 하나의 '사회물리학(social physics)'으로 환원해버리는 실증주의 혹은 인식론적 정초주의(epistemological foundationalism)는 일상 행위자들이 사회적 상호작용을 통해 성찰적으로 유지하는 의미세계를 포착할 수 없다고 비판했다. 하지만 지식인 특히 이론가가 문화 변동에 있어서 할 수 있는 혹은 해야 하는 역할은 무엇인가에 대한 두 학자의 관점은 첨예하게 대립하고 있다.

2장에서 살펴보았듯이 하버마스에게 있어서 특정한 언술 행위 체계는 일상 행위자들의 생활세계 혹은 삶의 양식을 구성함과 동시에 이들로 하여금 어떤 일을 성취하도록 해주는 실천적 도구이지만 또한 '권력과 억압'의 발생지이기도 하다. 즉 하나의 언술 행위 체계는 우리로 하여금 사물을 옳은 것/그른 것, 도덕적으로 정당화될 수 있는 것/될 수 없는 것을 판단할 수 있도록 해주는 "사회적으로 정당화된 분류의 틀로서, 우리가 당연시 하는 전통"의 일부이며, 그런 의미에서 우리의 문화를 구성한다. 하버마스가 이 지점에서 제기하는 문제는 우리가 사회 및 문화적 현상을 평가하고 이해할 때 사용하는 이러한 인지적·사회적 분류의 틀 그 자체가 왜곡된 실재를 영속화는 권력으로 작동함으로써, 변화의 새로운 가능성을 여는 데 필요한 '비판적 시각'을 억압하고 마비시키는 것이 아닌가 하는 점이다.

이러한 비판적 의문을 제기할 때 하버마스는 후기 비트겐슈타인적 시각을 가진 이론가들이나 해석학자들과는 다르게 하나의 언어 게임에 대한 이론적 비판은 이 언어 게임이 어떤 의미에서 '왜곡된 실재'를 만들어내는가를 드러내(혹은 폭로해)줄 수 있어야 한다고 믿는다. 즉 하버마스에게 이론과 (생활세계로 대변되는) 실천이라는 두 개의 '삶의 양식'을 해석학적으로 매개하는 문제는 일상적 실천에 관한 이론적 혹은 '합리적' 재구성을 통해 일상적 행위자들로 하여금 그들이 인식할 수 없는 사회적 힘으로부터 해방될 수 있도록 도와주는 과정이다.

하버마스가 옹호하는 보편화용론의 요체는 인간의 인지적·미학적·도덕적 활동의 폭넓은 다양성으로부터 보편적이고 '맥락으로부터 자유로운' 논증 구조를 추출할 수 있다는 것이다. 이러한 보편적 논증구조는 의사소통의 '선행조건'이기 때문에, 이 전제들은 맥락으로부터 자유롭고 보편적인 타당성을 가진다. 즉 이들 선행조건은 논쟁 참여자들이 객관세계, 주관세계 그리고 상호주관적 세계가 무엇인가에 대한 형식적 개념을 가지고 있어야만 한다는 것을 의미한다. 또한 참여자들은 이들 각각의 상이한 영역에서 상이한 종류의 타당성 주장들이 제기되고, 이러한 타당성 주장들은 오직 '합리적 논증'에 의거해 상환되어야 한다는 것을 인식할 수 있어야 한다. 하버마스는 담화를 통해 타당성 주장을 상환하는 과정에서 모든 참여자들이 전혀 강압적이지 않은 방식으로 화용론적 원칙을 이용할 수 있어야만 하고, 이를 통해 참여자들은 정초된 합의에 도달할 수 있다고 주장한다. 문제가 되는 문화가 어느 수준의 합리성을 구현하고 있는가는 ① 보편화용론에 입각해 합리적으로 재구성된 틀에 비추어보았을 때 그 문화의 담지자들이 상이한 유형의 타당성 주장들이 제기되는 세 개의 분리된 영역, 즉 주관 세계, 사회 세계(상호주관적 세계) 그리고 객관 세계를 구분할 수 있는 능력을 얼마나 가지고 있는가 ② 이런 영역에서 제기되는 타당성 주장들을 제약 없는 논쟁을 통해 상환함으로써 합리적인 합의에 도달할 수 있는가에 의해 결정된다.

이런 관점에서 보았을 때 참여자들의 생활세계에 대한 합리적 재구성은 세 가지 특수한 기능을 가지고 있다고 하버마스는 주장한다. 첫째 합리적 재구성은 일상에서 행위자들이 무엇이 타당한 표현이며 실천인가를 평가하는 데 사용하는, 단순히 '일상적'이고 '직관적인' 방식을 재구성하는 '메타-해석학적(meta-hermeneutical)' 도구로 작용한다. 즉 합리적 재구성은 "특정한 부류의 표현 및 실천들이 타당성을 획득하기 위해 충족시켜야 하는 조건을 규명한다". 그리고 이를 통해 "합리적 재구성은 일탈적인 사례들을 설명할 수 있고, 더불어 일종의 간접적인 입법적 권위(indirect legislative authority) 또는 비판적 입장을 획득한다". 둘째 일상적 참여자들이 의견과 진리를 평가하는 데 사용하는 전통적 방법과 비교해봤을 때, 합리적 재구성은 각각의 타당성 주장들을 일상적 참여자들보다 더 고도로 분화시킨다. 그렇게 할 수 있는 한에서 그것은 '건설적인 역할'을 수행한다. 마지막으로 담화를 통해 타당성 주장을 상환하는 데 필요한 독특하고 변화무쌍한 조건들을 재구성하여 타당성의 보편적 조건들을 증류해낼 수 있는 한에서, 합리적 재구성은 '이론적 지식'의 정립에 기여한다.[1]

보편화용론에 입각한 합리적 재구성을 통한 생활세계에 대한 이러한 비판은 결국 행위자들이 당연시하며 살아온 생활세계에서 어디가 이데올로기적으로 왜곡된 부분이며, 어디가 합리적인 부분인가를 구분 가능하게 해준다. 그럼으로써 왜곡된 소통을 제거하도록 해줄 수 있다. 결과적으로 이러한 비판은 행위자들이 인식하지 못했던 부분들을 인식할 수 있도록 도와줌으로써 더 합리적인 방향으로 문화 및 사회 변동을 촉발시킬 수 있다는 것이 하버마스의 이데올로기 비판의 요체다. 폴란드 고등연구원의 초청으로 프라하에서 로티와 하버마스가 벌였던 논

---

1   Jürgen Habermas, "Interpretive Social Science vs. Hermeneuticism", in N. Haan et. al(Eds.), *Social Science as Moral Inquiry*(New York : Columbia University Press, 1983), p.260.

쟁, 또 하버마스가 로티의 사상을 비판하고 로티가 답하는 형식으로 엮어진 최근의 책, 그리고 많은 논문들을 통해 로티가 하버마스에게 그리고 하버마스가 로티에게 가한 수많은 비판을 관통하는 중심 주제는 유럽 특히 독일의 지적 전통을 대변하는 하버마스 식 이데올로기 비판이 과연 사회·문화 변동을 가져오는 데 '효과적인' 그리고 '경험적으로 확증될 수 있는 이론'인가다.[2]

이 논쟁들은 최소한 세 가지 세부 영역으로 나눌 수 있는데 첫째는 사적/공적 영역의 분리가 가능한가에 대한 논쟁이다. 둘째는 언어의 기능에 대한 논쟁인데 이는 다시 언어가 문화 변동에서 차지하는 역할에 대한 논쟁이라고 할 수 있다. 셋째는 [사적(私的) 기준으로 번역될 수 있는] '특정' 공동체적 기준과 그것을 넘어서는 '보편적 기준'의 존재에 대한 논쟁이다. 아래에서 상술하겠지만 세 영역은 물론 서로 밀접하게 연관되어 있기 때문에 한 논쟁의 결과가 다른 두 영역에서의 논쟁에 심대한 영향을 미칠 수 있다.

---

2 Jürgen Habermas, *The Philosophical Discourse of Modernity: Twelve Lectures* (Cambridge, MA: MIT Press, 1990); Jürgen Habermas, "Coping with Contingencies" pp.1~30 in *Debating the State of Philosophy: Habermas, Rorty and Kolakowski*. Edited by J. Niznik and J.T. Sanders(Westport, CT: Praeger Publishers, 1996); Jürgen Habermas, "Richard Rorty's Pragmatic Turn", pp.31~55 in R. Brandom(Ed.) *Rorty and His Critics*(Oxford: Blackwell, 2000); Richard Rorty, "Relativism: Finding and Making", pp.31~47 in *Debating the State of Philosophy: Habermas, Rorty and Kolakowski*. Edited by J. Niznik and J.T. Sanders(Westport, CT: Praeger Publishers, 1996); Richard Rorty, "Universality and Truth", pp.1~30 in R. Brandom(Ed.) *Rorty and His Critics*(Oxford: Blackwell, 2000); Richard Rorty, "Habermas, Derrida and Functions of Philosophy", *Revue Internationale de Philosophie*(1995); Richard Rorty, *Contingency, Irony and Solidarity*(Cambridge University Press, 1989).

4.1 사적/공적 영역의 분리 가능성에 대한 논쟁:
주관성의 철학 대 상호주관성의 철학

사적/공적 영역의 분리 가능성은 위에서 논의한 의식철학(혹은 주관성의 철학)/상호주관성의 철학의 구분과 밀접하게 연관되어 있다. 하버마스가 니체 이후의 포스트모던 철학이 지닌 해체적 성격, 더 나아가 철학의 공적 유용성에 대한 부정을 극복할 수 있는가는 그가 의사소통 행위이론을 기초로 펼친 상호주관성의 철학이 얼마나 커다란 설득력을 가지고 있는가에 달려 있다고 해도 과언이 아니다. 철학이 합리성의 수호자로서의 공적 유용성을 가지고 있어야 한다는 하버마스의 주장[3]에 대한 로티의 비판은 하버마스가 소위 "주관성의 철학 혹은 의식철학의 종말"이라 부른 주장에 대한 반론으로부터 시작한다.

하버마스는 로티를 비롯해 니체·하이데거 등을 주관성의 철학을 견지해온 철학자라고 비판한다. 주관성의 철학이란 철학의 '공적 유용성(public utility)'을 도외시하고 철학적 성찰을 통해 '철학의 장' 내에서 생성된 문제에만 천착하는 철학을 일컫는다. 하버마스에 따르면 철학은 '합리성의 수호자'로서 공적 정당화를 수반해야 함에도 불구하고, 이들 주관성의 철학자는 그들의 '사적 완성'에만 천착한 나머지 이를 무시해왔다. 즉 하버마스는 주관성의 철학 대신 상호주관성의 철학을 옹호하

3　Jürgen Habermas, "Philosophy as Stand-In and Interpreter", pp.291~318 in *After Philosophy: End or Transformation?*, Edited by K. Baynes et. al.(Cambridge, MA: MIT Press, 1986).

면서, 로티의 사적 철학(privatized philosophy)이 가지는 공적 유용성을 의문시한다.

하버마스는 상호주관적 논쟁과 비판을 통해 타당성 주장의 상환을 가능케 함으로써 사회적·문화적 문제에 대한 해답을 찾아내는 언어의 '논쟁적 기능'은 철학의 공적 유용성을 극명하게 나타내주는 반면, 사적인 완성에 초점을 맞추고 개별 이론가들의 지적 만족만을 추구함으로써 얻어지는, "세계를 [다르게] 표현하는 기능"은 사회와 문화의 합리적 변동에 아무 효용이 없는 사적인 작업에 머무를 수밖에 없다고 주장한다. 그러면서 그는 철학은 언어가 가지고 있는 논쟁적 기능에 초점을 맞춤으로써 어떻게 사적인 생각 혹은 환상이 이 논쟁을 거쳐서 걸러지고, 그 결과 무엇이 진리인가에 관한 합의가 도출되는가에 초점을 맞추어야 한다고 주장한다. 이런 논쟁 과정은 진리가 상호 학습을 통해 얻어진다는 것을 의미하고, 따라서 이 과정에서 가장 중요한 것은 상호비판과 주장을 수용하고 거기서 얻어지는 상호주관적 이해와 학습을 통해 주어진 문제를 풀어나가는 언어의 '문제풀이 기능'이다. 한편 데리다와 로티가 강조한 시적(詩的) 언어와 메타포 그리고 내러티브를 통해 "세계가 어떤 것인가를 나타내는 언어의 기능"은 이러한 '사적 언어'를 만들어내는 철학자들의 개인적 관심과 흥미 그리고 자기창조에 기인한 것으로, 그들의 사적인 만족에 머무를 수밖에 없다는 점에서 주관성의 철학과 깊이 연결되어 있다고 하버마스는 비판한다.[4]

---

4   Habermas, *Philosophical Discourses of Modernity*.

이에 대해 로티는 철학이 공적 영역에서 효용을 가져야만 한다는 하버마스의 주장은 철학의 사회적 기능과 역할에 대한 하버마스의 독단에서 기인한다고 주장한다.[5] 로티에 따르면 하버마스가 주장하듯이 데리다나 푸코(Michel Foucault) 등의 철학은 사회적으로 유용하지 않을 수밖에 없다. 그 이유는 데리다나 푸코와 같은 사적 철학자들은 그들의 철학이 공적으로 '정당화'되어야 한다고 생각하지 않을 뿐 아니라, 자신들의 철학이 공적 유용성을 가져야만 한다고 생각하지도 않기 때문이다. 사적 영역과 공적 영역이 항상 결합되어 있어야 한다고 생각해온 칸트·피히테(Fichte)·헤겔 등의 철학자와 달리 로티는 자신을 포함한 데리다·푸코 등의 아이러니스트 철학자들에게 사적 영역과 공적 영역은 서로 분리된 채 남아 있다고 주장한다.

이들 아이러니스트 철학자는 그들의 지적 선배들을 극복함으로써 '개인적인 완성'을 획득하려는 의지에 의해 추동되는 사적 영역에서의 지적 생산물이 우리에게 지금까지 존재하지 않았던 새로운 가능성의 지평을 열어주기는 하지만, 이런 가능성이 하버마스가 주장하듯 공적인 논쟁을 통해 정당화되어야 한다고 생각하지는 않는다. 즉 이들 사적 철학자들의 '성찰'과 '상상', '은유' 그리고 여기서 파생되는 새로운 가능성을 '드러내주는' 지적 행위는 공적 영역에서 정당화를 얻어내고 승인받아야 한다는 가정 하에서 생산되는 것이 아니다. 오히려 이러한 지적 행위들은 이들 이론가의 지적 경쟁자 혹은 선배들을 극복하기 위한 사

---

5   Rorty, "Habermas, Derrida and Functions of Philosophy", p.447.

적 노력으로 생산되는 것이다.[6]

로티에 따르면 공적 영역은 성공과 도구적 합리성이라는 실용적 기준들—예를 들어 경제학과 같은 학문—에 의해 지배받는 반면, 철학자들의 '사적 단어'는 자신의 지적 선구자들을 넘어서는 것을 목표로 삼는 지식인들이 자기 이미지의 완성을 위해 만들었기 때문에 사회를 개혁하려는 집단적 목표와는 하등 관계가 없다. 로티는 만일 이론가들이 이론과 정치 사이에 그어진 이런 경계를 넘어서 정치의 영역을 침범해 들어가려 한다면 "이들은 기껏해야 김빠진 짓을 한 사람들이 되어버릴 것이고, 최악에는 가학적이 될 것"이라고 주장한다.[7]

그렇다면 하이데거나 데리다 등의 사적 철학은 공적 혹은 사회적 효용이 전혀 없을까? 『우연, 아이러니 그리고 결속력』에서 로티는 이들의 철학이 하버마스가 지향하는 공적 철학—즉 공적인 논쟁을 통해서 '정당화'되어야 하는 철학—으로서는 그 의미가 없을지라도, 이들 철학도 일정 정도 사회정의를 실현하는 데 기여할 수 있는 함의는 지니고 있다고 주장한다.

하이데거와 데리다의 철학이 사회정의를 추구하는 데 가질 수 있는 단하나의 적합성은, 이들 철학이 이전의 낭만파 시인들처럼 자율에 대한 인간의 추구가 사회제도에 의해 최소한만 침해받는 민주적인 유토피아 아래

---

6   Rorty, *Contingency, Irony and Solidarity* and "Habermas, Derrida and Functions of Philosophy, pp.441~442.

7   Rorty, *Contingency, Irony and Solidarity*, p.120.

에서 인간의 삶은 어떤 형태를 가질 것인가에 대한 우리의 느낌을 더 생생하고 구체적으로 보여줄 수 있다는 데 있다. 이들 철학자는 왜 그들이 그런 유토피아를 설정하고 선택했는가를 정당화하려 시도하거나 그런 유토피아를 빨리 이루려고 서두르지 않는다. 그러나 그들은 어떻게 이런 유토피아 담론의 창출이 가능성의 영역을 확장시킬 수 있는가는 확연히 보여준다.[8]

진리를 담보할 수 있는 '보편 이론'을 만들어내려 노력해온 하버마스와 같은 이론가들과는 달리, 아이러니스트 자유주의자들은 진리가 언어의 산물이라는 것을 잘 알고 있으며, 따라서 그들의 언어가 "외부세계를 객관적으로 나타낼 수 있는 특권화된 언어"라고 생각하지 않는다. 이들에게 자신들의 언어가 공공 영역에 영향을 미칠 수 있는 가능성이 있는가라는 질문은 적실성이 없다. 로티는 아이러니스트 자유주의자들이 권력에도 관심이 없고 공적 영역에 침범할 의도는 더더욱 가지고 있지 않으나, 그럼에도 그들의 개인적인 언어들이—그들이 의도와는 관계없이—공적 영역에 영향을 미칠 수는 있다고 주장한다. 이들의 사적 작업을 통해 '드러내진 가능성'이 '우연히' 공적 영역에 영향을 미칠 수 있다는 것이다. 즉 이들의 작업에서 드러난 사회·정치·인간의 본성에 대한 '대안적 묘사'는 지금까지 그에 대한 적절한 묘사가 없었기 때문에 '드러나지 않았던' 억눌린 계층의 고통을 드러내줄 수 있는 새로운 묘사

---

8   Rorty, "Habermas, Derrida and Functions of Philosophy", p.441.

로 선택됨으로써, 지금까지 사회에서 "문제시되지 않았던" 고통을 "드러내줄 수 있고" 경감시켜줄 수 있는 대안적 가능성을 제시해주기 때문이다.

그렇다면 이러한 대안적 가능성은 구체적으로 어떤 형태를 띠고 있으며, 하버마스의 이상적 담화를 통한 논쟁으로 제시되는 '대안'과 어떤 점에서 구별되는 것일까? 이에 답하기 위해서는 이데올로기 비판에서 '이론'의 역할에 대해 하버마스와 로티가 지녔던 관점을 살펴보아야 한다. 하버마스는 합리적 재구성이 창출해내는 이론적 틀에 '비추어' 이데올로기 비판이 가능하다고 믿는 반면, 로티는 보편 이론이라고 강변되는 하버마스의 이론적 틀은 문화 변동에서 아무런 역할을 할 수 없다고 보았다.

4.2 이론의 역할에 대한 논쟁: 이론에 의한 이데올로기 비판은 가능한가?

로티는 사적 철학자들의 새로운 언어가 가능성의 영역을 확장시킬 수 있다고 주장한다. 이를 좀더 구체적으로 말하면 이들 사적 철학자의 상상과 은유 그리고 거기에 사용되는 새로운 언어들은—여러 형태로 표현되어오긴 했지만—형이상학자들이 우리 안에 깊이 자리 잡고 있는 인간의 '본성'이라고 강변해온 것들, 오랜 문화를 통해 우리 안에 깊이 침투해 있는 역사적으로 조건화된 사고들, 그리고 어떤 단어들의 집합을 다른 집합보다 "특권화시켜온 모든 사회적인 실천"들로부터 우리를 자유롭게 해줄 수 있다는 의미다.[9] 의식철학이 단순히 자기창조에 머무르고 말기 때문에 아무런 효용이 없고 그 생명을 다했다는 하버마스의 주장은 따라서 그 힘을 잃고 만다고 로티는 말한다.

　　더 심오한 아이러니와 더 이상 말로 표현할 수 없는 숭고함에 대한 아이러니스트들의 추구가 직접적인 공적 유용성을 가질 수 없다는 하버마스의 주장은 옳다. 그러나 나는 이 말이 "의식철학의 패러다임이 그 생명을 다했다"라는 징후를 나타낸다고는 생각하지 않는다. 그[하버마스]가 종말의 징후로 보고 있는 것을 나는 생명력의 징후로 본다. 왜냐하면 나는 하이데거나 니체와 같은 사람들을 좋은 사적 철학자로 이해했지만, 그는 그들을 나쁜 공적 철학자로 생각하기 때문이다.[10]

로티는 우리가 미처 생각하지 못했던 새로운 언어를 창출함으로써 우리의 고통을 드러내주고 새로운 희망을 만들어낼 수 있는 아이러니스트들을 '좋은 사적 철학자'라고 표현했다.

여기서 우리는 하버마스와 로티의 차이를 확연히 알 수 있다. 새로운 언어(어휘)를 창출하고 도입함으로써 이전 세대의 사회적·정치적 실천 안에 깊이 녹아들어 있던 고통과 모욕 그리고 차별 등을 줄여 없앨 수 있다는 것이 로티가 이들 사적 철학자에게―만약 철학의 기능을 굳이

9　Ibid.
10　Ibid.

얘기해야 한다면—부여하는 최대한의 기능이다. 공적 영역에서의 이론의 효용을 강조하면서, 보편화용론과 이상적 담화 상황에 기초한 의사소통 행위로써 이루어지는 '직접적인 논증'이 문화를 변화시킬 수 있다고 생각하는 것은 이론이 가질 수 있는 힘을 현실과 동떨어진 추상의 영역에서 찾는 것이라고 로티는 주장한다. 즉 "이데올로기와 왜곡된 의사소통이 존재하는가를 찾아내기 위해 하버마스가 제시하는 일반적인 이론적 검증 대신 상처에 대한 특정한 묘사와 그것을 피하기 위한 구체적인 방안을 제시하는 것이 필요하다"는 것이 로티의 생각이다.[11] '일반적인 이론적 검증'은 보편화용론에서 규정한 '선행조건'이 만족될 때만, 즉 보편적인 화용의 조건이 충족된 이상적 담화 상황을 먼저 만족시켜야만—그래서 그 결과 논쟁을 통해 새로운 합의에 도달해야만—무언가 새로운 문화로의 이행이 가능하다는 하버마스의 주장을 일컫는다. 로티는 이러한 보편적 선행조건의 만족을 검증하는 추상적인 비판보다 맥락 특정적인 구체적 비판이 문화 변동에 필요하고 주장한다.

이데올로기적 왜곡에 대한 일반적인 이론적 검증에 반대되는, "상처에 대한 특정한 묘사와 그를 피하기 위한 구체적 방안"이란 어떤 것일까? 예를 들어『톰 아저씨의 오두막(*Uncle Tom's Cabin*)』은 이전까지 인간의 지위를 박탈당했던 흑인도 결국 인간일 수 있다는 인식—그것이 초기에는 아무리 미미한 영향만을 주었다 하더라도—을 백인들에게 심어줄 수 있었고『안네의 일기』도 나치의 잔혹함을 알리는 한 이야기

---

11 Ibid, p.455.

로서 인간의 잔혹함과 고통 그리고 인내에 대한 인식을 '바꾸어나가는데' 커다란 역할을 하였다. 이런 내러티브들은 이전 세대가 저지른 잘못들을 나중 세대 사람들이 '깨닫고' 후회하도록 하는 데 큰 역할을 했다. 이것이 바로 로티가 이들 사적 철학자와 저널리스트·인류학자·사회학자 등 사회의 여러 측면에 대한 경험적 연구를 통해 고통받는 사람들의 목소리를 '전달하는 집단'이 문화와 사회 변동에서 커다란 역할을 할 수 있다고 주장하는 이유다.[12]

로티에 따르면 이런 '잔인함'은 일반적인 이론적 검증이라는 이름 아래 고안된 이상적 담화 상황을 통해서는 결코 찾아질 수도 해결될 수도 없다. 첫째, 그러한 일반적인 이론적 검증―즉 화용의 보편적 구조가 충족될 수 있는 이상적 담화 상황이 현실화되고 제도화되었는가 혹은 아닌가의 검증―에 의해서는 무엇이 현재 해결되어야 할 잔인함이고 고통인가를 '찾아낼 수가 없다'. 둘째, 한 발 양보해서 그런 문제를 찾아내서 논쟁한다고 가정해도 논리적인 직접적 논증은 논쟁 당사자 가운데 어느 쪽이 옳은가를 결정해줄 수 없고, 다만 서로의 주장을 재묘사하고 재분류함으로써 논쟁을 무한히 이어나가게 할 뿐이다.

이제 하버마스가 제시한 합리적 재구성을 통한 일반적인 이론적 검증을 통해서는 어떤 부분이 이데올로기에 침윤(浸潤)된 부분이고 어떤 부분이 아닌가를 찾아낼 수 없다는 로티의 비판을 자세히 살펴보자. 칸트와 마찬가지로 인간의 '본성'을 하나의 '규범적'이고 '고정된' 카테고

---

12 Rorty, "Relativism: Finding and Making", p.49.

리로 설정하고, 이를 실현시키기 위해 화용의 보편적이고 탈역사적 구조—즉 담론의 장에 참여하는 모든 사람들은 그들의 타당성 주장을 상환'해야만' 하는—를 설정한 하버마스와는 반대로 로티는 '인간 본성'이라는 개념 자체도 재묘사될 가능성을 열어놓아야 한다고 주장한다. 그에 따르면 바로 이런 '가능성'의 공간을 여는 일은 사적 철학자들의 상상력과 은유를 통해서만 가능하다. 로티는 하버마스가 칸트를 따라서 설정한 규범적인 인간 본성 이면에는 사실 인간이 가졌다고 생각되는 '중심적인 자아'(central core of the self)라는 개념이 숨어 있고, 또한 이 중심적인 자아가 외부의 힘, 즉 사회·정치·전통이라는 권력에 의해 억눌리고 있다는 생각이 자리잡고 있다고 비판한다.[13] 바로 이런 잘못된 가정 때문에 하버마스는 개인의 자율성이 극대화되는 길—사람들이 억압에서 해방되는 길—은 '모든 개인이 공유하는 중심 자아', 즉 공통적이고 따라서 보편적인 인간의 잠재력을 그것을 지배하는 모든 외부의 힘으로부터 해방시키는 길밖에 없고, 이런 해방은 바로 아무런 제약이 없는 이상적 담화 상황에서 각자의 타당성 주장을 가장 최선의 논리와 증거로 상환하는 일이라고 주장한 것이다.

　모든 사람들이 공유하는, 탈맥락적이고 탈역사적인 그래서 보편적인 '중심적인 자아'라는 개념은 결국 하버마스의 이데올로기 비판을 구체적인 맥락에서의 실천 문제로부터 유리된 추상적 이론의 수준에 머물게 만들었다고 로티는 주장한다. 결국 하버마스는 전통적인 형이상

13　Rorty, "Habermas, Derrida and Functions of Philosophy", p.454.

학자들이 벗어나지 못했던 틀―즉 사물의 '본질'을 추구하고 찾아낼 수 있다는 믿음―에 갇혀버렸다는 것이다.

> 해방이라는 개념이 특정한 속박들의 집합으로부터 벗어나기 위한 [구체적] 권고들(예를 들면 노예제, 성직자가 되기 위한 훈련, 임금을 주는 노예제, 인종 혹은 성차별, 기계적인 관료제)로부터 유리되어 초역사적인 인간 이해의 목표로 변화되어버리는 순간, 해방이란 개념은 해방되어야 하는 인간 본성 혹은 인간성 그 자체라 불리는 어떤 것이 존재한다는 생각과 바로 연결되어버리고 만다. 내 관점에서 볼 때, 인간 본성과 비판적 이성(Critical Reason)은 '더 큰 어떤 것'이 존재한다는 이러한 명제에 포함될 후보일 뿐이다.[14]

위의 인용에서 "더 큰 어떤 것"은 바로 고정된 인간의 본질을 의미한다. 하버마스의 수많은 저작에서 이데올로기 비판과 해방의 문제가 '구체적인' 예를 통해 제시되지 않은 것은 로티가 주장하듯이 하버마스가 해방되어야 할 인간 본성이 무엇인가를 밝히지 못한 채 계속해서 '추상적인' 인간 본성의 해방을 얘기하고 있기 때문일 것이다. 그러나 한 시대를 지배하는 사고 혹은 언어의 존재론적 문법이 가지는 문제는 그것이 이데올로기적이거나 혹은 억압적이라는 데 있지 않고, 이 언어가 일정한 사회적 기능, 즉 고통과 억압 그리고 모욕을 관리하고 정당화하

---

14 Ibid, p.453.

는 기능을 해왔다는 데 있다. 중요한 것은 지금 비판받고 억압적이라고 생각되는 존재론적 문법—혹은 사회적 실천—도 당시에는 당면한 문제를 풀어낼 수 있는 새로운 언어로 간주되었다는 사실이다. 그러나 이 언어 게임은 시간이 흐르면서 그 수명을 다해 결국 억압적이 되고, 새로운 언어를 요구하게 된 것이다. 즉 새로운 언어적 혁신을 통해 새로운 가능성을 찾아내고, 그렇게 함으로써 새로운 세계가 가능한 세계로 구체화되고 출현하게 되는 것이다.[15] 결국 '더 큰 어떤 것', 즉 맥락 초월적인 진리는 한 시대에 당연시되고 '화석화된 은유'일 뿐 결코 변하지 않거나 시대를 초월하는 진리는 아니라는 것이다.

로티와 같이 고정된 인간의 본성 혹은 본질(essence), 즉 중심적 자아를 부정하고 모든 것이 '문화적인 조건화의 산물'이라고 생각하는 사람에게 인간이 자율성을 획득하는 길은 하버마스처럼 존재하지도 않는 인간 공동의 보편적인 본성을 해방시키는 것이 아니라, 각 개인이 자신의 특수한 취향을 발달시켜나갈 수 있는 소위 '부정의 자유(negative liberty)'를 추구하도록 해주는 것이다. 이런 사회에서는 하버마스가 주장하는 "보편적 타당성—즉 제한된 시공간적 맥락으로부터 벗어나는 자유—은 아무런 의미도 찾을 수 없다".[16]

이제 로티는 다음과 같이 질문할 것이다. 무엇이 비판받아야 하고 무엇을 해방시킬 것인가? 이 질문에 대한 답이 '인간의 본성'을 억압하는

---

15 Ibid, pp.452~453.
16 Ibid, p.454.

모든 것은 비판받아야 하고, 비판이론을 통해 그런 억압으로부터 인간 본성이 해방되는 것이라면 하버마스의 보편화용론과 합리적 재구성을 통한 생활세계의 재구성은 희망이 없다. 왜냐하면 위에서 주장한 바와 같이 이데올로기에 대한 하버마스의 일반적인 이론적 검증은 위의 질문, 즉 "구체적으로 무엇이 어떻게 비판받아야 하는가"에 대해 전혀 대답하지 못하기 때문이다. 선행조건, 즉 이론적 틀만을 제공할 뿐 구체적으로 무엇을 어떻게 비판할 것인가는 아직도 숙제로 남아 있다는 것이다.

'공론의 장' 안에 "이미 토의와 논쟁의 주제가 존재하고 있을 것"이라고 가정하는 하버마스의 주장은 이데올로기에 대한 그의 일반적인 이론적 검증이 얼마나 무력한가를 잘 보여주는 증거라고 로티는 비판한다.[17] 공론의 장 안에 이미 거기서 논의되어야 할 주제가 던져져 있을까? 이 문제는 다시 말하면 무엇이 구체적으로 이데올로기 비판의 대상, 즉 논쟁의 대상이 되어야 하는가가 그냥 공론장의 외부에서 주어지거나 내부에서 스스로 나타나는 것이 아님을 의미한다. 그렇다면 누가 공론의 장 안에서 논의되어야 할 '새로운 가능성'을 소개할 수 있을까? 로티는 하버마스의 이론을 포함한 어떤 이론도 그런 가능성을 제시할 수 없다고 하면서, 그런 가능성은 사회와 문화를 '새로운 언어'로 재묘사하는 데 능숙한 사적 철학자들의 '세계를 드러내는 시각'에서만 찾을 수 있다고 주장한다. 즉 이상적 담화 상황 아래에서 더 나은 논거를 대고 이런 논거에 대한 주장과 반주장을 통해 새로운 합의로의 이행을 주장하는

---

17 Ibid, p.441, 각주.

하버마스는 어떻게 실제로 논쟁의 대상이 되는 새로운 가능성이 제시되고 논쟁의 대상이 될 수 있는지, 또 그로 인해서—즉 그런 새로운 가능성의 '제시'를 통해서—어떻게 지엽적인 진리 기준이 더 포괄적인 진리 기준으로 확장될 수 있는지는 대답하고 있지 못하다. 로티는 다음과 같이 하버마스를 비판한다.

> 어떤 사람이 대안적인 가능성을 표현할 수 있는 새로운 어휘들을 꿈꾸고 제시함으로써 일상적인 실천을 재맥락화(recontextualize) 하지 않는다면 [진리가 얘기되는] 어떤 지엽적인 맥락도 초월될 수 없다.[18]

3장에서 논의했듯이 로티가 정상 담론과 구분해 '비정상적 담론'이라 부른 것이 바로 기존의 실천을 가능하게 하는 합의된 어휘들을 넘어 새로운 어휘를 창조해내는 것을 의미한다. 이렇게 일상적인 실천을 다르게 표현하고 묘사함으로써 논쟁의 구체적인 주제를 만들어내지 않는다면 이런 주제들에 대한 논쟁을 통해 지엽적인 맥락이 초월되고 새롭고 더 넓고 포괄적인 진리 기준은 얻어질 수 없을 것이다. 하버마스는 타당성 주장의 맥락 초월적인 성격, 즉 위에서 언급한 일반적인 이론적 검증만을 강조한 나머지 어떻게 일상적인 실천의 일부분이 '문제화'되고 논쟁의 대상이 될 수 있는가에 대해 전혀 답하지 못하고 있다는 것이 로티의 하버마스 비판의 요체다.

---

[18] Ibid, p.441.

로티는 하버마스가 주장한 것처럼 '이론적인 논증'과 반박을 통해 인간 본성에 대한 초월적이고 보편적인, 따라서 '더 이상 변화할 수 없는' 합의에 도달하는 것으로는 인류의 고통과 억압을 개선할 수 없다고 보았다. 오히려 그것은 인간에 대한 다양한 관점의 제시와 이를 통한 고통의 경감 가능성에 대한 새로운 '사회적 희망' 및 연대성의 길을 열어주는 구체적 대안들을 생성하는 데 기여하는 '계속적인 대화'를 통해서만 이루어질 수 있는 것이다. 새로운 어휘의 소개를 통해 우리가 당연시해온, 즉 우리가 실재라고 여기는 화석화된 메타포를 재묘사함으로써 우리로 하여금 새로운 가능성을 볼 수 있고 논의할 수 있도록 해주는 사람들이 바로 아이러니스트 자유주의자들이다. 새로운 어휘와 그에 따른 새로운 묘사가 자신의 창조적 작업을 통해 극대화되고, 이런 극대화가 공적 영역의 실제적 요구와 분리된 사회야말로 로티가 꿈꾸는 자유주의 사회다.

그렇다면 새로운 가능성을 제시한다는 것은 구체적으로 무엇을 의미하는가? 이것은 언어가 가지는 논쟁적 기능을 넘어—물론 로티는 이 기능을 하버마스가 주장하듯이 부정하지 않는다—세계를 새롭게 묘사, 혹은 표현하는 기능을 부각시키는 작업을 의미한다. 이는 직접적인 논증이 아니라 위에서 논의한 문학과 시 그리고 자세한 민속지적 묘사(ethnographic description)를 통해 인간의 고통스러운 경험을 재묘사할 수 있는 새로운 은유와 어휘들을 만들어내는 것으로 가능하다. 이제 문제는 논쟁을 통한 '지식'과 '증명'에 입각한 합의가 아니라 새로운 '희망', 즉 지금은 이루어질 수 없고 누구도 지금까지 꿈꾸어오지 않았던

'가능성'을 제시하는 것이다.

하버마스가 주장하는 이상적 담화 상황에서는 이미 논쟁과 토론의 주제가 논쟁 테이블 위에 올라와 있다고 가정되지만, 로티가 꿈꾸는 이상적 사회란 '끊임없이' 새로운 묘사와 재묘사를 통해 앞으로의 새로운 가능성을 열어주는 사회다. 논쟁과 토론의 주제가 이미 테이블 위에 올라와 있어야만, 그리고 다른 문화로의 이행에 선행돼야 하는 조건—즉 이상적 담화 상황—이 만족되어야만 새로운 문화로 이행할 수 있다는 하버마스의 주장은 로티가 보기에 논의를 추상화할 뿐이다.

내가 제시하고자 하는 [철학사에 대한] 역사적 설명에 따르면 플라톤 추종자들과 그 반대편의 프로타고리안/에머스니안(Protagorean/Emersonian) 철학자들이 20세기에 벌였던 논쟁의 핵심은 보편적 타당성을 유토피아적 사회적 희망으로 대체하려는 후자의 시도에서 찾을 수 있다. 플라톤 그리고 그리스철학은 일반적으로 인간의 중요한 잠재력을 '알 수 있는 능력', 구체적으로 '인간을 넘어선 실재를 알 수 있는 능력'에서 찾고자 했다. 실용주의자들은 전통적으로 지식이 차지하고 있던 위치에 사회적 희망을 대신 삽입하길 원한다.[19]

---

19 Richard Rorty, "Emancipating Our Culture", in *Debating the State of Philosophy: Habermas, Rorty and Kolakowski*, Edited by J. Niznik and J.T. Sanders(Westport, CT: Praeger Publishers, 1996), p.26.

4.3. 특정 공동체 기준과 보편적 기준에 대한 논쟁

그러나 하버마스는 로티의 이런 주장에 대해 여전히 만족하지 못하는데, 그 주된 이유는 새로운 어휘를 통한 고통에 대한 재묘사조차도 그것의 효과를 기대하려면 '단순히' 새로운 언어로 세계를 묘사하는 것에 그치지 않고 '궁극적'으로 공적 영역에서의 '검증' 혹은 '상호주관적인 비판'에 노출되어 공적 정당화를 거쳐야만 하기 때문이다. 지식인의 사적 영역에서의 만족은 궁극적으로 공적 영역에서 '여과'를 거칠 수밖에 없다는 것을 하버마스는 인간 활동의 두 가지 영역—도덕 영역과 인식 영역—에서 논증하고자 한다.

프라하 논쟁에서 하버마스는 로티가 '개인의 이해'와 이를 초월해서 누구나 지켜야만 하는 도덕을 구분하는 데 실패했기 때문에 그가 말하는 새로운 사적 어휘의 창출이 인류의 고통 경감에 기여할 수 있다는 자신의 주장을 스스로 반박하고 있다고 비판한다. 프라하 논쟁에서 하버마스는 로티에게 다음과 같은 질문을 던진다.[20] 로티는 "내가 ~을 해야 한다"와 "나는 ~가 좋다"라는 두 문장을 구분 없이 결합할 수 있다고 주장하지만, 하버마스가 보기에 이 두 문장의 차이가 극명하다는 것을 보여주는 예는 너무나 많다. 하버마스는 이 두 문장을 구분하지 않고도 어떻게 로티가 자신의 관점이 "인간의 고통을 경감하고 또 평등을 증진하는 데" 기여할 수 있다고 주장할 수 있는가를 이해할 수 없을

---

20   Habermas, "Coping with Contingencies: The Return of Historicism", p.23.

뿐더러 이는 명확히 잘못된 관점이라고 비판한다. 부연하면 하버마스는 다음과 같이 질문하고 있는 것이다. 도덕적 관점에서 자신이 '해야 할' 옳은 일을 찾아내지 않고 오직 자신의 이해관계에만 부합하는 행위가 자신에게 행복을 가져다준다고 주장하는 로티가, 어떻게 이런 주장을 하면서 동시에 자신의 실용주의가 "인간의 고통을 경감하고 또 인간의 평등을 증진시킬 수 있다"고 주장하고 또 어떻게 다른 사람들로 하여금 이 주장(maxim)을 받아들일 수 있도록 할 수 있다고 주장할 수 있는가? 질문하고 있는 것이다.

이 비판을 사적/공적 논쟁의 언어로 번역해보자. 하버마스는 자신의 사적인 완성 및 행복의 추구가 공적으로 정당화되고 승인받는 과정과 하등의 관계가 없다는 로티의 주장이 사실이라면 어떻게 자신을 포함한 지식인들이 공동체의 다른 구성원들이 겪는 고통을 경감하고 평등을 촉진하는 데 기여할 수 있다고 주장할 수 있겠는가라는 비판적 질문을 하고 있는 것이다.

도덕적 관점은 포괄적인 인간 공동체의 구성원으로서의 너와 나를 상정하고 더 나아가 무엇이 모두에게 똑같이 좋은 것인가에 대한, 틀릴 수도 있지만 그럼에도 공평한 판단을 하는 역할을 추구해야 한다는 또 하나의 이상화를 강제한다.[21]

---

21 Ibid.

자신의 지엽적인 이해관계에 입각한 정당화는 언어의 속성(지엽성을 깨뜨리고 넘어서며, 초월적이고 보편적인 타당성을 추구하도록 되어 있는) 때문에 지엽성을 초월한 정당화 과정을 거치게 된다. 그러나 '무엇이 정당한 것인가'와 '무엇이 나에게 좋은 것인가'라는 구분을 폐기해버린 로티는 그 결과 인간의 고통을 경감하고 평등을 증진하는 데 요구되는 '공적 정당화'의 과정을 무시하게 된다고 하버마스는 주장하는 것이다. 로티는 "자신의 튀는(striking) 주장 뒤의 암묵적인 전제 안에 아직도 남아 있는 이상화의 요소들에 대한 비판적 시각"을 결여하고 있다는 것이 하버마스의 생각이었고, 그래서 그는 로티에게 "세계를 나타내는 언어가 포괄적인 성격을 가지고 있다는 잘못된 생각을 버리라고 권고"했다.[22]

하버마스가 "잘못된 생각"이라고 표현한 부분이 로티에 대한 그의 비판의 핵심이므로 자세히 들여다보자. 하버마스에게 있어서 세계를 나타내는 언어의 기능을 강조하는 것은 언어가 '사전적으로(a priori)' 무엇이 옳고 그른가, 혹은 합리적인가 비합리적인가의 경계를 설정해버린다는 것을 의미한다. 또한 그런 의미에서 새롭게 창출된 언어가 이 언어를 채택한 공동체의 세계를 결정한다는 것을 의미한다. 다시 말해 이런 로티의 관점은 "의미가 타당성을 결정할 뿐, 그 반대의 경우는 성립하지 않는다"는 것을 전제한다는 것이다.[23] 이것이 언어가 '포괄적인' 성격을 가지고 있다고 생각하는 로티의 오류에 대한 비판이다. 새로운 해

---

22 Ibid, p.24.
23 Ibid.

석을 통해 얻어진 의미가 타당성을 결정할 뿐이라는 로티의 주장은 타당성에 관한 논쟁을 통해 의미의 변화가 일어날 수 있다는 가능성은 배제하고 있다고 하버마스는 주장하면서, 타당성 상황을 위한 논쟁은 "내적인 학습 과정"을 통해 의미를 변화시킬 수 있다고 말한다. 다시 말해 "언어적 지식과 세계에 대한 지식은 서로를 관통하고 상호작용한다"[24]는 것이다. 언어적 지식, 즉 메타포와 새로운 어휘의 등장으로 말미암아 제시된 새로운 가능성은 이것이 단순히 세계에 대한 '새로운 의미'를 부여함으로써 행위자들을 이런 의미의 세계에 '가둬두도록' 하는 것이 아니라 이 새로운 의미가 내적인 논쟁을 통한 학습으로 '교정'될 수 있다는 점을 로티는 간과하고 있었다. 하버마스는 한마디로 "최초로 이런 학습을 가능하게 한 언어적 조건과 학습의 결과 사이에 피드백이 존재한다"는 사실을 간과하고 말았다며 로티를 비판한다. 이러한 피드백은 타당성 주장에 대한 논쟁이 가지는 맥락 초월적 힘에 의해 가능하다는 것을 로티는 간과하고 있다는 것이다.

로티는 이에 대해 다음과 같은 비판적 답을 내놓는다.[25] 하버마스가 아직도 옳다고 생각하는, 그래서 하버마스의 실용주의 비판에 핵심이 되는 칸트 전통에서는 합리적 인간으로서 우리 모두가 공유하는 '도덕적 의무감'이 존재한다고 가정하지만, 흄(David Hume)의 철학은 왜 이러한 무조건적인 '의무감'이 '실제'에서는 작동할 수 없는가를 잘 보여준

---

24 Ibid.
25 Richard Rorty, "On Moral Obligation, Truth and Commonsense", in *Debating the State of Philosophy*, pp.48~49.

다고 주장한다. 합리적 인간은 무조건적으로 공동체에서 자신이 해야 할 의무를 자기 자신의 이기적 이해관계와 '구분'할 줄 알아야 한다는 칸트 전통과 다르게 흄은 '논리'와 반대되는 개념인 '정서'가 공동체 결속의 핵심이라고 보고 같은 정서를 공유하는 공동체의 범위를 확장하는 것이 우리로 하여금 공동체에서의 의무를 다하게 하는 데 더 효과적이라고 주장한다.

이를 예시하기 위해서 로티는 19세기 미국의 흑인 해방 문제로 돌아간다. 만일 19세기 미국에서 흑인도 백인과 같은 인간이며 같은 권리를 누려야 한다거나 흑백 간의 결혼이 타당하다고 주장했다면 백인들에게 받아들여질 수 있을까? 로티는 말한다. "만일 남북전쟁 이전의 미국에서 흑인들도 칸트적 의미에서 백인과 똑같이 합리적 인간이라고 얘기했다면 백인들은 이 주장이 도대체 뭘 의미하는지 못 알아들었을 것이다. 백인들은 이 생물들은 검고, 이렇게 검다는 이유만으로도 흑인들을 매우 다르게 취급할 수 있다고 대답했을 것이다." 이제 이렇게 칸트적인 주장—즉 논리적(혹은 합리적)인 주장—이 실패했을 때 흄적인 접근, 즉 스토우(Harriet Beecher Stowe)의 소설 『톰 아저씨의 오두막』은 어떤 역할을 할 수 있었을까? 백인들이 흑인에 대해 가지고 있었던, 흑인은 사람이 아니라 단순한 동물이라는 생각을 단번에 바꿀 수는 없었지만, 이 소설을 읽은 백인들은 '흑인들도 우리와 같은 인간일 것이다'라는 생각을 보다 개연성 있는 것으로 받아들일 수 있었으리라고 로티는 주장한다.[26]

그래서 나는 하버마스가 [나를 비판하기 위해서] 이기적 이해와 의무라는 구분을 사용한 것은 문제를 왜곡한 것이라고 생각한다. 이런 구분을 할 때 하버마스는 『리퍼블릭(Republic)』에서 트라시마코스적(Thrasymachean)인 이기심과 선(善)의 형태에 대한 회상 중 하나를 택해야 한다고 주장함으로써 문제의 소재를 왜곡한 플라톤의 예를 따르고 있다. 나는 흄이 왜곡된 사실을 바로 잡았다고 생각한다. 그에 따르면 더 흥미로운 [즉 옳은] 구분은 당신이 어울릴 수 있는 사람과 어울릴 수 없는 사람—혹은 당신이 상상할 수 있는 존재와 상상할 수조차 없는 존재—간의 구분이다.[27]

이 인용문은 『톰 아저씨의 오두막』의 예와 어떤 연결고리를 가졌을까? 이기심과 공동체의 선 가운데 어떤 것을 택해야 할 것인가가 논리적이며 합리적인 논증에 의해 결정될 수 있다고 생각한 하버마스와 플라톤에 따르면, 흑인도 백인과 같은 인간이며 따라서 똑같은 권리를 가지고 있고 공평한 대우를 받아야 한다는 결론은 논리적이며 따라서 합리적인 사람이라면 받아들여야만 하는 논증의 결과다. 그러나 이렇게 '합리적이라고' 생각되는 추론은 위에서 논의한 남북전쟁 이전 미국의 백인들에게 그 힘을 잃고 만다. 그렇다면 무엇이 대안인가? 칸트와 다르게 흄은 중요한 것은 논리적 추론과 합리적인 의무감이 아니라 감정과 정서의 '공유'라고 주장한다.

---

26 Ibid.
27 Ibid, p.49.

나는 칸트가 아닌 흄이 어떻게 우리가 더 큰 집단을 형성할 수 있는가를 보여주었다고 생각한다. 즉 감성에 호소함으로써 상상 속의 동일화를 불러일으키는 것이다.[28]

어떻게 다른 인종 간의 결혼에 대한 공포를 줄일 수 있을까라는 문제를 예로 들어보자. 로티에 따르면 이것은 흄의 전략, 즉 다른 인종 간의 결혼을 법적으로 정당하도록 만들고 또 쉽게 함으로써 가능하다. 만일 이래도 어렵다면 다른 인종과의 결혼을 꺼리는 사람들에게 '이야기'를 해줄 수 있을 것이다. 이런 이야기에서는 현재는 가능하지 않지만 '상상속에서는 가능한' 일들이 벌어진다. 바로 이런 점에서 『톰 아저씨의 오두막』을 비롯한 사회개혁 소설들의 역할이 중요한 것이다. 즉 당시 실제로는 가능하지 않았다고 여겨졌던 백인과 흑인의 '동등한 지위'도 소설에서는 가능했고, 백인들은 이런 소설을 읽는 것 자체는 거부하지 않았다. 이제 위에서 논의한 것처럼 흑인도 백인과 같은 권리를 가지고 동등한 위치를 차지하는 사회는 칸트처럼 '흑인과 백인은 같은 지위를 가져야 한다'라는 명제를 백인들로 하여금 논리적으로 받아들이게 함으로써 도래하는 것이 아니고, 지금은 불가능하게 보이지만 미래에 다가올 수도 있는 상상 속의 평등한 사회를 그려냄으로써 가능한 것이다. 즉 '새로운 사회의 가능성'과 희망을 보여주는 이야기(narrative)를 통해 독자는 상상 속의 인물과 자신을 동일시하게 되며, 이렇게 동일시

---

28 Ibid, p.48.

하는 사람들의 수가 확장될 때 그러한 사회를 이룩할 수 있다. 가장 기본적이며 중요한 도덕적 현상이 '법'에 의해 보장될 수 있다고 믿었던 칸트와 달리 흄은 가족 간의 관계에서 보여지는 믿음과 신뢰가 가장 기초적인 도덕 현상이라고 보았던 것이다.

로티가 개인적 만족과 공동체의 도덕에 관한 구분에 실패했다는 비판과 똑같은 구조를 가진 비판을 하버마스는 '진리'에 관한 로티의 인식론적 입장에 적용하고 있다. 즉 하버마스에 따르면 로티가 "진리 서술어에 관한 조심스런 사용"이라고 표현한 진리관은 사실 로티를 자신도 모르는 사이에 피할 수 없는 궁지에 몰아넣고 있다고 주장한다.[29] 이 부분은 로티-하버마스 논쟁의 핵심을 가장 극명하게 드러내며, 문화 변동의 기제에 대한 두 사람의 근본적인 차이를 드러내준다. '진리 서술에 관한 조심스런 사용'이란 "'p'라는 명제는 정당화되지만, 그럼에도 사실이 아닐 수 있다"라는 것을 의미한다. 하버마스는 자신도 로티가 비판하는 '대응으로서의 진리' 개념에 기반한 실재론을 거부하고 듀이가 주장하듯이 '진리는 보장된 주장 가능성' 이상이 아니라는 실용주의적 관점을 받아들이지만, 다음의 이유 때문에 로티의 진리관은 난관에 봉착하게 된다고 비판한다. 아래에 서술되겠지만 이런 비판은 위에서 이미 논의한, 진리의 지엽성을 넘어서는 언어의 보편성에 관한 하버마스의 주장에 기초해 있다. 우선 '진리 서술에 관한 조심스런 사용'이 함축하는 바를 다시 풀어 써보면 다음과 같다. 우리는 p라는 명제의 진리 값

---

29 Habermas, "Coping with Contingencies : The Return of Historicism", p.20.

이 현재의 주어진 맥락에서 정당화될 수 있다는 것과 탈맥락화된 p의 의미가 합리적으로 받아들여질 수 있다는 것을 구분해야만 한다. 탈맥락화된 p의 의미가 합리적으로 받아들여질 수 있다는 것은 다시 말하면, p가 "현재 우리가 옳다고 사용하는 기준과 바로 이 기준이 통용되는 지엽적인 맥락에서뿐 아니라 일반적으로 사실이라는 것을 의미한다".[30]

하버마스가 보기에 로티의 치명적 약점은 "이렇게 확실한 의미의 차이를 플라토니즘(혹은 실재론)—그것이 어떤 식으로든 표현되었든 간에—을 다시 사용하지 않고 유지할 수 있는가"에 대해 만족할 만한 대답을 할 수 없다는 것이다. 다시 말하면 우리는 어떤 식으로든 '이상화'에 의존하지 않고서는 진리 서술어의 사용을 누구도 부정할 수 없는 무조건성과 연결할 수 없다.[31] '무조건성'이란 다시, 누구도 피할 수 없는 "문법적 사용 규칙이 가지는 비강제적인 힘"을 의미한다. 이는 위에서 논의한 화용의 규칙에 '내재'되어 있는, 타당성 주장에 대한 세 가지 주장을 논쟁과 대화에 의해 상환해야 하는 힘을 의미한다. 만일 우리가 현재 가지고 있는 최선의 기준에 의해 어떤 명제가 사실이라는 것을 받아들여야만 한다고 주장하고, 이에 더해 '진리 서술에 관한 조심스런 사용'이 시사하는 바, 즉 그럼에도 이 명제가 사실이 아닐 수도 있다는 함의를 받아들인다면 결국 우리는 진리가 '합리적으로 받아들여질 수 있는 어떤 것'이라고 생각해서는 안 된다는 결론으로 향할 수밖에 없다.

---

30 Ibid.
31 Ibid, p.21.

즉 이 둘을 결합시키려면 우리는 당연히 진리가 '합리적으로 받아들여 질 수 있는 것'이라는 주장에 일종의 유보적 조건을 달아야 한다. 이는 다시 말하면 우리는 '~이 사실이다'와 '~이 사실이라고 생각하는 것이 정당화될 수 있다'라는 명제를 구분해야 한다는 의미다. 한마디로, 로 티의 주장과는 반대로 '정당화되는 것'과 '진리'는 구분되어야 한다. 하 버마스는 이 점을 다음과 같이 요약하고 있다.

> 우리는 한 명제가 '우리에게' 합리적으로 받아들여질 수 있다는 생각이 지칭하는 바를 어떤 지엽적인 공동체의 기준과 한계를 넘어 연장해야 한 다. 우리는 '모든 우리'를 포괄하는 세계를 우리와 함께 같은 하늘 아래에 우연히 모여 있는 사람들이 가지는 사회적·지적 경계를 넘어서도록 확장 해야 한다. 그렇지 않다면 '진리'는 '현재 맥락에서 정당화되는 어떤 것'과 섞여버리게 된다.[32]

바로 아래에서 하버마스는 이 비판을 다음과 같이 강화한다.

> [로티와 같이] 진리를 정당화 가능성으로 혼동하는 것을 피하기 위해서 는 정당화 과정이 까다로운 조건을 만족시켜야만 한다. 만일 어떤 사람이 'p'라고 얘기했을 때, 이 사람은 (최소한 암묵적으로나마) 'p'를 정당화하려 는 준비가 되어 있어야 한다. 이때 정당화는 우리, 즉 전문가 집단뿐 아니

---

32 Ibid.

라 합리적인 사람들의 더 큰 집합 혹은 '보다 나은 우리'(better versions of ourselves)'라고 할 수 있는 '다른 사람들(public)'과 합리적으로 동기화된 합의에 의거해 이루어져야 한다.[33]

주장과 반대 주장에 의해 진리에 관한 합의에 도달하는 것이 언어의 주된 기능이라는 주장을 사용해서 로티의 낭만주의적 언어관—즉 언어의 기능이 현재에는 상상하기 어려운 새로운 가능성을 열어줄 수 있다고 생각하는—을 비판한 하버마스에게 다시 로티는 흥미로운 예를 하나 제시한다. 루터(Martin Luther)가 보름스(Worms) 회의에서 자신을 이단이라고 정죄하던 사람들에게 했던 말이 그것이다. 로티는 루터가 보름스 회의에서 한 말을 다음과 같이 해석한다. "나는 여기 보름스 회의에서 당신들에게 말할 때 나와 당신들이 공유하는 가정 혹은 전제 하에서 얘기한다고는 생각하지 않는다. 따라서 나는 당신들을 설득할 수 있다는 희망을 가지고 말하고 있지 않다." 그렇다면 무엇 때문에 루터는 이렇게 완고하고 설득당할 가능성이 전혀 없는 사람들 앞에서 말하고 있는 것일까라는 의구심이 들 수밖에 없다. 로티는 바로 이 점에서 하버마스가 말한, 어떤 식으로든지 표현된 플라톤적 실재론에서 어떻게 벗어날 수 있는가를 절묘하게 표현한다. 로티에 따르면, 루터는 지금 현재 여기 보름스 회의에 있는 사람들 그리고 이들과 비슷한 생각을 가진 사람들을 향해서 얘기하고 있는 것이 아니라, 앞으로 태어날 세대

---

33 Ibid.

에게 자신의 의견을 피력하고 있다는 것이다. 이는 다시 말하면, 루터는 그의 앞에 있는 사람들과 하버마스 식의 '이상화된 담론'—논쟁과 반박—을 통해 얻어지는 합리적인 주장 가능성을 획득하려는 것이 아니라, 이런 주장이 단순한 '상식'이 되는 그런 세계가 올것이라는 '희망'을 얘기하고 있다는 것이다. 로티는 이를 다음과 같이 표현한다.

그래서 나는 '진리' 서술에 관한 조심스런 사용—즉 현재의 정당화 기준에서 벗어난 진리가 존재할 수 있다는 주장—을 선지자의 목소리라고 생각한다. 이 목소리는 언젠가는 세상이 바뀔 것이고, 그럴 때 이 명제는 옳은 것으로 받아들여질지도 모른다고 얘기하는 목소리다. 반플라톤주의자들이 추구하는 정신적인 완벽함의 중심에는 이런, 앞으로 도래할 다른 세상에 대한 낭만적인 희망이 자리잡고 있다.[34]

흥미로운 것은 여기서도 로티는 자신이 언어의 기능에 대한 논쟁에서 하버마스에게 했던 반비판을 다시 들이대고 있다는 사실이다. 하버마스에 따르면 언어는 그 화용 안에 내재된 문법적 성격으로 말미암아 지엽적인 화용의 내부를 넘어서고 초월하는, 탈맥락적인 진리에 정향되어 있다. 이것이 화용을 통한 의사소통 행위가 야누스적 성격, 즉 현재의 지엽적인 맥락에서 소통이 이루어지지만 실제로는 여기서 제기되는 타당성 주장들이 현재의 맥락을 넘어서고 이를 부숴버리는 탈맥락

---

34 Rorty, "On Moral Obligation, Truth and Commonsense", p.50.

적 성격을 '동시'에 가지고 있다고 얘기되는 이유다. 그러나 로티에 따르면 하버마스와 퍼스(Charles Sanders Peirce), 그리고 퍼트넘이 공유하는 '진리=이상화된 상황에서 합리적 주장 가능성'의 등식은 다음의 두 가지 이유에서 그 힘을 잃고 만다. 우선 '진리는 이상화된 상황에서 합리적으로 정당화될 수 있는 주장이다'라는 이들의 주장은 '이상화된 상황'에서 이미 '진리 후보'들이 존재하고 있다는 것을 암시한다. 따라서 이들에게는 이렇게 이미 주어진 '진리 후보'들을 주장과 반박에 의해 '논리적으로 상환'하는 일만이 남아 있다. 그러나 루터의 주장은 루터가 당시에 핍박받고 있던 상황에서 논의에 올려질 수 있던 진리 후보들 중 하나가 아니었고, 루터는 따라서 자신의 '희망'이 미래 세대에는 '상식'이 되는 그런 날을 기대하며 자신의 연설을 이끌어나갔던 것이다. 따라서 "이상화된 보름스 회의는 나의 주장에 동의하리라 생각한다"라는 하버마스 식 진리관은 루터에게 의미를 상실하게 된다.[35]

'이상화된 보름스 회의'라는 말은 또 한 번 하버마스와 로티를 매우 흥미롭게 대조해준다. 아무리―하버마스가 주장하듯이―이상적인 담화 상황이 보름스 회의에서 실현된다 할지라도 이런 담화 상황에서 논쟁에 올려질 진리 후보들은 이 시대에 정당화되던, 즉 루터의 주장과는 양립할 수 없는 후보들의 집합일 뿐이다. 따라서 로티가 말하듯이 '변태적 담론'에 의해 제기되는, 미래에나 이루어질 수 있는 희망의 기폭제는 될 수 없다. 결국 루터의 연설은 '보름스 회의 석상에 앉아 있는 당

---

35 Ibid, p.51.

신들의 주장이 말도 안 되는 것이라고 생각할 날이 올 것이다'라는 희망, 혹은 가능성이나 믿음 아래 행해진 것이다. 그런 날은 실제로 도래했고, 역사 속에서 변태적 담론에 관한 수많은 비슷한 사례들을 찾아볼 수 있다고 로티는 주장한다.[36]

위에서 논의한 하버마스–로티 논쟁의 세 가지 핵심적 논쟁점은 하버마스의 주장이 로티의 그것과는 달리 추상적이며 이론적인 수준에 머물러 있다는 인상을 준다. 하버마스 식의 추상적인 주장을 로티는 계속해서 구체적이며 실제적인 예를 통해 반박하고 있기 때문이다. 다음 장에서는 로티에 대한 하버마스의 반박이 과연 힘을 가질 수 있는가, 혹은 무력한 비판으로 전락할 것인가를 실제 사례 연구를 통해 비판적으로 평가해볼 것이다.

---

36 Ibid.

5

하버마스-로티
논쟁에 대한
비판적 평가

이 책의 1장에서는 마르크스와 루카치 그리고 프랑크푸르트 학파의 창시자였던 호르크하이머와 아도르노의 비판이론을 살펴보았고, 2장에서는 하버마스가 어떻게 호르크하이머와 아도르노의 비판이론을 비판함으로써 소위 '계몽주의의 마지막 옹호'라 불리는 의사소통 행위 이론에 도달했는가를 분석했다. 이어 3장에서는 로티가 새로운 실용주의를 제시하면서 어떻게 하버마스 류의 보편 이론을 넘어서려 했는가를 살펴보았다. 4장에서는 하버마스와 로티의 철학을 '충돌'시킴으로써 이들의 이론이 가지는 첨예한 대립 구도를 세 영역에서 살펴보았다.

이 책에서 보여준 것과 같이 로티와 하버마스 논쟁의 핵심에는 하버마스가 역사주의 혹은 낭만주의의 '귀환'이라 부른 상대주의적 관점이 자리잡고 있다.[1] 로티에게 상대주의라는 비판은 주관/객관을 구분하는 플라톤적 이원론에 기초한 전통적인 인식론 개념을 수용했을 때만 그 힘을 발휘하는 것이다. 그러나 하버마스는 진리가 그것이 생산되는 역사적 맥락, 즉 사회적·정치적·문화적인 맥락 안에서만 정의되고 정당화될 수 있다는 로티의 주장조차 소위 그가 '보편을 향한 해석학적 유토피아'라고 부른 화용의 내재적 성격에 의해 상호주관적인 논증을 거쳐야만 한다고 주장했다. 또한 그러한 검증이 '탈맥락적' 진리에 정향되어 있다는 점에서 '실재'를 준거점으로 하는 진리에 관한 초월적 논증이 되는 것을 피할 수 없다고 보았다.

하버마스에게 있어서 보편화용론을 통해 '추출'된 화용의 보편적 구조는 어떤 발화도 그것이 발화된 특정한 문화적·사회적·정치적 맥락에 의존하지만, 또 동시에 그것을 초월하는 '타당성 주장'을 담고 있음을 말해준다. 이는 어떤 발화도 그것이 배태된 특정한 맥락을 초월해서 '정당화' 될 수 있다는 전제를 또 배경가정으로 깔고 있기 때문에 모든 타당성 주장은 그것이 발화된 시간과 공간을 지워버리는 혹은 무력화시키는 힘을 가지고 있다는 것을 의미한다.

그러나 로티는 '보편적 타당성'이 실제 사회적 실천에서 하나의 '기준으로서' 의미를 가질 수 있다는 하버마스의 주장에 대해 매우 신랄한 비판을 가해왔다. 로티에 따르면, 하버마스와 자신이 공유하는 "단순히 우리의[서구의] 기획인 유럽 지식인들의 삶의 형식"이 사회의 모든 영역에서 적용될 수 있고 또 적용되어야만 하는 보편적 기준이라고 주장하

---

1   Habermas, "Coping with Contingencies", pp.1~30 in *Debating the State of Philosophy: Habermas, Rorty and Kolakowski.*

는 하버마스는 보편적 타당성이라는 명제에서 형이상학적 위안을 찾고 있을 뿐, 생활세계를 변화시키는 데 이런 보편적 기준이 실제로 효과를 가질 수 있는가에 대해서는 답하지 못하고 있다는 것이다. 즉 로티는 어떤 사람과도 제약이 없는 상태에서 서로의 주장을 최선의 증거와 논리로 반박하고, 그 결과 주어진 역사적·사회적 '맥락을 초월'하는 보편적 타당성을 추구하는 소크라테스적인 삶의 형태가 모든 사회 및 문화에 적용될 수 있으며, 또 그래야만 합리적 사회로의 이행과 진보를 이룰 수 있다고 주장하는 것은 수많은 도덕적 가치 중 '하나'일 뿐이라고 주장한다. 왜 모든 문화의 모든 사람들이 이와 같은 도덕적 선 혹은 가치를 받아들여야만 하는가에 대한 정당화는 하버마스 식의 '이론적 논증'을 통해 얻어질 수 없을 뿐 아니라, 플라톤 이래 어느 철학자도 이런 가치를 정초하는 데 성공하지 못했다는 것이다. 즉 로티에 따르면 '왜 우리가 소크라테스 식 삶의 형식을 받아들여야 하는가'에 대한 논쟁은 가치에 관한 논쟁이며, 따라서 포퍼가 일찍이 주장한 것처럼[2] '합리적 해결'이 불가능하다. 따라서 하버마스의 '보편적 타당성' 주장은 하버마스가 겉으로는 플라톤적인 '초월적' 혹은 '형이상학적' 관점을 비판하는 듯 보이지만 사실은 이러한 관점으로 회귀했음을 보여주는 증거라 할 수 있다. 하버마스가 옹호하는 규범적 이성은 '자연화'되어야 한다는 것이 로티 주장의 핵심이다.

이 책의 마지막 장에서 나는 지금까지의 이론적 논의를 넘어 하버마

---

2   Karl Popper, *The Logic of Scientific Discovery* (London: Hutchinson, 1959).

스-로티 논쟁을 구체적인 사례 연구를 통해서 분석하고, 과연 이 논쟁이 우리에게 남겨주는 과제가 무엇인가를 제시하면서 책을 마무리 지으려 한다. 이 예를 통해 심화시키고자 하는 논쟁의 초점은 과연 특정 공동체가 가지고 있는 진리 기준이 얼마나 보편화될 수 있는가인데, 이전 장들에서 자세히 살펴보았듯이 특정과 보편을 연결하는 하버마스의 주된 개념적 자원은 그가 소위 "보편과 무제한적인 대화를 향한 해석학적 유토피아"라고 부른 것이다. 아래에서는 하버마스가 제시한 이 '이상(utopia)'이 '실제 구체적인 논쟁' 상황에서 어떻게, 그리고 어떤 경로를 통해 얼마나 작동할 수 있는가를 검토해보기로 한다.

하버마스를 포함한 저명한 사회과학자들 그리고 심지어는 로티조차도 자연과학 공동체가 '보편과 무제한적인 대화를 향한 해석학적 유토피아'가 절대로 위반되어서는 안 되는 원칙으로서 신봉되는, 하버마스가 "이상적 담화 공동체"라 부른 것에 가장 가깝다고 생각한다.[3] 왜냐하면 과학 공동체에서는 지식에 관한 모든 주장들이—그것들이 얼마나 이상하고 비현실적인지에 관계 없이—과학자들의 합리적 논쟁과 실험적 검증에 부쳐지기 때문이다.

그러나 저명한 과학자이자 철학자인 마이클 폴라니는 과학 공동체가 혁신적인 과학적 주장을 정밀한 과학적 검증을 통해서 확인하려는 시

---

3   사회과학자로서는 A. de Grazia, "The Scientific Reception System and Dr. Velikovsky", *American Behavioral Scientist* 7(1), pp.45~51(1963); Robert K. Merton, *The sociology of Science*(Chicago: University of Chicago Press, 1973). 그리고 철학자로서는 Richard Bernstein, "Introduction", pp.1~32 in R. Bernstein(Ed.) *Habermas and Modernity*(Oxford: Basil Blackwell, 1985)을 볼 것.

도에는 매우 인색하다는—상식적으로는 납득하기 어려운—주장을 오랫동안 펼쳐왔다.[4] 폴라니는 자신이 만들어낸 물리학 이론을 포함해서 수많은 새로운 이론들이 '개연성이 없다'는 이유로 과학 사회로부터 충분한 검증을 받기도 전에 기각되었다고 주장한다. 폴라니가 논한 많은 사례 가운데 벨리코프스키(Immanuel Velikovsky)의 사례가 있다. 벨리코프스키는 성서에 관한 새로운 해석에 입각해 천문학 이론을 만들어냈고, 이를 토대로 금성의 움직임에 대한 혁신적인 예측을 했다. 1950년에 과학자들은 다양한 천문 현상에 대한 벨리코프스키의 비정통적인 해석을 말도 안 되는 주장이라며 읽지도 않은 채 비난했고, 벨리코프스키의 책이 출판되지 못하도록 압력도 행사했다. 몇 년 후 우주 탐사를 통해 벨리코프스키의 예측이 부분적으로 옳았다는 사실이 판명됐을 때조차 과학자들은 이를 개연성 없는 주장이라고 무시했고 탄압했으며, 이 주장을 경험적 검증에 부치길 거부했다. 더 놀라운 것은 과학자들이 벨리코프스키의 연구를 그렇게 취급해버린 것에 대한 어떤 정당화도 과학 공동체 외부의 집단에게 해야 한다고 생각하지 않았다는 것이다. 그들은 그렇게 해야 한다는 의무감도 느끼지 않았다.

폴라니는 벨리코프스키 사건을 논하면서 비합리적으로 보이는 천문학자들의 행동에 대한 사회과학자들의 비판은 과학적 합리성의 성격에

---

4   Michael Polanyi, *Personal Knowledge*(Chicago: University of Chicago Press, 1958);
     Michael Polanyi, *The Tacit Dimension*(Garden City, NY: Doubleday and Company
     Inc, 1966); Michael Polanyi, "The Growth of Science in Society", *Minerva* 5,
     pp.533~545(1967).

대한 사회과학자들의 '무지'에서 기인한다고 주장한다.[5] 폴라니는 사회과학자들이 과학적 합리성이 무엇인지 이해하려면 우선 그가 '암묵적 지식'이라 부른—실재의 본질에 관한 심오하며 다 드러낼 수 없는 가정들로 구성된—과학자들이 공유하는 지식을 이해해야만 한다고 말한다. 과학자들이 과학적으로 '개연성 있는' 생각을 그렇지 않은 생각으로부터 구별할 수 있게 해주는 것이 바로 이 암묵적 지식이다. 물론 폴라니는 암묵적 지식이 때로는 정말로 혁신적인 생각들을 과학적인 것으로 인정받지 못하게 만들지만, 과학 공동체가 제대로 기능하는 데는 이것이 필수적이라고 주장한다. 왜냐하면 "암묵적 지식은 [가짜] 저작들을 걸러내고, 과학 출판물이 일정한 과학적 수준을 유지하도록 해주기"[6] 때문이다.

이제 과학자들이 왜 벨리코프스키의 파격적인 주장을 검증하기를 거부했는가를 하버마스가 '이해하려' 한다고 가정해보자. 과학자 믿음의 합리성/비합리성 또는 참/거짓에 대한 사회학자 자신의 판단을 도입하지 않고도 과학자들의 행동을 설명할 수 있다고 믿는 지식사회학자들과는 대조적으로, 하버마스는 자신이 과학자들의 행동을 이해하려 할 때 자신은 과학자들이 자신들의 행동을 정당화하기 위해 제시한 이유를 '평가'하는 과정에 피할 수 없이 개입하게 된다고 주장한다. 위에서(2장 5절) '가상 참여자'로서의 해석자 역할에 대해 논의한 바와 같

---

5   Polanyi, "The Growth of Science in Society".
6   Polanyi, "The Growth of Science in Society", p.539.

이 만일 그가 제3자의 관점을 유지할 수 있고, 따라서 과학자들이 자신의 행위를 정당화하기 위하여 제시한 이유를 평가하지 않을 수 있는 척 한다면 그는 이 실천을 자신에게 이해 가능하게 만들 수 없기 때문이다. 물론 하버마스는 과학자들이 암묵적 지식에 의거해 벨리코프스키의 이론을 기각했다는 사실을 알고 있다. 그러나 이런 경우에도 그는 이런 암묵적 이유가 왜 과학자들에게 '타당한 이유'로 간주되는지 계속 의문을 품을 수밖에 없다. 하버마스는 과학자들이 왜 이런 이유를 타당한 이유라고 믿는지에 관한 자신의 설명을 만들어낼 수 있는 경우에만 과학자들의 행동을 (그리고 과학자들의 행위에 수반된 타당성 주장들을) 그 자신에게 이해 가능하게 만들 수 있다고 주장할 것이다. 이렇게 해서만(즉 가설을 만들고 그 타당성을 과학자들의 주장의 타당성과 결부시켜서만) 하버마스는 과학자들의 행동에 대한 그의 이해에 필수적인 다음 질문에 대답할 수 있다. 왜 천문학자들은 벨리코프스키의 예측을—포퍼의 유명한 용어를 빌려—확증하거나 반증할 수 있도록 이 문제를 더 깊이 조사하지 않았을까? 과학자들이 내린 이러한 결정의 타당성은 그들의 "실천을 규정하는 규칙들"[7] 혹은 과학 실천의 의미에 대한 과학자들의 선이해(pre-understanding)와 깊이 연관되어 있기 때문에 과학자들은 이런 질문을 제기할 필요가 없다.

그러나 과학자들과는 다르게 하버마스는 왜 그들이 벨리코프스키로 인한 논란을 해결하기 위해 이런 대안적 방법을 추구하지 않는지 이해

---

7   Habermas, "Coping with Contingencies".

할 수 없다. 하버마스는 이 질문에 답하고자 최근 천문학사를 추적해 천문학 연구 장(field) 내의 권력 분포의 특정 패턴을 찾아낼 수 있을 것이다. 그는 이제 천문학 연구 장 내에서 지배적 이론 집단의 정치적·지적·전문적 '이해 관심' 때문에 벨리코프스키의 혁신적인 생각이 비합리적으로 기각당한 것이라고 생각할 수 있다. 즉 하버마스는 벨리코프스키의 혁신적인 이론이 이들의 지배적인 연구 전통에 손상을 주리라는 우려 때문에 이들은 벨리코프스키와의 "계몽된 합리적 토론"을 처음부터 봉쇄했을 것이라고 이해할 수 있다. 그는 이제 이런 이해관계들에서 기인한 이데올로기가 과학자들로 하여금 기존 권력구조 유지에 기여하도록 과학자들의 인식을 왜곡했다고 결론지을 것이다. 물론 이런 가설은 과학자들의 행동을 이해 가능한 것으로 만들기 위해 하버마스가 세울 수 있는 여러 개연성 있는 가설 중 하나일 뿐이다. 그러나 과학자들의 실천을 이런 가설 중 하나에 입각해 설명하지 않는다면 하버마스는 과학자들의 실천을 그 자신에게 이해시킬 수 없다.

콜버그(Lawrence Kohlberg)와 피아제(Jean Piaget)는 인간의 도덕 및 인지 발달을 '도덕' 및 '인지' 능력의 연속적 발달 단계로 재구성해 설명했다. 하버마스는 이들을 따라 과학 실천의 합리성을 합리적으로 재구성된 '의사소통 능력'의 발달 단계가 과학사회에 제도화 되어 있는 정도로 측정하고자 했다. 여기서 합리적으로 재구성된 의사소통 능력이란 '제한 없는 대화를 통해 보편을 찾아가는 해석학적 유토피아'로 표현될 수 있다. 과학자들의 언어 게임에의 가상 참여자로서의 하버마스는 의사소통 능력의 발달 단계에 대한 합리적 재구성에 의거해 과학자들이 자신들의 연구 행위를 되돌아보고 재평가 하도록 설득하는 대화 과정에 들어간다. 그는 이렇게 함으로써 합리적으로 재구성된 소통의 최고단계—즉 참여자들의 의사소통 능력을 최대화하는 제한 없는 대화의 완전한 제도화를 통해 합의에 도달하는 단계—와 비교할 때 암묵적 지식이 용해되어 있는 과학 공동체의 현재 권력구조가 혁신적인 생각의 진위를 가려내는 합리적 과정—즉 무제한적 소통의 과정—의 작동을 막고 있다는 의미에서 비합리적이라는 사실을 과학자들이 인정하길 원할 것이다. 여기서 하버마스는 과학자들의 주장이 담고 있는 내용에 대한 평가가 아니라 과학자들이 지식이라고 주장되는 혁신적인 주장을 어떤 '과정'을 통해 평가하는가에 대한 평가, 즉 이들이 보편화용론에서 제시된 화용의 보편적 원칙들을 아무런 '제약'없이 사용해서 합의에 이르게 되는가에 대한 비판적 평가를 하는 것이다.

이제 하버마스는 과학 실천에 대한 합리적 재구성을 통해 획득한 이론적 지식이 자신들의 실천에 대한 '왜곡된 이해'를 갖고 있던 과학자들을 '탈중심화(decentering)'하도록 만들 수 있고, 그 결과 과학 실천을 보다 '합리적인' 방식으로 재조직하는 데 기여할 수도 있다고 생각할 것이다. 그러나 이와 같은 하버마스의 '이해의 수행적 이론'의 이면에는 합리성이 무엇인가에 대한 '특수한' 개념적 규정이 자리잡고 있다.

우리는 이해에 도달함으로써 타당성 주장의 보편성에 도달하려고 하는 모든 사람을 합리적이라고 부를 수 있는데, 이들은 상호주관적으로 공유하는 타당한 준거체계—다시 말하면 탈중심화된 이해—에 기반해 해석적 성취를 이루어낸다. 우리로 하여금 사실에 귀 기울이도록 해주고, 모든 실제로 실천되고 있는 합의를 비판할 수 있도록 해주는 이러한 동의는 보편성과 제한 없는 대화를 추구하는 해석학적 유토피아를 우리의 일상적인 삶 속에 정초시키고 있다.[8]

합리적 행동을 과학자들이 처한 상황에 관계없이 '무조건적인 타당성'을 추구하는 것과 등치시키는 합리성 기준에 입각해서 평가한다면 하버마스는 당연히 천문학자들이 벨리코프스키의 글을 읽지도 않고 거부한 행위는 비합리적이라고 생각할 것이다.

그러나 폴라니는 과학 실천에 대한 하버마스의 이러한 비판을 받아들이지 않을 것이다. 폴라니의 전략은 과학에서의 합리성·객관성·진리의 의미를 재정의하는 것이다. 과학자들은 과학적 진리에 도달하기 위해 하버마스가 제시하는 방법—즉 무제한적인 대화와 논증—보다 '더 나은 길' 또는 '방법'을 갖고 있다고 폴라니는 대답할 것이다. 폴라니가 제시한 '새롭게 정의된' 합리성 기준에 따르면 지식에 관한 모든 주장을 이상적 담화 상황의 '무조건적 타당성'에 회부하라는 하버마스의 주장은 과학하길 그만두라는 권고나 다름 없다. 하버마스가 합의와 진리에 도달하는 '유일한' 최선책으로 강조하는, 합리적이라 가정되는 담화의 규칙들은 과학자들의 관점에서 봤을 때 '비효율적이고' '비용이

---

8 Jürgen Habermas, *The Theory of Communicative Action*, Volume I(Boston, MA: Beacon J, 1984), p.134. 강조는 필자의 것임.

많이 드는' 규칙일 뿐이다. 하버마스의 예상과 반대로 암묵적 지식의 작동은 과학 지식 성장의 장애로 작용하지 않고, 오히려 과학자들로 하여금 토론할 가치가 있는 지식 주장과 그렇지 않은 주장을 구별할 수 있게 해줌으로써 과학 진보에 실제로 기여한다. 게다가 암묵적 지식에 토대를 두고 있는 과학의 '권위'는 부정적 방식으로만 작용하지 않는다. 즉 암묵적 지식은 과학자들을—부르디외[9]의 용어를 빌리면—'가능성의 공간'으로 인도해줌으로써 아직 알려지지 않은 실재의 다른 측면들도 탐구할 수 있도록 해주는 기능을 가지고 있다.

폴라니의 이론은 과학자들의 실천에 체화된 판단의 암묵적 기준들은 "대체로 명시될 수 없고" 새로운 과학적 사고들이 가지고 있는 "잠재력에 대한 감(感)" 또한 정의하기가 어렵기 때문에 암묵적 지식에 기초를 둔 과학자들의 상황 의존적 추론은 가상 참여자인 하버마스에게 '네' 또는 '아니오'로 대답할 수 있는 일련의 명시적 명제로 표현하거나 번역할 수 없음을 말해준다. 과학자들이 그들의 '행위 맥락' 내부에서 생산하는 행위와 발화를 관찰하면 "발화자[과학자]의 필요에 따라 그리고 적합한 조건들 하에서 이런 행위와 발화의 타당성을 옹호할 이유들이 드러날 것"[10]이라는 하버마스의 반박은 폴라니에게 통하지 않는다. 왜냐하면 하버마스를 포함한 그 누구도 여러 해에 걸쳐 과학을 실천함으로써 '암묵적 지식'을 체화하지 않고서는—과학적 실천에 부득이 수반되는

---

9   Pierre Bourdieu, *Science of Science and Reflexivity*(London: Polity, 2000).
10   Habermas, *The Theory of Communicative Action*, p.115.

우연들을 다룰 정도로 세련된 과학 실천의 감(感)이라고 주장되는—"과학자들의 [암묵적] 이유를 알아낼 수" 없기 때문이다. 그리고 바로 이 이유 때문에 과학자들은 그들 행위의 정당화 가능성에 관해 하버마스 같은 비전문가들과 대화하길 "거부한다"고 폴라니는 주장한다.

> 그[하버마스 같은 과학에 대한 비전문적 비판자]가 왜 이것[비전문가들의 판단]이 터무니없는지 증명해보라고 과학자에게 요구하면 그는 과학자를 절망에 빠지게 할 뿐이다. 그래서 비전문적 비판자는 그를 포함한 비전문가에게는 설득력 있는 듯해 보이는 자료를 단번에 기각하는 과학자의 느닷없고 직설적인, 그리고 **비합리적인 판단**과 맞닥뜨리게 된다. 이제 그[비전문가]는 증거는 최소한 적절히 검토되어야 한다는 요구를 하겠지만 이런 요구는 묵살될 것이고, 결국 왜 (…) 과학자가 그의 요구를 날카롭게 거부하는지를 이해하지 못할 것이다.[11]

그러나 하버마스는 폴라니가 과학 실천에서의 암묵적 차원의 존재라는 '이유'를 끌어대서 과학 실천을 변론하는 한 그는 자신과 같은 과학 비판자들과의 비판적 대화를 피할 수 없을 것이고 결국 보편적이고 무조건적인 타당성을 향한 해석학적 유토피아에 그 자신도 참여할 수밖에 없다며 폴라니를 비판할 것이다.

---

11 Polanyi, "The Growth of Science in Society", p.541. 강조는 필자.

모든 참여자들은 어떤 명제 혹은 진술이 진리라고 주장하거나 그것을 부정하고 싶을 때 또 이런 타당성 주장을 정당화하고 싶어 논쟁에 참여하고자 할 때마다 그것들[보편적이고 제한 없는 대화를 향한 해석학적 유토피아의 전제]을 사실상 받아들여야만 한다.[12]

하버마스는 폴라니가 과학 실천의 정당화는 암묵적 지식을 체화한 과학자들에게만 국한되어야 한다는 주장을 제시하는 그 순간, 폴라니는 그 자신이 속한 과학자 집단보다 큰 청중에게 과학 실천을 정당화하려는 시도를 하고 있다고 반박할 것이다. 하버마스는 여기서 그치지 않고 폴라니가 이 같은 '수행적 자기모순'을 피하려면 과학의 합리성에 관해 폴라니가 제기하는 타당성 주장이 과학 실천의 지엽적 맥락을 넘어서고 이런 의미에서 "시공간을 초월하고 시공간을 '넘어서버린다'"는 점을 인정해야 한다고 주장할 것이다.[13] 즉 하버마스에게 진리는 "협력적인 진리 탐구에 기여하는" 담화 내부에서 제기되는, 경쟁하는 타당성 주장들을 "솎아냄으로써" 결정되는 것이다.[14]

그러나 폴라니 같은 상대와 대적하기 위해 '수행적 자기모순'을 사용한 하버마스의 전략이 갖는 문제는 이것이 하버마스가 원하는 바를 입증하는 데는 전혀 도움을 줄 수 없다는 점이다. 하버마스는 폴라니가

---

12 Jürgen Habermas, *Between Facts and Norms*(Cambridge, MA: MIT Press, 1998), p.16. 강조는 필자.

13 Habermas, *The Philosophical Discourse of Modernity: Twelve Lectures*, pp.322~323.

14 Habermas, "Richard Rorty's Pragmatic Turn", pp.31~55 in *Rorty and His Critics*, p.43.

자신과의 논쟁에 참여하고 있다는 단순한 사실로부터 폴라니가 '협력적인 진리 탐구'에 참여하고 있다는 사실을 연역적으로 도출할 수가 없다. 다시 말해, 폴라니가 하버마스에 대한 반론을 제기했다는 사실이 폴라니가 "모든 지엽성을 산산이 터뜨려버리는"[15] '보편적 진리'를 추구하고 있다는 점을 필연적으로 증명하지 못한다. '결과를 확증하는 오류'를 피하려면 하버마스는 폴라니와 자신과의 논쟁에 대한 매우 다른, 그러면서도 그럴듯한 해석이 가능하다는 점을 인정해야 한다. 즉 폴라니가 이런 논쟁에 참여할 때 그는 과학 실천이 어떤 것인가를 자신이 속한 공동체의 경계를 "넘어서"[16] 자신들의 과학 실천이 외부 사람들에 의해 비판적으로 평가되고 공유될 수 있도록 하는 데 관심을 갖기보다는 그 자신이 속한 공동체가 공유하는 '독특한' 타당성의 암묵적 기준을 '방어하는 데' 관심이 있다는 것이 그런 해석 중 하나다.

만일 하버마스가 주장하듯이 "정당화가 정당화하는 맥락을 초월하는 진리 개념에 의해 인도되고" 이런 의미에서 불가피하게 "학습 과정"을 전제해야 한다면,[17] 하버마스는 대부분의 천문학자들이 과학자들의 비합리성을 비판하는 사회과학자들의 주장을 아무런 해명 없이 기각한 사실을 어떻게 설명할 수 있을까? 폴라니에게 있어서 과학 연구는 '아무나'에게 이해되어야 하는 것이 아니고―부르디외의 용어를 다시 한번 빌리면―과학이라는 게임의 '일루지오(illusio)'를 공유하고 과학 연

---

15   Habermas, *The Philosophical Discourse of Modernity: Twelve Lectures*, p.322.
16   Habermas, "Coping with Contingencies", p.21.
17   Habermas, "Richard Rorty's Pragmatic Turn", p.45.

구 수행에 필요한 특정 기술과 지식을 획득한 이들만을 위한 것이기 때문에 과학적 실천을 과학 공동체를 넘어 모든 다른 집단에게 정당화하려는 시도는 무의미하다. 천문학자들은 하버마스가 생각하듯 어느 누구에게나 또 어떤 시점에서든 항상 자신들의 과학적 실천을 정당화해야 한다고 생각하지 않기 때문에 그들의 비판자들에게 응답하지 않았다. 하버마스가 이해의 합리적 대화 모형에서 '중심적인 위치'를 차지한다고 생각하는 상호 비판을 통한 '학습'의 문제는 폴라니를 비롯한 과학자들에게 전혀 문제가 되지 않는다. 또한 과학자들은 하버마스가 주장하듯 "대화 공동체의 크기나 다양성을 증가"[18]시키는 데도 전혀 관심이 없다. 사실은 이와 정반대다. 따라서 여기서 중요한 문제는 폴라니가 과연 '수행적 자기모순'을 피하고자 비판자들과의 논쟁에 참여했는가라는 질문이 아니라 어떻게 하버마스가 그와 논쟁하는 과학자들로 하여금 자신들의 과학 실천을 하버마스의 시각에서 재평가하는 데 관심을 갖게 함으로써 이 논쟁에서 어떤 것을 '배우게' 할 수 있는가다. 로티가 하버마스에 대한 글에서 반박하듯이 "중요한 질문"은 "수행적 자기모순이라는 비판이 누군가를 설득하는 데 한번이라도 성공한 적이 있는가"다.[19]

그러나 하버마스는 여전히 위의 논의에 의해 설득되지 않고 이른바 '정당화'와 '방어' 간 경계가 매우 모호하게 남아 있다고 주장할 것이다.

---

18 Ibid.
19 Richard Rorty, "Universality and Truth", pp.1~30 in R. Brandom(Ed.), *Rorty and His Critics*(Oxford : Blackwell, 2000), p.8.

왜냐하면 과학자들이 과학적 실천의 논리를 방어하려면 논쟁에 계속 참여해야 하고, 자신들의 지엽적 실천의 '편협성'이 무너질 때까지 하버마스와 같은 비판자들에게 자신들의 실천이 정당화될 수 있는 '이유들'을 지속적으로 제공해야 하기 때문이다. 이렇게 한다면 정당화와 방어 간의 경계는 사라지게 될 것이다. 그러나 이런 반격에 대해 폴라니는 그가 이미 비판자들에게 자신이 과학을 방어해야 하는 이유를 다 말했기 때문에 그는 하버마스와의 또 다른 논쟁에는 관심이 없다고 답할 것이다. 이제 폴라니는 그들의 암묵적 지식의 본질을 명료하게 하라는 비전문가들의 요구를 설명 없이 직설적으로 기각하는 것 외에 그와 다른 과학자들이 선택할 수 있는 길은 없다는 것을 밝힐 것이며 그 후에는 더 이상 그가 할 수 있는 일은 없다고 선언할 것이다. 이제 하버마스의 예상과는 달리 논쟁을 연장해서 얻어질 수 있는 어떤 '한계 효과'도 기대할 수 없을 것이다.

이 지점에서 논쟁은 갑자기 중단될 것이다. 만일 하버마스가 지식인 공동체의 규범을 위반하고 있다고 폴라니를 비난하며 그에게 '마무리되지 않은 대화'를 재개하라고 촉구한다면, 폴라니는 하버마스가 그와의 대화를 지속해야 하는 이유를 입증할 수 있을지 물어볼 것이다. 폴라니는 그를 비롯한 과학자들이 무조건적인 타당성에 관한 '배경 동의'가 존재한다는 하버마스의 주장을 수용해야만 하고, 또 나아가 '모든 상상 가능한 공동체'에 대항해 그들의 암묵적 지식을 논증 형태로 방어해야 하는가를 입증할 수 있는 '초월적' 이유는 없다고 주장할 것이다. 번스타인이 지적했듯이 우리 모두가 보편에 관한 타당성 주장이 실천적 담화에서 논쟁적으로 상환될 수 있다는 "생각에 '불가피하게' 동의할 수밖에 없다는" 점을 설득하려는 노력에도 불구하고 하버마스는 "이런 동의가 의사소통 행위의 바로 그 안에 내장돼 있다거나 이런 동의가 불가피하다는" 사실을 확립하는 데 실패했다.[20]

이에 더해 폴라니는 하버마스가 자신과 다른 과학자에게 한 비판을 하버마스 자신에게 들이댈 수도 있을 것이다. 즉 과학자들이 자신과 더 이상 논쟁하길 거부한다고 비난하기 전에 하버마스는 왜 과학자들이 '무제한적 대화와 무조건적인 대화'라는 이상을 받아들여야 하는가에 대한 이유를 제시해야 한다. 그러나 하버마스 자신은 그런 이유를 제시하기를 '거부'하고 단순히 자신의 '규범적 기준'을 과학자들이 받아들여야만 한다고 주장하기 때문에 폴라니도 하버마스가 그랬던 것처럼 하버마스를 자신이 선호하는 규범적 기준—혹은 로티의 말을 빌려, 단순한 사회적 규약—을 비판적 논의로부터 '면제'시킴으로써 '방어'하고 있다고 비판할 수 있다는 것이다. 이렇게 과학자들이 하버마스가 '선호'하는 무제한적 대화도 보편적인 것이 아니라 하나의 사회적 규약일 뿐이라고 주장한다면 그들은 하버마스의 비판을 효과적으로 막아낼 수 있다. 결국 하버마스가 선호하는 '보편과 무제한적 대화를 향한 해석학적 유토피아'는 피할 수 없는 하나의 준거점이 아니라, 그 역시 무제한적인 대화의 대상이 될 수 있는 하나의 사회적 규약일 뿐이라고 과학자들은 주장할 수 있을 것이다.

---

20 Bernstein, "Introduction", p.193.

하버마스는 해석자가 해석하고자 하는 행위가 배태되어 있는 '의사소통 맥락' 내부에 해석자 자신을 위치시키지 않으면 아무것도 이해할 수 없다는 이유 때문에 탈맥락적인 관찰자가 누릴 수 있다고 생각해온 중립적 입장이 불가능하다고 주장한다. 그가 제시한 이해의 수행적 이론과 가상 참여 방법론은 해석자가 그의 연구 대상인 행위자들과의 대화에 '가상적으로' 참여해서 해석자 자신이 도달한 해석의 타당성을 행위자들과의 대화를 통해 비판적 검증에 부치는 과정이다. 즉 이러한 과정에서 그는 담화의 모든 참여자들이 '보편과 무제한적인 대화를 향한 해석학적 유토피아'를 받아들이고, 그들이 지엽적인 정당화 맥락 내부에서 제기한 타당성 주장들을 상호 비판하고 논쟁함으로써 맥락 의존적이며 지엽적인 타당성 주장을 보편적 진리로 전환시킨다고 주장한다.

위의 논의는 하버마스와 폴라니 간의 '가상적 대화'를 통해 과연 하버마스의 의사소통 행위이론의 핵심인 '가상참여를 통한 이해' 그리고 이를 통한 진리의 담보가 가능한가를 탐색하는 시도였다. 나는 '보편을 향한 해석학적 유토피아'에 대한 하버마스의 논의가 로티가 "가장 역설적이고 가망 없어 보이는 주장들조차 진지하게 토론되는" "현대 사회에서 가장 운좋은 영역(혹은 사회)들"이라 부른,[21] 즉 서구사회에서 가장 합리적이라고 생각되어온 자연과학 사회에조차 적용되지 않는다는 점을 보여주고자 '벨리코프스키 사건'을 의도적으로 택했다. 과학이 이러한 '운좋은 부분들'에 속한다는 점을 '당연시' 했던 로티는 "가장 배타적

---

21 Rorty, "Universality and Truth", p.8.

220 | 진리와 문화변동의 정치학

인 사회 관습"을 채택하는 집단(예컨대 종교적 근본주의자들, 혹은 히틀러와 나치즘)을 예로 들어 하버마스를 비판했다.[22] 그러나 위의 논의가 보여주듯이 하버마스는 물론 로티조차 '보편을 향한 해석학적 유토피아'가 재론의 여지 없이 받아들여질 것이라고 가정해온 과학 공동체에서조차 하버마스가 모든 담론에 내재되어 있다고 주장한 '보편성과 무제한적 대화에의 정향' 혹은 '유토피아'는 불행히도 작동하지 않았다.

하버마스는 수행적 자기모순이라는 비판이 가장 강력한 상대주의자조차 무장해제시킬 수 있다고 믿었지만, 이는 과학자들로 하여금 논쟁의 지속에 관심을 갖게 하는 데 실패했다. 위의 논의에서 나타난 바와 같이 과학자들은 하버마스가 합리적 재구성을 통해서 제시한 '무조건적 타당성'을 선호해야 하는 어떤 이유나 근거를 발견하지 못했다. 하버마스가 제시한 해석학적 유토피아는 결국 수많은 담화 규칙 체계(또는 로티의 표현을 빌리면 '사회적 관습들' 혹은 이데올로기) 중 하나에 불과한 것으로 판명됐고 이런 의미에서 하버마스가 주장하는 것처럼 보편성을 갖지 못하는 것으로 드러났다.

---

22 Ibid.

논증의 공간에서
연행의 공간으로

센데로 루미노소(Sendero Luminoso)의 지도자가 칸트에 관한 박사학위 논문을 썼다고 해서 그가 리마(Lima) 외곽의 빈민가에서 음식협동조합을 결성하려 노력하는, 교육받지 못한 여인보다 페루가 가진 문제들 그리고 페루의 미래에 대해 더 명확한 관점을 제시할 수 있다고 가정해서는 안 된다.[1]

문화 변동에 있어서 이론이, 특히 철학과 사회이론이 할 수 있는 역할은 무엇인가? 로티가 주장하듯이 하버마스와 그의 차이는 아주 미세한 부분에서 발견될 수 있을 뿐인데, 바로 그 미세한 부분이 위에서 논의한 하버마스의 '보편성'에 대한 옹호 혹은 집착이라 할 수 있다.[2] 하버

---

1   Richard Rorty, "Truth and Freedom: A Reply to Thomas McCarthy", *Critical Inquiry* 16(1990), p.641.

마스는 문화와 지배 권력을 비판하기 위해서는 최소한의 '기준'이 필요하다고 생각하며, 바로 이 기준이 보편화용론에 기초한 '의사소통 행위 이론'이다. 하버마스에 따르면 철학이 합리성의 마지막 수호자로 남을 수 있는 이유는 그것이 행위자들의 생활세계에 대한 합리적 재구성을 통해서 행위자들이 깨닫지 못하는 영역에 대한 인식을 가능하게 해줄 수 있기 때문이다. 즉 화용의 보편적 구조를 완벽하게 사용해서 얻어지는—그가 합리적 합의라고 부른—합의와 그렇지 않은, 즉 이데올로기와 위협 혹은 회유와 설득에 의해 지속되어오는 실천의 영역—즉 왜곡된 합의—을 구분할 수 있도록 해준다는 것이다. 그리고 바로 이 지점이 '이론가'가 이론을 통해 해방적 이해(emancipatory interest)를 실현시킬 수 있는 부분이다. 여기서 중요한 것은 행위자들로 하여금 성찰과 논쟁을 통해 그들의 인식을 넘어서 존재하던 그들 행위의 '기원'을 찾아낼 수 있도록 해주는 것이 철학의 역할이라는 하버마스의 주장이다.[3] 그러나 하버마스와 폴라니의 예를 통해 예시한 바와 같이 하버마스가 과학자들의 실천세계에 대한 합리적 재구성을 통해 그들의 '왜곡된 소통'의 기원을 찾아내고 논쟁을 통해 과학자들로 하여금 그들의 비합리적 행위를 바로잡으려 했던 시도는 결국 실패로 돌아가고 말 것이다.

　로티에게 있어서 하버마스의 독일식 이데올로기 비판이 가진 문제는 생활세계의 어떤 부분이 "이데올로기로 동결된 것"인가를 일반적인 이

2　Rorty, "Relativism: Finding and Making", in *Debating the State of Philosophy: Habermas, Rorty and Kolakowski*, p.28.

3　Habermas, *Knowledge and Human Interest*, p.197.

론적 검증, 즉 의사소통 행위가 천착하는 절차적 규칙에 의거해서는 찾아낼 수 없다는 것이다. 누가 공적 영역에서 논의되어야 할 주제—즉 고통과 불평등—를 조명하여 공론의 장으로 끌어들일 수 있을까? 단순히 의사소통적 합리성의 제도화만으로 이데올로기적으로 왜곡된 부분과 아닌 부분을 찾아낼 수 있을까? 로티에 따르면 이것이 하버마스의 독일식 이데올로기 비판이 가진 최대 약점이다. 다시 말하면 어떤 사람이 새로운 언어·어휘·은유를 사용해 우리가 지금까지 당연시해왔던 것을 당연시하지 말아야 할 것으로 변환하고, 그것에 주의를 환기시켜야만 비로소 이것이 공적 영역에서 논의되어야 할 주제로 인식될 수 있다. 그때서야 비로소 하버마스가 말한 '의사소통 행위'에 의해 무엇이 지켜져야 하고 버려져야 할 것인가를 논쟁할 수 있을 것이다. 이 문제는 위에서 잠시 논의했던 언어의 두 기능, 즉 세계를 나타내는 기능과 논증 기능을 구분하는 것과 밀접하게 연관되어 있다.

하버마스를 대신해서—그러나 실제로는 하버마스의 주장을 그대로 옮겨서—멕시코의 과달라하라(Guadalahara)에서 로티와 격렬한 논쟁을 벌인 매카시[4]의 글을 통해 하버마스가 정초하고자 한 보편적 타당성 혹은 무조건적 타당성이 실제의 구체적 사례에서는 그 힘을 잃고 말 것이라는 점을 한 번 더 예시해보자. 과달라하라 논쟁에서 매카시는 모든 화용 안에는 맥락 초월적 진리에의 추구가 '내재'되어 있다는 아펠(Karl

---

4 Thomas McCarthy, "Private Irony and Public Decency: Richard Rorty's New Pragmatism", *Critical Inquiry* 16(1990), pp.355~370.

Otto-Apel)과 하버마스의 주장을 상기시켰다. 그러면서 로티도 이 논쟁이 이미 맥락 초월적인 진리에 정향되어 있다는 것을 인정해야 하며 만일 이를 부정할 때는 '수행적 자기모순'을 피할 수 없으리라는 것을 다시 한 번 상기시킨다.[5]

그러나 이런 비판은 힘을 잃을 수밖에 없는데 로티는 자신이 수행적 자기모순을 피하려고 하버마스와 매카시와의 논쟁에 참여한다는 것을 인정하더라도 이것은 매카시가 주장하듯이 맥락 초월적인 혹은 '초문화적인 진리'를 추구하는 언술 행위는 아니라고 주장한다. 왜냐하면 자신과 매카시와 하버마스는 서구의 민주적이며 더 나아가 학문적 토론이 '당연시'되는 문화를 공유하고 있기 때문이다. 다시 말하면, '초문화적인 타당성'이 모든 화용에 내재되어 있다는 매카시와 하버마스 그리고 아펠의 주장에 대한 검증은 로티와 매카시가 속한 문화의 내적인 규범 '안'에서(즉 규범을 공유하는 사람들 안에서) 검증되어야 할 것이 아니라 이들과 다른 사회적 규범을 가진 자들—즉 '이질적인 문화'를 가진 사람들—과의 대화를 통해 검증해야 한다는 것이다.

로티는 이런 '초문화적 타당성'의 존재에 대한 검증은 자신을 포함한 서구 지식인들과 히틀러의 '가상적' 대화에서 이루어질 수 있다고 생각했는데, 결국 이런 대화에서 초문화적 타당성은 그 의미를 상실할 수밖에 없다. 이유는 아펠이 자신에게 요구한 소위 '최종 증명(Letzbegründung)', 즉 히틀러의 잔혹함이 '틀렸고' 서구 지식인이 옳다

---

5   Ibid, p.361.

는 최종 증명은 존재하지도 않고 얻어질 수도 없는 그런 것이기 때문이다. 그런 최종 증명은 왜 얻어질 수 없는가? 로티는 다음과 같이 매카시에 답한다.

하버마스나 칼 오토 아펠과 마찬가지로 매카시는 내가 히틀러에게 답하는 것을 거부하는 행위를 무책임한 '결정주의(decisionism)' 혹은 '상대주의'라고 생각한다. 그러나 나는 항상(물론 항상 그랬던 것은 아니지만 지난 20년 동안) 히틀러를 완벽히 굴복시킬 수 있는 답이라는 것이 있을까라는 의구심을 버릴 수 없었다. 하늘에 있는 신이 우리 편이라고 한다면 히틀러를 굴복시킬 수 있을까? 그가 신의 존재에 대한 증거를 요구하면 어떻게 답할 수 있을까? 만일 히틀러의 생각이 의사소통이 왜곡되지 않은 사회의 건설과는 배치되고, 더 나아가 히틀러가 그의 비판자들에게 답하지 않으려 하는 것이 그 자신이 배태되어 있는 의사소통 행위 맥락이 전제하고 있는 것을 반박하는 [수행적 자기]모순을 야기한다고 하면 히틀러를 굴복시킬 수 있을까?[6]

폴라니의 예에서 보았듯이 같은 문화 '안'에 속하면서 또한 가장 민주적이고 합리적이라고 생각되는 자연과학자 사회에서조차 '수행적 자기 모순'이라는 하버마스의 반박이 '초문화적 타당성'을 받아들이게 할 아

---

6   Richard Rorty, "An Exchange on Truth, Freedom, and Politics I, Truth and Freedom : A Reply to Thomas McCarthy", *Critical Inquiry* 16(1990), p.636.

무런 효력을 얻지 못했다. 이러한 상황에서 히틀러에게 제기하는 수행적 자기모순 비판이 효력을 가질 수 있을까?

이에 대한 매카시의 답변은 여기서 무엇이 문제인가를 명확히 보여준다. 매카시는 "세련되고 일관성이 있고 열정적인 정신병자(psychopath)는 자신들[매카시, 하버마스, 아펠 등]에 대한 답을 가지고 있다"라는 로티의 답[7]을 인용하면서 그럼에도 이런 로티의 대답은 핵심을 벗어나고 있다고 주장한다. 그렇다면 무엇이 핵심 문제인가? 매카시를 좀더 따라가보자. 만일 로티의 주장이 우리 서구 민주주의의 추종자들이 나치즘을 추종하는 사람들을 설득시키는 데 '실패할 수도' 있다는 것을 의미한다면 로티는 확실히 옳다라고 매카시는 인정한다. 그러나 곧바로 매카시는 다음과 같이 주장한다. 설사 그런 정신병자들—스탈리니스트, 나치스트 등—을 설득하는 데는 실패할지 몰라도 이런 실패 자체가 그들 주장의 '타당성'에—예를 들면 나치즘의 인종차별적 관점—관해서는 아무것도 얘기해주지 않는다"[8]라는 로티의 주장은 틀렸다는 것이다.[9] 다시 말해 우리가 인종차별주의자를 설득시키고 변화시키지 못할지라도 인종차별주의적 관점의 타당성에 대해 우리가 얘기할 수 없는 것은 아니라는 것이 매카시의 입장이다. 그러나 로티는 이에 대해 벌써 답을 하고 있다. 즉 매카시와 같은 문화에 속한 자신의 입장에서 볼 때 분명히

---

7   Ibid, p.636.

8   Ibid.

9   Thomas McCarthy, "An Exchange on Truth, Freedom, and Politics II, Ironist Theory as a Vocation: A Response to Rorty's Reply", *Critical Inquiry* 16(1990), p.647.

나치는 틀렸고 자신은 옳다고 로티는 생각한다. 따라서 로티가 인종차별주의적 입장에 대해 자신의 판단을 유보하는 것은 아니다. 다만 그가 주장하는 것은, 이렇게 자신들이 옳다는 것을 나치에게 '인식론적'으로 '증명'할 비순환적인 방법이 없다는 것이다(3장의 논의 참조).

그러나 매카시는 인종차별주의자들이 자신들의 견해를 방어하기 위해 제시하는 주장들이 매카시를 포함한 철학자들이 그들을 비판하기 위해 동원하는 주장 못지 않은 논리적·인식론적 힘을 가지고 있다는 로티의 주장은 확실히 틀렸다고 주장한다. 다시 말하면, 서구 철학자들이 나치를 포함한 인종차별주의자들과의 논쟁에서 그들을 설득시키고 변화시킬 수 없다고 할지라도 철학자들의 이론적 주장이 인종차별주의자들의 근거 없는 주장과 인식론적으로 같은 지위를 가지고 있다는 것은 말도 안 되는 우스꽝스러운 주장이라는 것이다. 그러나 만약 매카시의 주장처럼 그를 포함한 민주주의를 옹호하는 서구 철학자들의 주장이 더 옳고, 진리를 나타내는 인식론적 힘을 가지고 있다면 그렇게 더 합리적인 주장이 왜 나치를 설득할 수 없었을까?

매카시는 이에 대해서는 대답을 하지 못하고 다만 나치즘을 포함해 그와 유사한 차별적 "이데올로기를 유포하는 문화"는 "자유롭고 열린 대화"를 방해하고 억누르기 때문에 비판 받아야 한다고 주장한다. 그러나 이런 비판을 할 때 매카시는 그야말로 논쟁의 핵심을 회피하고 있다. 왜냐하면 자유롭고 열린 문화에 대한 매카시의 옹호는 '이미' 이런 문화가 그렇지 않은 문화보다 '우월'하다는 것을 전제로 하고 있기 때문이다. 그러나 여기서 문제는 이 문화, 즉 자유로운 논쟁과 이에 답하는 이상적 담화 상황을 가지고 있는 문화가 그렇지 않은 문화보다 왜 우월한가를—로티의 말을 빌리면—논리적으로 증명해야지 이것을 '전제'해서는 안 된다는 것이다. 로티는 바로 이 열린 문화의 우월성을 철학 이론이 증명할 수 없음을 주장하고 있는 것이다. 다시 말하면 로티와 매카시 등이 속한 '우리' 문화에서는 자유로운 토론이 '당연시'되지만 논쟁을 거부하거나 혹은 잔혹함을 그만두기를 거부하고 그것을 정당화하려는 차별주의자들에게 이런 이상적 소통에 관한 규범은 당연한 것도, 전제되어야 할 것도 아니라는 것이다. 문제는 이런 상황을 어떻게 변화시킬 수 있는 가다. 단순히 매카시처럼 나치를 설득할 수 없다고 하더라도 여전히 우리는 옳다고 강변하는 것은 그야말로 매카시가 '초문화적이 되기보다는' 자문화중심적인—즉 (로티도 속한) 서구중심적인—가치에 집착하고 있음을 역으로 입증하는 셈이 된다.

히틀러를 굴복시킬 수 있는 '최종 증명'에 대한 집착은 자신과 같은 철학자들에게 할 수 없는 일을 요구함으로써 그들을 '학대'하는 결과를 초래했다고 로티는 주장한다.[10] 물론, 로티는 당연히 서구 학자들은 나치가 틀렸고 그들이 옳다는 것을 알고 있다고 얘기한다. 그러나 문제는 이런 곤경에서 빠져나오는 데 '초문화적 타당성' 혹은 '무조건적인 타당성'은 아무런 도움을 줄 수가 없다는 것이다. 이런 이유로 로티는 "이 문제를 더 이상 어떤 곤경 혹은 궁지라고 생각하지 않고" 더 나아가 "우리

---

10 Rorty, "An Exchange on Truth, Freedom, and Politics I, Truth and Freedom: A Reply to Thomas McCarthy", p.636.

가 얻어낼 수 없다는 것을 알았기 때문에 더 이상 '초문화적 타당성'을 원하지 말아야 한다"고 주장한다.[11]

로티가 '무조건적인 타당성의 순간' 대신 사람들의 마음을 움직이고 문화 변동의 초석이 될 수 있다고 여기는 것은 무엇인가? 3장에서 길게 논했듯이 로티에게 있어 문화 변동의 시발점은 '논리'가 아니고 '정서'다. 다시 말하면 '상상력을 통해서' 고통받는 사람들과의 '동일화'를 이루어낼 때 문화 변동은 가능한 것이다. 사회의 모든 영역이 "초문화적인 타당성을 중심으로 구조화되어 있다"는 매카시와 아펠, 하버마스의 주장[12]과 다르게 로티는 이런 문화는 우리 사회의 오직 일정 부분—대학의 세미나실, 학술 회의 등—에 국한되어 있을 뿐이라고 주장하면서 자신은 이런 '논증'의 문화와는 다른 문화를 부각시킴으로써 매카시와 아펠의 주장을 무력하게 만들 수 있다고 얘기한다. 이 문화는 소크라테스와 플라톤 그리고 계몽의 문화가 아니라 예를 들면 라블레(Francois Rabelais), 몽테뉴(Michel Montaigne), 스턴(Sterne), 호가트(Hogarth), 마크 트웨인(Mark Twain)이 속한 문화라고 얘기한다.[13]

이런 또 다른 문화를 예시하기 위해 로티는 쿤데라(Milan Kundera)가 소설의 세계와 형이상학의 세계를 대조한 대목을 길게 인용한다. 우리 논의에 매우 중요한 단서를 제공하기 때문에 여기서 로티가 쿤데라를

---

11 Ibid, p.640.
12 McCarthy, "Private Irony and Public Decency : Richard Rorty's New Pragmatism", p.361.
13 Rorty, "An Exchange on Truth, Freedom, and Politics I, Truth and Freedom : A Reply to Thomas McCarthy", p.638.

인용한 부분을 재인용해보도록 한다.

　라블레의 박학은 그 자체로 위대하지만 데카르트의 위대함과는 다른 의미를 가지고 있다. 소설의 지혜는 철학의 그것과는 다르다. 소설은 이론적 정신의 산물이 아니라 해학의 산물이다. 유럽이 인식하지 못한 것 중 하나는 예술 가운데 가장 유럽적인 것—즉 소설—을 이해하지 못한 것이다. 소설의 정신도 그리고 소설을 통해서 가능해진 발견, 지식 그리고 소설의 독자성도 이해하지 못했다. 신의 웃음에서 영감을 얻은 예술은 그 속성상 이데올로기적인 확실성을 공고히 하지 않고 오히려 그것을 반박한다. 소설은 페넬로페처럼 신학자, 철학자, 그리고 지식인들이 낮에 짜놓은 직물을 밤에 다시 올올이 풀어버린다.[14]

　로티는 "구체적이고 특정한 사람들, 상황 그리고 사건"에 대한 재 묘사를 통해 이들로 하여금 정치적이고 도덕적인 고통에서 벗어날 수 있도록 하는 자신의 역할을 위의 인용에서 나타난 페넬로페의 역할과 '등치'시킨다. 그렇게 할 수 있는 이유는 소설과 민속지 등을 통한 고통에 대한 '재묘사'는 철학자들이 차지해온 '논쟁의 공간'과는 다른 '공간'을 제공해줄 수 있기 때문이다. 이 다른 공간은 매카시와 하버마스가 제시한 논쟁의 공간과는 극명하게 대조되는 공간으로서 전자와는 다르게

14　Milan Kundera, *The Art of the Novel*(1988), "An Exchange on Truth, Freedom, and Politics I, Truth and Freedom: A Reply to Thomas McCarthy", p.638에서 재인용.

그 경계가 닫혀 있지 않은 공간이다. 물론 "모든 가능한 소설에서 제시할 수 있는 재묘사들의 집합"에 대해서—하버마스 식으로—논쟁할 수 있다고 강변할 수도 있다. 하지만 이런 가능성의 공간은 경계가 닫혀 있지 않으며 끊임없이 계속 확장될 수 있는, 현재의 규범적 기준으로는 예측할 수 없는 '열린 공간'이기 때문에 새로운 은유의 지속적 등장과 그에 따른 새로운 어휘의 등장을 통해서만 표현될 수 있다.[15] 논쟁의 공간에서 다루어지는 논리 중심 철학(logocentrism)은 주어진 논제에 대한 논쟁을 어떻게[How] 해야 할 것인가는 이야기해줄 수 있지만 '무엇'을 [What] 논쟁해야 할 것인가에 대해서는 아무런 이야기도 해줄 수 없는 '척박한 공간' 혹은 '빈 공간'이라는 것이 로티의 주장이라 할 수 있다. 현실을 넘어서는 유토피아적 희망과 가능성을 열어주는 것은 논리와 논증의 공간이 아니라 상상과 은유를 통해 "구체적인 것에 대한 민감성"이 표현되는 공간이라는 로티의 주장은 우리의 언어를 넘어선 '초월적' 혹은 '시공을 넘어선' 추상적 진리에 대한 집착에 의해 가려져왔다.

사회·정치 이론이 문화와 사회, 정치에 대한 '이론에서 영감을 얻은 비판'을 제공해줄 수 있다는 것을 누누이 강조해온 하버마스와 매카시 그리고 아펠이 정작 그들의 저술에서 '이론에서 영감을 얻은 비판'이 어떤 것인가를 '구체적 사례'를 통해 예시하지 못하는 이유는 바로 위에서 말한 '구체적인 것에 대한 민감성'의 결여 때문이라고 할 수 있을 것

---

15 Rorty, "An Exchange on Truth, Freedom, and Politics I, Truth and Freedom: A Reply to Thomas McCarthy", p.639.

이다. 다시 말하면 이들은 자신들의 추상적 이데올로기 비판을 "구체적인 사례에 적용시킬 수 없다는 두려움" 때문에 내가 '대리적 사고 공간(vicarious thought space)'이라 부른 이론의 영역—위에서 논의한 이론 논쟁의 공간—에서만 움직일 뿐이다.[16] 이론이 살아서 움직이고 실제 세계와의 접점을 갖도록 하는 길은 결국 이론 대신 새로운 어휘로 구성된 새로운 '이야기'를 만들어냄으로써 지금까지 우리의 일상에서 '당연시'되어왔던 구분과 분류 그리고 그에 기초한 화석화된 실천—기존의 생활세계에서 우리를 이해하고 상호작용하는 데 사용하는 일상적 이해의 방법(ethnomethods)—에 대한 '저항'을 끊임없이 만들어나가는 데서 찾을 수밖에 없을 것이다.

'논리'와 '최선의 증거'를 가지고 '무조건적 타당성'을 추구하는 논쟁만이 문화 변동의 동인이 될 수 있다고 주장하는 하버마스와 다르게 로티는 지배에 대한 최선의 저항은 문제가 되는 사회적 실천이 가져오는 결과—예를 들어 '폭력'과 '잔인함' 그리고 그로 인한 슬픔, 괴로움—를 '증언'할 수 있는 수단을 통해서 가능할 것이라 말한다. 소설, 영화, 개인의 경험을 표현한 자기 민속지(autoethnography) 그리고 개인적 인터뷰 등을 통해서 문제가 되는 사회적 실천이 야기하는 잔인함과 그것으로 인한 슬픔을 '노출하고 표현함으로써' 사람들이 당연시해왔던 사회적 실천에 대한 인식을 바꿔나가는 '희망'의 정치학이야말로 지배에 대

---

16 Kyung-Man Kim, *Discourses on Liberation : An Anatomy of Critical Theory*(Boulder, CO: Paradigm, 2005)을 참조할 것.

한 최선의 저항 전략이라는 것이다.

그렇다면 내가 위에서 "구체적인 것에 대한 민감성"이란 말로 표현한 '희망의 정치학'은 어떻게 사회과학자들의 경험적 연구로 전환될 수 있을까? 아래에서 나는 알렉산더(Jeffrey Alexander)가 소위 '사회적 연행 (social performance)' 혹은 '문화화용론(cultural pragmatics)'이라 부른 사회학 이론이 일종의 '사회학화된 로티 철학'으로서 문화 변동을 경험적으로 연구할 새로운 이론적 지평을 열어줄 수 있다고 주장할 것이다.[17] 사회학화된 로티 철학으로서의 문화화용론이 실제로 어떻게 문화 변동을 설명할 수 있는가를 예시하기 위해 나는 우리에게 너무나 친숙한 예를 사용하고자 한다. 잘 알다시피 우리나라를 포함한 아시아 국가들에서 '효도'란 자식이 부모에게 해야 할 '도리'를 의미한다. 그러나 이는 자식이 부모에게 제공하는 사랑과 돌봄과 애정을 넘어선다. 왜냐하면 효도는 부모의 마음을 '헤아리고' 부모의 뜻에 순종하는 것까지를 포함하기 때문이다. 부모의 마음을 헤아리고 순종한다는 것은 어떤 의무를 수행하는 것보다 '훨씬 더 많은 것'을 의미하기 때문에 효도를 자식의 의무(filial duty)라고 번역하면 효도의 정확한 의미를 잡아낼 수 없다. 우리 한국 사람들은 '훨씬 더 많은 것'이 무엇인가를 다양한 상황 속에서 효를 '행'하며 배우게 되지만, 효도를 몇 마디로 정의하라고 한다면 곤

---

17 Jeffrey Alexander, "Cultural Pragmatics: Social Performance between Ritual and Strategy", pp.29~90 in J. Alexander, B. Giesen and J. Mason (eds.), *Social Performance: Symbolic Action, Cultural Pragmatics and Ritual*(Cambridge: Cambridge University Press, 2006).

란해할 것이다. 왜냐하면 효도의 의미는—비트겐슈타인이 말한 '규칙 따르기'의 관점에서 볼 때—효도에 수반하는 행위와 떨어질 수 없는 것이기 때문이다.

한국의 결혼 문화는 효도의 어느 측면을 두드러지게 드러낸다. 한국에서 결혼의 궁극적 허락은 부모의 손에 달려 있다. 만일 부모가 허락하지 않는데 자식들이 결혼을 고집한다면 자식들은 부모의 마음을 '헤아리지 않고' 제멋대로 행동해서 부모 마음을 불편하게 함으로써 불효를 저지르게 되는 것이다.

이제 하버마스가 이런 한국의 결혼 문화를 이해하려 한다고 가정해 보자. 위에서 살펴본 바와 같이 하버마스는 자신의 이해를 위해 한국의 결혼 문화를 '합리적으로 재구성'하려 할 것이다. 왜냐하면 그는 이러한 합리적 재구성을 통해서만 한국의 결혼 문화를 '이해'할 수 있고, 또 그것의 합리성을 평가할 수 있기 때문이다. 하버마스의 입장에서 볼 때 가능한 합리적 재구성 가운데 하나는 다음과 같을 것이다. 지난 700년 동안 한국을 지배해온 유교의 도덕철학은 지금도 젊은 세대의 의식을 지배하고 있고 이런 이데올로기적 왜곡이 젊은 세대로 하여금 아직도 자신들의 결혼을 부모에게 허락받아야 한다고 생각하도록 만든다. 하버마스는 젊은 세대들이 효도라는 미명 아래 부모들의 결정에 순종하도록 교육받았기 때문에 자식의 권리에 대한 부모와 자식 간의 '계몽된 합리적 대화'가 애초에 불가능했다고 주장할 것이다. 하버마스가 '가상적 대화 참여자'로서 한국 사람들과 한국의 결혼 문화에 대해 논쟁하게 될 때 그는 다음과 같이 주장할 것이다. 모든 대화 참여자들의 의사소통 능력을 극대화하는 무제한적 대화를 보장하는 완벽한 제도를 통해 이루어지는 높은 차원의 합의에 비해, 효라는 유교적 이데올로기에 의해 침윤된 한국의 결혼 문화는 부모의 결혼 허락의 타당성에 대한 합의에 이를 수 있는 합리적 과정을 배제한다는 의미에서 비합리적이다.

그러나 한국의 부모들이 하버마스의 이런 비판에 대한 그들 나름의 반론을 제시할 수 없을까? 그들은 당연히 다음과 같은 반론을 제기할 것이다. 하버마스가 합리적 재구성을 통해서 이해한 한국의 결혼 문화가 결혼에 대한 한국 사람들의 자기이해(self-understanding)보다 합리적인가? 한국의 부모들은 자식들이 인생 경험이 모자라기 때문에 근시안적이며 또 미성숙해서 결혼 같은 중대한 일에는 반드시 부모의 도움과 동의를 얻어야 한다고 주장할 것이다. 부모는 자식들이 비슷한 수준의 배우자를 만나도록 도와줌으로써 사회적·경제적 차이, 그리고 문화적 차이 때문에 발생할 수 있는 부부 간의 갈등을 사전에 방지할 수 있다고 주장한다. 또한 부모들은 성공적인 결혼 생활에 가장 중요한 가족의 화합과 통합을 위해서는 부모의 허락과 동의가 반드시 선행되어야 한다고 주장할 것이다. 마지막으로 부모는 만일 하버마스의 권고에 따라 '계몽된 합리적 대화'라는 미명 아래 자식들이 부모에 대항해서 자신이 하고 싶은 모든 말과 주장을 끝까지 펼친다면 가족을 지탱하는 도덕적 권위 혹은 중심은 곧 붕괴될 것이라고 주장할 것이다. 부모들은 이런 현상이 단순히 결혼 문제에만 국한된 것이 아니고 사회 전반에 걸쳐서 커다란 도덕적 재앙을 몰고 올 것이라고 생각할 것이다.

이런 이유들에 비춰볼 때 "보편성과 무제한적인 대화를 향한 해석학적 유토피아에 대한 합의가 [대화 안에] 내재되어 있다"라는 하버마스의 주장은 그가 서구지식인으로서 선호하는 특수한 기준을 한국 부모들에게 강요하는 것에 지나지 않는다. 그렇다면 하버마스의 합리적 재구성과 가상참여의 방법 외에 문화 변동을 설명할 수 있는 대안은 존재할까?

최근에 소위 '사회적 연행' 혹은 문화화용론라는 이름 아래 발전해온 사회과학의 조류는 문화 변동에 대한 로티의 관점과 매우 깊은 친화력을 가지고 있다. 왜냐하면 알렉산더를 포함한 이들 사회과학자들에게 문화변동은 타당성 주장이 '진리'로 상환되는 논리적 과정의 결과라기보다 사회적 연행의 '성공'에 의해 설명되기 때문이다. 알렉산더는 현대문화가 소위 '타당성 영역'의 확장으로 말미암아 완벽하게 계몽되고 탈주술화되었다는 하버마스의 주장을 비판하면서 현대문화에서는 아직도 "임의적이며 무의식적이고, 분화되지 않은(fused), 즉 비합리적인 요소들이 사라지지 않았다"라고 주장한다.[18] 문화 변동의 요인을 공적 영역에서의 합리적 논쟁을 통한 타당성 주장의 논리적 상환에서 찾을 수 있다고 주장한 하버마스와 달리 알렉산더는 "보다 더 사회학적인 관점"을 옹호하면서, 문화 변동은 실제 행위자들이 자신이 가지고 있는 이유·생각·상상 등을 사회적 연행을 통해 상대방으로 하여금 받아들이도록 '설득'해나가는 과정이라고 주장한다. 알렉산더에 따르면 문화 변동에 대한 사회학적인 경험연구는

---

18 Jeffrey Alexander, "Habermas and Critical Theory: Beyond the Marxian Dilemma?", pp.49~73 in A. Honneth and H. Joas(eds.), *Communicative Action: Essays on Jürgen Habermas's Theory of Communicative Action*(Cambridge: Polity, 1991), p.71.

행위자들이 점점 더 자유롭게 자신들의 이유를 연행할 기획들을 상상하고 만들어낼 수 있는 상징적 포럼, 즉 공적인 무대의 등장과 정치적·사회적 갈등에서 더 정당화된 목소리를 가지게 된 청중들을 향한 드라마 등에 초점을 맞추어야 한다. 사회 전반에서 걸쳐서 집합 행동은 점점 더 확연하게 연행적인 모습 (performative cast)을 띠고 있다.[19]

사회적 행위를 "극적 연행(theatrical performance)"으로 묘사한 뒤르켐(Durkheim)·고프만(Goffman)·터너(Turner)의 이론적 전통을 계승하고 확장한 알렉산더는 현대사회가 합리화와 세속화 과정을 거쳤음에도 불구하고 이를 유지하기 위해서는 여전히 '집합적 표상'과 '이야기들' 그리고 '강한 감정적 연대'를 필요로 한다는 점에서 전근대적인 부족사회와 연속성을 가지고 있다고 주장한다. 그러나 구성원들이 공유한 인지적·도덕적 성향을 유지하는 데 종교적 의례가 중심 역할을 해왔던 전통사회와 다르게 매우 복잡하게 분화된 현대사회에서는 전통사회의 중심이었던 종교적 의례를 구성하는 요소들이 더 이상 융합되어 있지 않고 분리되어 있다. 그렇기 때문에 사회 현실에 대한 다양한, 때론 갈등을 유발하는 해석들이 만연하게 되었다. 이런 상황에서 한 행위자 집단이 선호하는 특정한 해석적 의미를 다른 행위자들로 하여금 받아들이게 하려면 이들은 분리되었던 의례의 여러 요소들을 사회적 연행을 통해 '재결

19 Alexander, "Cultural Pragmatics: Social Performance between Ritual and Strategy", p.51.

'합'할 수 있어야 한다.

알렉산더에 따르면 사회적 연행은 그것을 구성하는 여러 구성 요소들—배경적 가정, 각본, 미장센, 상징 생산의 수단, 사회적 권력, 그리고 청중—을 효과적으로 결합해 행위자와 청중 사이의 심리적 교감을 얻어낼 수 있고, 그때에야 비로소 '진정성'을 획득하게 된다. 그는 이를 '융합(fusion)'이라 부른다. 만일 사회적 행위가 소통을 위한 것이며 성공적인 소통이란 한 행위자가 다른 행위자들로 하여금 자신이 전달하고자하는 연행의 의미를 받아들이게 하는 데 성공하는 것이라면 "행위자 자신에게 행위의 진정한 의미가 무엇인가 혹은 어떤 존재론적 또는 규범적인 관점에서 볼 때 행위의 진정한 의미가 무엇인가는 문제가 되지 않는다. 오히려 진짜 중요한 것은 다른 사람들이 이 행위자의 의미를 어떻게 해석하는가다".[20] 다시 말하면, 행위자들의 행위가 일종의 사회적 소통을 위한 것이라면 행위자들의 연행은—하버마스의 주장과 다르게—무조건적인 진리를 획득하려는 데 그 목적이 있는 것이 아니라, 소통의 대상인 다른 행위자들로 하여금 자신이 의도한 행위의 상징적 의미를 받아들이도록 하는 데 목적이 있다. 여기서 '성공'이란 말은—하버마스가 주장하는 '탈맥락적 진리'라는 말이 암시하는 바와 다르게—어떤 행위자가 모든 상상 가능한 맥락에서 모든 사람들에게 정당화할 수 있는 '보편적 진리'를 찾아낼 수 있는 가능성을 배제하고 있다.

---

20 Alexander, "Performance and Power"(2005), p.2. PDF 링크는 다음과 같다. http://ccs.research.yale.edu//documents/public/alex_perfrmPower.pdf

왜냐하면 성공은 항상 특정한 시·공간 안에 위치한 '특정한 사람'들과 그들이 추구하는 '특정한 목적'에 따라 달라지는 '상대적'인 것이기 때문이다. 한마디로 '사회적 연행의 보편적 성공'이란 말은 성립할 수도 그 의미를 찾을 수도 없다. 해석이 얼마나 '진정성'—혹은 철학적 용어로 번역하면, '객관성'—을 가지는가는 연행의 당사자가 특정한 시·공간 안에 위치한 특정한 청중들로 하여금 자신이 의도한 상징적 의미를 받아들이도록 할 수 있는가에 달려 있다.

위에서 논의한 효도의 예로 다시 돌아가보자. 한국의 전후 세대는 하나의 집합적 행위자로서 자신이 속한 문화에 대한 비판적 성찰을 통해 자신들이 겪고 있는 고통과 괴로움을 알렉산더가 "각본"이라 부른 연행의 한 요소를 사용해서 표현해왔다. 각본은 우리가 공유하고 있는 배경지식 가운데 일부를 행위자들이 원하는 특정한 방식으로 '재해석한 의미를 부각'시키고자 할 때 사용한다. 배경지식에 대한 이러한 재해석은 단순히 해석을 위한 해석이 아니며, 그것을 "어떤 목적을 위해 즉각적으로 사용할 수 있도록 하는 데"[21] 그 목적이 있다. 전통적 결혼 풍습에 만족하지 못한 전후세대는 지난 반세기 동안 소설, 사회적 드라마, 인터뷰 그리고 에스노그래피를 포함한 수많은 '상징적 생산 수단'을 만들어냈다. 이 모든 이야기들, 그리고 연행들에서는 두 종류의 결혼이 비교·대조된다. 첫째 유형에서는 부모의 허락과 강요를 통한 결혼이 가

---

21 Alexander, "Cultural Pragmatics: Social Performance between Ritual and Startegy", p.33.

져온 고통과 회한, 괴로움 등이 부각된다. 두 번째 유형에서는 부모의 말을 거역하고 결혼함으로써 가족으로부터 버려지고 냉대받은 연인들의 궁극적 승리를 그려낸다. 첫 번째 이야기와 연행에서는 돈과 가문, 명예, 사회적 지위 등을 고려한 부모의 결혼 결정에 순종한 사람들이 결국은 이런 모든 것들이 행복을 보장하지 않는다는 것을 깨닫고 헤어지게 됨을 강조하는 반면, 두 번째 이야기와 연행들에서는 부모의 반대를 무릅쓰고 결혼한 사람들의 인내와 고통이 결국 부모들로 하여금 자식들의 말을 무시하고 결혼을 강요한 것을 후회하게 됨을 강조하는 것이다. 비록 이 연행과 이야기들은 다양한 형태를 띠고 있지만 결국 이 연행과 이야기들이 전하고자 하는 중심 메시지는 사랑의 힘을 믿고 부모와 주위 사람들의 반대를 감내한 연인들이 종국에는 승리한다는 것이다.

우리의 논의에서 중요한 점은 이런 두 종류의 결혼이 비교 및 대조되도록 부각된 각본에서는 부모의 뜻에 따라 마지못해 하는 결혼은 시대에 뒤떨어진 것이며, 잔인하고 비인간적인 의미를 가진 것으로 '해석'된다는 것이다. 이 연행들과 이야기들은 효도라는 이름 아래 부모의 뜻에 맹종하는 것은 부모를 기쁘게 하기보다는 오히려 부모에게 슬픔과 고통, 회한만을 가져다준다는 점을 부각시킨다. 만일 젊은 사람들이 사랑하는 사람들과 결혼하도록 허락되고 행복한 삶을 살 수 있다면 그것이―부모의 마음을 편하게 해준다는 '의미'에서―효도가 아닐까? 결국 이 연행들과 이야기들은 다음과 같은 수사적 질문을 던진다. 부모의 마음을 편하게 해준다는 것 외에 효도가 어떤 의미를 가지고 있는가?

사회적 연행의 또 다른 요소인 미장센은 젊은 세대의 고통을 각본에 맞게 연행의 각 장면에 삽입하고 서로 연결된 장면들이 각본이 의도한 의미를 부각하도록 함으로써 젊은 세대가 효도의 '새로운 의미'를 형성해나가도록 한다. 다시 말하면 미장센은 이들 연행과 이야기가 시작되고 전개되는 과정을 자연스럽고 사실적이며, '공감'할 수 있는 것으로 보이도록 함으로써 청중들을 연행이 의도한 특정한 방향으로 이끌리도록[22] 하고, 결과적으로 연행과 이야기들의 결론을 청중이 공감할 수 있는 '사실로(authentic)' 받아들이도록 한다. 결혼에 관한 사회적 연행들은 "연결되지 않고 분리되었던 사회적 연행의 여러 요소들을 완벽하고 설득력 있는 하나의 이야기 안에 다시 담아냄"[23]으로써 전통적인 결혼을 잔인하고 비인간적인 것으로 보이도록 만든다. 그 결과 효의 새로운 의미를 창출해내는 데 성공했다. 위의 논의는 효도의 새로운 의미 창출은—하버마스의 주장과 달리—효도가 가리키는 "대상물의 객관적 성격"에 대한 명제들의 타당성에 관한 무제한적 논쟁을 통해서가 아니라[24] 사회적 연행을 통해서 전통적인 효도를 구태의연하고 가학적이고 쓸모없는 것으로 보이도록 했기 때문에 가능했음을 보여준다.

사회적 연행을 통해서 이렇게 변화된 효도의 의미는 새로운 세대의 '필요' 혹은 '욕구'를 충족시키게 되었다. 젊은 세대가 "지금의 결혼문화

---

22 W.B. Gallie, *Philosophy and the Historical Understanding*(London: Schocken, 1964).

23 Alexander, "Cultural Pragmatics: Social Performance between Ritual and Strategy", p. 55.

24 Alexander, "Why Cultural Sociology is not 'Idealist': A Reply to McLennan", *Theory, Culture & Society* 22(6), 19–29(2005), p.26.

는 더 이상 참기 어렵다"라고 말했을 때 이들은 하버마스가 주장한 것처럼 마음속에 있는 것을 더 정확하게 나타내려(represent) 한 것이 아니라, 부모세대와 그들의 행위를 "조정하거나 혹은 조화롭게" 하려는 것이다.[25] 다시 말하면, 젊은 세대가 사회적 연행을 통해서 얻으려 한 것은 하버마스처럼 모든 가능한 맥락에서 어느 누구에게나 정당화할 수 있는 '맥락초월적 진리'가 아니라, 이 연행이 겨냥하는 '특정한' 청중—부모들—이 자신들이 설정한 특정한 목표를 받아들이도록 하는 것이다.

아주 느리게나마 지난 반세기 동안 우리의 결혼 문화는 변해왔고, 그 결과 예전에는 효도로 간주되어왔던 것이 더 이상 효도로 간주되지 않게 되었다. 사회적 연행을 통해 '다시 묘사'된 효도가 새로운 세대의 요구를 충족시키게 되었고 보다 '나은 결혼'을 가능하게 했다는 것은 바로 이런 의미에서다. 사회적 연행들—사회적 드라마, 비판적 민속지, 자기 민속지 그리고 인터뷰 등—이 전통적인 의미 공간의 '경계'를 재설정하고, 새로운 세대가 새로운 의미의 효도를 실천해나감에 따라 '사회적 연행을 통해서 얻어진 실재'와 '객관적 실재' 간의 구분은 사라져버리게 된다. 알렉산더는 사회적 연행의 관점에서 볼 때, 플라톤은 "연행과는 정말 화해할 수 없는 적"이라고 주장하는데, 그 이유는 플라톤은 "사회적 연행이 가진 문화적 화용의 효과에 대한 깊은 회의"를 가지고 있었기 때문이다.[26] 플라톤에 따르면 사회적 연행은 감정과 정서를 포

---

25 Rorty, "Relativism: Finding and Making", p.39.
26 Alexander, "Cultural Pragmatics: Social Performance between Ritual and Strategy", p. 78.

함한 온갖 종류의 비합리적인 요소들에 의지하기 때문에 "인간이 추구하는 궁극적 대상", 즉 "선의 모습을 위장하지 않은 진정한 실재를 얻는 데" 방해만 될 뿐이다.[27]

그러나 모든 수사적인 것, 감정적인 것 그리고 연행적인 요소들을 인간 공동체로부터 축출해버림으로써 "열정과 감성을 이성으로 대체하려던 플라톤의 시도"[28]는 결국 실패했다. 왜냐하면 실재는 언어적 묘사를 떠나서는 인간에게 드러나지 않기 때문에 더 객관적 실재라는 이름 아래 기존의 묘사를 발가벗기려는 어떤 시도도 객관적 실재 '그 자체'가 아니라 객관적 실재라고 주장되는 다른 묘사로 대체될 수 있을 뿐이기 때문이다. 같은 논리로 만일 실재가 상징적으로 구조화된 것이고, 이런 상징적 의미를 부여하는 사회적 연행을 떠나서는 이해될 수 없는 것이라면, 주어진 연행을 발가벗겨서 이 연행의 밑바닥에 있는 실재를 드러내려는 어떤 시도도 항상 실재 그 자체가 아니라 "그런 시도에 반하는 연행(counter performance)을 만들어내려는 창의적 노력을 수반할 것이다".[29] 알렉산더의 이런 주장은 "사회적 실천을 초월할 수 있는 단 하나의 방법"은 탈맥락화된 진리가 아니라 "또 다른 사회적 실천"일 뿐이라는 로티의 주장과 일치한다.[30]

매카시는 하버마스를 옹호하면서 로티는 사회적 불의에 대한 어떤

---

27 Ibid, p.80에서 재인용.
28 Rorty, *Philosophy and Social Hope*, p.10.
29 Alexander, "Cultural Pragmatics: Social Performance between Ritual and Strategy", p. 80.
30 Rorty, "Universality and Truth", p.7.

"이론적 비판"도 효과가 없을 것이라고 믿기 때문에 비판이론이 "내재적으로 부당한 사회구조가 특정한 집단들을 차별하고 억압하도록 만들어져 있다는 사실"[31]을 폭로할 수 있는 힘을 지녔음을 부정한다고 주장한다. 물론 최소한 하버마스와 매카시에게는 한국의 결혼 문화가 내재적으로 부당한 사회구조에 의해 왜곡되어왔다는 것이 '사실'일 것이다. 그러나 하버마스와 매카시가 내재적으로 부당한 사회구조라고 주장한 것은 어떤 이론적 관점에서도 자유로운 '사실'일까? 위에서 살펴본 하버마스와 한국 부모들의 가상 대화는 하버마스가 상정한 두 가지 가정—즉 단 하나의 객관적 실재가 존재한다는 가정과 소통적 언어 안에 내재되어 있다고 가정되는 무조건적 타당성의 추구에 대한 가정—아래에서의 논쟁도 하버마스의 이론적 해석은 '사실'이고 반대로 한국 부모들의 결혼관은 사회적으로 왜곡된 비합리적인 것임을 폭로할 수 없음을 보여준다. 왜냐하면 전통적인 효와 새로운 시대의 효의 의미를 규정짓는 서로 다른 두 어휘의 집합은 부모와 자식의 상호작용을 단순히 묘사하는 것이 아니라 "감성을 통해 묘사"[32]하고 있기 때문이다. 이와 같은 감성을 통한 묘사는 서로 양립할 수 없는 효도의 '의미' 혹은 '인상'을 만들어낸다. 그렇다면 이렇게 서로 다른 어휘의 집합을 통해 창출된 효도의 다른 '의미'들이 그것들이 가진 '진리 값'에 의해 비판적으로 평가될 수 있을까? 그럴 수 있다면 이 두 인상 혹은 의미들 가운데

31 McCarthy, "Private Irony and Public Decency", p.367.
32 A.R. Louch, "History as Narrative", *History and Theory* 8:54~70(1967).

어느 것이 더 진리에 가까울까? 위에서 제시된 한국 부모들과 하버마스의 대화는 하버마스의 '이론적으로 무장된 비판'도 한국 부모들의 주장 못지않게 이데올로기로부터 자유롭지 못하다는 것을 보여준다.

비록 로티는 하버마스, 매카시 그리고 아펠과 마찬가지로 자유롭고 열린 소통을 옹호하지만 이런 자유로운 소통이 다른 문화에 비해 가진 우월함을 인식론적으로 정당화할 비순환적인 방법이 존재한다고 생각하지 않는다. 로티에 따르면 초문화적인 정당화를 시도할 때 피할 수 없이 대면하게 되는 순환성을 극복할 유일한 방법은 하버마스와 같은 논리 중심주의자들이 옹호하는, '실재를 드러내는 모형(unveiling reality model)'을 버리고 실용주의자들의 '새로운 도구 만들기 모형(invention of new-tools model)'을 채택하는 길밖에 없다.[33] 즉 일반인들의 실재 개념이 실재를 왜곡한다는 것을 증명하려는 하버마스의 모형과 다르게 실용주의 모형은 일상 행위자들의 세계를 지배해온 어휘들이 가진 의미를 다른 의미를 가진 어휘들의 집합으로 대체한다. 다시 말하면 전자의 모형과 다르게 후자의 모형은 실재 뒤에 숨어 있다고 가정되는 탈맥락적인 진리를 찾아내려 노력하지 않고, "사람들을 과거와 다르게 행위하도록 설득할 수 있는"[34]새로운 언어를 창출해내기 위해 노력한다는 것이다.

당대의 정당화 맥락에서는 억압되거나 혹은 상상할 수도 없었던 새로운 사회적 실천의 가능성을 열어주는 도구로 작동하는 사회적 연행

---

33 Rorty, "An Exchange on Truth, Freedom and Politics I", p.643.
34 Rorty, "Feminism, Ideology and Deconstruction: A Pragmatist View", pp.227~234 in S. Zizek (ed), *Mapping Ideology*(London: Verso, 1994), p.231.

은 공적인 영역에서 주목받아야 하는 목소리들의 범위를 넓혀주는 역할을 한다. 그러나 그런 새로운 가능성의 확장은 어떤 사람이 "대안적 가능성을 표현할 수 있는 새로운 어휘를 꿈꾸거나"[35] 혹은 "사회적 연행 과정을 통해 우리의 일상적인 생각과 관찰에서는 무심히 지나쳐버린 것들"에 대한 주의를 환기함으로써[36] 가능할 뿐, 하버마스처럼 새로운 사회로의 이행 가능성 모두가 '이미' 토론의 장에 존재한다고 가정해서는 불가능하다. 알렉산더의 이론을 포함한 사회과학의 연행 이론들은 사회적 행위가 가지는 의미를 행위자들이 창출해내고 또 재창출해내는 사회적·정치적 과정을 연구할 수 있는 흥미로운 도구를 제공함으로써 문화 변동에 대한 경험적 연구의 새로운 가능성을 제시한다.

---

35 Rorty, "Habermas, Derrida and the Functions of Philosophy", p.41.
36 Victor Turner, *From Ritual to Theatre: The Human Seriousness of Play*(Baltimore, MD: PAJ Press, 1982), p.13.

후기

하버마스-로티 논쟁에 대한 또 다른 논쟁

 진리의 성격에 관한 하버마스와 로티의 논쟁은 우리나라에서는 물론 서구에서조차 거의 다루어지지 않았다. 이 책은 하버마스와 로티가 오랫동안 벌여온 철학적 논쟁을 단순히 요약·정리하기 위한 것이 아니라, 필자가 10년 이상 연구해온 하버마스 비판에 기초하여 비판이론이 나아가야 할 새로운 방향을 설정하기 위한 것이다. 지난 2002년 『문화연구 ↔ 비판적 방법론(*Cultural Studies* ↔ *Critical Methodology*)』에 「하버마스의 해석학적 객관주의의 실패에 관하여」라는 제목의 논문[1]을 게재한 후 필자는 2009년에 사회과학철학 학술지인 『인간에 관한 연구(*Human Studies*)』에 「이해에 관한 하버마스의 입장: 가상참여, 대화, 그리고 진

---

1   Kyung-Man Kim, "On the Failure of Habermas's Hermeneutic Objectivism", *Cultural Studies* ↔ *Critical Methodology* 2(2002), pp.270~298.

리의 보편성」이라는 제목의 논문[2]을, 그리고 2014년에 비판사회이론 학술지인 『이론, 문화 그리고 사회(Theory, Culture & Society)』에 「정당화를 넘어서: 하버마스, 로티 그리고 문화변동의 정치학」이라는 제목의 논문[3]을 게재했다. 이 세 논문 모두 하버마스의 비판이론이 왜 실제의 행위 맥락 안에서는 힘을 잃을 수밖에 없는가를 경험적인 사례를 통해 구체적으로 논증한 글이었다. 위 논문들에 기초하고 있는 이 책이 작은 독창성이나마 가지고 있다면 그것은 하버마스와 로티 간의 매우 추상적이고 이론적인 주장들이 '실제 실천의 맥락' 혹은 '행위의 맥락'에서 어떻게 구체화되는가에 초점을 맞춤으로써 실천과 '유리된' 비판이론의 맹점을 드러냈다는 데서 찾을 수 있을 것이다.

아래에서는 위에서 언급한 논문 중 『이론, 문화 그리고 사회』(이하 『이론』)에 게재된 나의 논문이 7명의 심사자들로부터 어떤 반응을 이끌어냈는가, 그리고 나아가 필자가 이들의 비판에 어떻게 답했는가를 살펴봄으로써 독자들이 현대 사회·정치이론의 중심부에서 벌어진 하버마스·로티 논쟁의 핵심을 조금 더 깊이 이해하는 데 도움을 주고자 한다.

『이론』의 편집인은 논문 투고 후 4개월 만에 '수정 후 재심'이라는 논문 심사 결과를 알려왔다. 그는 보통의 학술지가 논문 게재 결정을 3인의 심사평에 의존하는 것과 달리, 필자의 해당 논문을 5인에게 심사

---

2 Kyung-Man Kim, "Habermas on Understanding: Virtual Participation, Dialogue and the Universality of Truth", *Human Studies* 34(4), 393~406, 2011.
3 Kyung-Man Kim, "Beyond Justification: Habermas, Rorty and the Politics of Cultural Change", *Theory, Culture & Society* 31, 103~123, 2014.

를 의뢰했다. 아래에서는 내가 이들의 비판에 어떻게 답했는가를 살펴볼 것이다. 심사자 B가 제기한 첫 번째 비판은 다음과 같았다. "하버마스의 이론이 인지적 과정보다 사회문화적 영역에 더 많이 기초하고 있다는 근거를 논하라." 나는 심사자 B가 많은 하버마스 추종자들이 지닌 하버마스 이론에 대한 '오해'를 공유하고 있다고 반박했다. 이 오해는 하버마스의 의사소통 행위이론, 혹은 보다 넓은 의미에서 '담론 윤리'는 의사소통이 가지고 있는 '보편적 인지적 과정'을 묘사하기 위한 이론이지, 결코—내가 해당 논문에서 주장했듯이—사회문화적 영역에서의 '경험연구'를 통해 검증되어야 하는 이론이 아니라는 것이다. 하버마스가 자신의 '보편화용론'을 심리언어학(psycholinguistics)이나 사회언어학(sociolinguistics)과 같은 경험화용론(empirical pragmatics)과 구분하려한 것은 사실이다. 그런 이유 때문에 하버마스는 툴민(Stephen Toulmin)을 비판하며, 그가 법·과학·도덕·예술비평 등 다양한 인간의 이해의 영역에서 발견되는 맥락 의존적인 주장들에 대한 '기술적인' 묘사로부터 '일반적이며 탈맥락적인 주장의 구조'를 추출해낼 수 있는 가능성을 무시했다고 말했다. 그러나 보편화용론을 맥락으로부터 자유로운 언어와 논쟁의 일반 구조를 찾아내려는 시도로만 보는 견해는 잘못된 것이다. 왜냐하면 하버마스는 그의 글 여러 곳에서 법·예술·과학·도덕 등과 같이 다양한 맥락 의존적인 언어사용에서 추출해낸 '보편적 의사소통 행위능력(universal communicative competence)'은 다른 과학적 가설들과 마찬가지로 경험적 검증에 부쳐져야 한다고 명확하게 주장하고 있기 때문이다.

하나의 예를 들면 나를 비판하는 이들의 오류를 증명할 수 있을 것이다. 1983년에 출간된 논문, 「해석적 사회과학 대 해석학주의(Interpretive Social Science vs. Hermeneuticism)」에서 하버마스는 행위자의 '주관적 노하우'를 기초적이며 보편적인 의사소통 행위능력이라는 개념을 통해 재구성한 '합리적 재구성'은 다른 과학적 가설들과 마찬가지로 경험적 관찰에 의해 검증 및 수정되어야 한다고 명확히 쓰고 있다.

다른 모든 종류의 지식과 마찬가지로 합리적 재구성은 오직 가설적 지위만을 가질 뿐이다. 그들은 잘못된 직관들로부터 시작할 수도 있고, 또 옳은 직관들을 모호하게 하고 왜곡할 수도 있다. 또 이보다 더 자주, 합리적 재구성들은 특수한 사례들을 과잉 일반화할 수도 있다. 이들은 더 많은 확증을 필요로 한다. 내가 수용하는 모든 강하게 선험적이고 초월적인 주장들에 대한 반정초주의(antifoundationalism)적 비판은 기초적인 의사소통 능력의 잠정적 존재에 관한 합리적 재구성들을 시험해보고, 그들을 경험적 이론들의 투입물 (input)로 사용함으로써 이들을 간접적으로 검증하려는 시도를 포함한다.[4]

이 인용문은 나의 비판자들이 하버마스를 얼마나 잘못 이해하고 있는가를 극명하게 보여준다. 즉 하버마스는 보편화용론에 기초한 자신의 담론 윤리가 결코 하나의 초월적이며 선험적인 합리적 재구성이 아

---

4   Habermas, "Interpretive Social Science vs. Hermeneuticism", p.261.

니며, 모든 다른 과학적 가설들과 똑같이 경험적 자료를 통해 확증되거나 혹은 기각되어야 한다고 주장하는 것이다. 다시 말하면 비판자들이 주장한 것과 반대로 하버마스의 이론—즉 행위자들의 주관적 노하우에 관한 합리적 재구성—은 '사회문화 영역'에서 경험적으로 검증되어야 하는 이론적 구성물이지, 단순히 화용에 내재해 있는—선험적이라고 가정되는—보편적 인지구조를 추출해내는 추상적 작업이 아니라는 것이다. 다시 말하면 심사자들의 주장과는 반대로 하버마스는 한국의 결혼에 대한 합리적 재구성을 한국 부모들과의 '무제한적 대화'를 통해 경험적으로 검증하려는 시도가 자신의 이론적 주장과 배치되지 않는다고 말할 것이다.

두 번째 비판은 심사자 5인 가운데 3인이 공통적으로 제기한 것으로, 심사자 E가 언급했듯이 하버마스를 비판할 때 가장 어려운 문제로 등장하는 소위 '수행적 자기모순'과 관련된 것이다. 일단 심사자 C가 보내 온 긴 논평을 살펴보면서 이 문제가 어떤 것인가를 살펴보도록 하자.

심사자 C

① 이 논문이 흥미로운 이유는 하버마스-로티 논쟁에 대한 저자의 새로운 해석을 통해 문화·정치적인 대화가 구체적으로 어떤 형태를 띨 수 있는가를 철학자들이 상상하지 못한 방식으로 논의하고 있는 데 있다. 저자는 보다 실용적이고 연행적인 차원을 더하기 위해 문화사회학자인 알렉산더를 논하고 있다. 따라서 철학적 논쟁에다 사회학적인 요소를 더했다는 의미에서 이 논문은 『이론』에 적합하다고 할 수 있다. 그렇지

않다면『사회과학철학(*Philosophy of the Social Sciences*)』같은 철학 학술지에 투고해도 됐을 것이다. 그러나 저자의 주장이 설득력을 확보하기 위해서는 알렉산더의 문화화용론을 결론에서 간략하게 논하기보다 아예 독립된 한 절로 넣는 편이 나을 것이다.

내 관점에서 볼 때 이 글은 개념적인 차원에 대한 보다 많은 논의가 필요하다. 일반적으로 이 글의 전개는 좋다고 할 수 있지만, 그럼에도 정확히 어떤 점에서 하버마스와 로티의 차이가 나타나는지가 확실하지 않고, 이런 모호함이 저자가 자신의 주장을 옹호하기 위해 든 효도·과학·히틀러 등의 예가 가지는 효과를 떨어뜨리고 있다. 원고의 8쪽 이후부터 '진리' '타당성' '무조건성' 등의 플라톤적 낱말이 우리와 같은 철학자나 이론가들에게만 필수적인지 혹은 일상 행위자들의 대화에서도 필수적인 것인지가 매우 모호하다. 물론 하버마스는 일상 행위자들도—철학자들이 인식론적, 혹은 존재론적인 논의를 하는 방식과는 다르지만—그들의 '지엽적인' 대화에서 자신의 주장을 옹호할 때 일반적인 인식론적/존재론적 주장을 하고 있다고 얘기할 것이다. 저자가 논의한 구체적 예를 들어보자. 히틀러는 아리안족이 흑인보다 우월하다고 말할 수 있는 어떤 객관적 사실이 분명히 존재한다고 생각하고, 과학자들도 어떤 '객관적'인 사실을 발견할 수 있다는 믿음 때문에 연구를 한다. 또 무엇이 좋은 결혼인가에 대한 한국인들의 세대 간 논쟁도 로티 식의 '너는 너 좋은 대로 해라, 나는 나 좋은 대로 하면 될 것이다'라는 방식으로는 결코 진행되지 않을 것이다. 따라서 하버마스는 이러한 구체적인 논쟁이 플라톤식의 질문을 포함하든 안 하든 이런 논쟁은 모두 인종, 물리적인 세계의 성격, 그리고 결혼에 관한 '진리'를 밝히려 한다는 점에서 플라톤적인 차원을 포함하는 것이라고 주장할 수 있다. 과학의 목적에 대해 대부분의 과학자들은 '실재론자'이며 현재 그들의 과학적 실천이 외부세계에 대한 명확한 지식을 전달하고 있다고 생각한다.

저자는 아마 자신의 논문이 위와 같은 반론에 대한 답을 이미 포함하고 있다고 생각할 것이지만 나는 그렇다고 생각하지 않으며, 저자는 하버마스의 주장에 귀를 더 기울여야 한다고 생각한다. 물론 저자가 옹호하고 있는 로티의 주된 주장은 다음과 같은 의미에서 나의 비판과 배치될 수 있다. 논쟁에 직접 참여하는 당사자들이 플라톤식으로 생각하고, 논쟁에서 플라톤 철학의 중심 낱말을 사용한다 할지라도 이는 결코 대화를 성공적인 것으로 만들지 못할 것이다. 다시 말하면, 히틀러에게 "당신이 아리안족과 흑인에 대해서 가지고 있는 생각은 틀렸고, 흑인도 사람이다"라고 말하는 것은 단지 히틀러의 아집과 방어하려는 태도, 그리고 독선만을 야기할 뿐 아무런 의미 있는 결과를 얻지 못할 것이다. 대신에 우리는 감성적이고 개인적인 배경에 대한 이야기 혹은 서로의 상황에 대한 상상적 동화를 통해 논쟁을 보다 건설적인 방향으로 끌고 나갈 수 있다. 이는 우리 이론가들이 '진리에 관한 이야기'가 민주적인 대화 혹은 도덕적 감수성을 향상시킬 수 있다는 주장을 좀더 조심스럽게 해야 함을 의미한다. 그러나 하버마스를 옹호하는 입장에서는 다음과 같이 물어볼 수 있다. "로티 식의 보다 유연하고 주관적인 접근이 타당성 주장을 상환하려는 논쟁보다 경험적으로 더 생산적인 결과를 초래할 수 있을까?" 이 질문을 하면서 하버마스를 옹호하는 사람들은 로티 식의 주관적이며 감성적인 접근은 "너는 네 식대로, 나는 내 식대로 하지 뭐"라는, 심각하지도 않고 진정성도 없는 반응을 유도할 것이라고 비판할 수 있다. (중략)

② 이 논문은 하버마스가 한국의 효를 설명하고자 고안한 자신의 이론을 무기삼아 유럽중심적인 관점에서 한국의 효를 비판하고 있는 듯이 묘사하고 있지만, 과연 이것이 하버마스의 관점을 올바로 나타낸 것일까? 내 생각에 하버마스의 중심 주장은 효도의 경우를 포함한 모든 지엽적인 논쟁은 그 논쟁 '안'에 내재한 진리 주장과 설명적인 자원들을 동원하는 과정을 통해 다른 문화 간의 소통이 이루어지고 이를 통한 상호 학습이 진행된다는 것이다. 이 과정이 꼭 다른 문화적 맥락에서 일어나는 현상을 폄하하는 것을 의미할 필요는 없다.

위에 인용한 심사자 C의 길고 복잡한 비판을 짧게 요약하면 두 가지로 압축된다. 위의 인용에서 ①에 해당하는 비판은 다음과 같다. 저자(즉 나)는—로티와 마찬가지로—행위자들이 그들 논쟁의 지엽적인 맥락에서 플라톤적인 가정, 즉 '객관적 실재'가 존재하고 논쟁이 그런 객관적 존재의 가정 아래서 무엇이 객관적 실재를 더 잘 나타내는가, 즉 타당성 주장을 중심으로 진행된다는 것을 비판했다. 그러나 저자는 실제로 이런 플라톤적 가정이 없이는 어떤 논쟁도 진행될 수 없다는 점을 간과했다. ②의 비판의 요지는 다음과 같다. 하버마스가 한국의 결혼에 대해서 한국 부모들과 대화할 때 그는 저자(즉 필자)가 이 논문에서 묘사한 것처럼 자신의 이론적 주장을 한국의 결혼문화 '위'에 위치시킴으로써 한국의 결혼을 '폄하'한 것이 아니라 대화를 통한 소통과 상호학습이 이루어질 수 있음을 말하고자 한 것이다.

우선 ②에 대한 나의 반론부터 살펴보자. 이 심사자는 하버마스의 합리적 재구성이 무얼 의미하는지, 또 합리적 재구성을 통해서 하버마스가 무얼 얻고자 하는가를 알지 못하기 때문에 '폄하' 운운한 것이다. 위에서 언급한 「이해에 관한 하버마스의 입장(Habermas on Understanding)」이라는 논문에서 나는―하버마스 연구자들에게 아직도 잘 알려지지 않은―하버마스의 극히 '서구중심적인 사고'를 비판했다. 합리적 재구성 개념은 하버마스가 다른 문화, 혹은 자신이 속한 문화에서도 생경한 하위문화(sub-culture)를 이해하기 위해 고안해낸 개념이다. 이 책의 2장 5절에서 자세히 논의한 바와 같이, 이 개념은 하버마스가 자신이 이해하고자 하는 행위자들과 '가상적 참여자'로서 대화를 나누기 위해 그들의 생활세계를 하버마스 '자신의 입장'에서 재구성한 것이다. 하버마스가 한국의 결혼 문화에 대해 이해하려고 하는 상황을 생각해보자. 하버마스는 부모의 허락을 받으려고 온갖 노력을 하는 한국 젊은이들의 고통을 이해할 수 없다. 왜? 현대 서구에서 자식은 부모의 소유물이 아니고, 독립적인 개체다. 따라서 결혼은 이미 성인이 된 독립적 개인이 결정해야 할 문제다. 물론 '한국인들이 그렇다고 하니까 그렇게 이해하면 되겠지'라고 하는 것은―위에서 하버마스가 매카시와의 논쟁에서 지적했듯이―오직 '반쪽짜리' 이해에 불과하다. 바로 이것이 하버마스가 모든 이해는 베버가 말한 합리적 해석을 포함할 수밖에 없다고 한 이유다. 즉 '그냥 한국 사람들이 그렇다고 하면 그렇지'라고 받아들이는 것은 한국인들의 이해를 받아들이는 것이지 하버마스 자신이 한국의 결혼 문화를 이해하는 데는 별 도움이 되지 않는다. 하버마스는 '자신의 입장'에서 한국 사람들이 왜 결혼에 대해 그렇게 생각하는지에 대한 '이유들'을 재구성하고, 이를 통해 얻은 합리적 재구성에 기초해 한국의 결혼 문화를 '평가'해야만 이에 대한—한국 사람들의 이해가 아닌—'자신의 이해'를 얻을 수 있다.

이 과정은 한국 사람들의 행위를 하버마스 자신이 납득할 수 있는 이유로 '평가'하는 과정을 포함할 수밖에 없다. 위에서 논한 바와 같이 이런 합리적 재구성 가운데 하나가 효를 이데올로기적인 측면에서 해석하는 것이다. 효의 이데올로기적 측면을 이해한 하버마스는 비로소 한국의 결혼은 유교적 유산의 일부로 이해해야 함을 깨닫고, 자신의 이해가 옳은가를 한국 사람들과의 대화를 통해서—위에서 말한 것처럼—확증하려 할 것이다. 여기서 심사자가 잘못 이해한 '폄하'의 문제가 등장하는데, 하버마스의 재구성에서는 한국의 결혼이 '비합리적'인 것으로 비춰질 수밖에 없다. 왜냐하면 모든 합리적 합의는 대화의 참여자들이 옳다고 생각하는 주장에 관한 타당성 논쟁을 통해 도달해야 하는데, 한국의 부모 자식 간의 관계는—자신의 합리적 재구성에 비춰볼 때—합리적 타당성 논쟁을 효도라는 이름 아래 사전에 제한하고 봉쇄하기 때문이다. 물론 이러한 비판적 평가—폄하가 아니라—에 기초한 하버마스의 이해는 위에서 논의한 대로 한국인들과의 상호비판적 대화를 유도할 것이다. 이런 의미에서 하버마스는 모든 대화는 내적으로 합의에 정향되어 있다고 주장한 것이다.

이제 좀더 답하기 어려운 ①에 대해, 나는 다음과 같은 답변을 수정된 원고에 삽입하였다. "나는 로티-하버마스의 논쟁에서 가장 중심이 되는 문제는 '타당성 주장' 대 '행위의 조율'로 요약될 수 있다고 생각한다. 하버마스에게 있어서 행위자들은 그들의 일상에서—비록 암묵적이긴 하지만—항상 타당성 주장을 교환하고 있다. 그러나 의사소통이 난관에 봉착하게 되면 당연하다고 생각되어온 암묵적 합의의 일부분이 문제시된다. 이때부터 특정 맥락으로부터 벗어난 '진리(unconditional truth)'에 도달하기 위해 타당성 주장의 교환, 즉 담론이 시작된다. 그러나 로티는 이런 '담론'에서조차 사람들은 상호 논쟁을 통해 타당성 주장을 상환하려는 것이 아니라 오히려 서로의 행위를 조율하려는 것이라고 주장한다. 타당성 주장이 진리의 '재현'과 떨어질 수 없는 관계를 가졌다고 생각하는 하버마스와 달리, 언어를 하나의 적응도구로 보는 로티의 다원적 언어관은 타당성 주장을 아무런 의미가 없는 것으로 만들어버린다. 이 점은 내가 이 논문에서 사용한 예를 통해 극명하게 논증된다. 즉 한국의 젊은이들이 "현재의 결혼 풍습은 더 이상 참기 어렵다"라고 말한다면, 이때 그들은 자신의 마음속에 있는 어떤 것을 '보고'하는 것—즉 '재현'하려는 것—이 아니라 '그들 주위에 있는 사람들로 하여금 그들이 앞으로 할 행동을 예측할 수 있도록' 하는 것이다. 이런 문장 혹은 발화는 "단순히 그들의 행위를 다른 사람들의 행위와 조율하는 도구"이며, 따라서 "어떤 믿음이 외부세계를 정확히 재현하고 있는가라는 질문은 의미를 상실하게 된다". 즉 이 시점에서 제기해야 할 옳은 질문은 다음과 같다. "이 믿음은 어떤 목적을 위해서 유용한가?"[5] 젊은이들이 현재의 "결혼 풍습은 더 이상 참기 어렵다"라고 얘기했을 때 그들은 하버마스의 주장처럼 어떤 맥락에서나, 또 어느 누구에게나 정당화할 수 있는 '일반적 진리'를 찾고 있는 것이 아니다. 오히려 이런 말을 했을 때 이들은 '특정한 청중'을 염두에 두고 있고, 원하는 '특정한 목표'를 달성했을 때 만족할 것이다. 다시 말하면 젊은 세대들에게는 이전 세대들이 효의 '새로운 의미'를 받아들이도록 하려는 '특정한 목적'을 달성하는 것이 가장 시급한 목표인 것이다.

위의 논의는 "만일 하버마스와 한국 부모들의 논쟁이 각자 자신의 입장만을 확인하는 끝없는 논쟁으로 이어질지라도 그 논쟁 자체는 무엇이 '진리인가에 대한 의뢰'에 입각한 것이다"라는, 심사자 C, D, E 가 공통적으로 제기한 비판에 대한 답을 제공할 수 있다. 즉 하버마스와 심사자 C, D, E 가 하버마스와 한국 부모들 사이의 논쟁이 반드시 논쟁의 지엽적인 맥락을 넘어서는 진리를 '전제'할 수밖에 없다고 주장할 때 이들은 "잠정적으로 수없이 다양한 청중들과 잠정적으로 수없이 많은 정당화의 맥락 안에서 어떤 일이 벌어질 것인지에 대한, 어떤 식으로도 정당화할 수 없는 경험적 예측을 하고 있는 것이다."[6] 이와 같은 로티의 주장을 풀어쓰면 다음과 같다. 논쟁에 참여하는 당사자 양측 모두가 자신이 옹호하는 '진리'가 미래의 어떤 상황, 어떤 청중 앞에서도 정당화될 수 있는지 없는지를 '사전에' 알 수 없는 상황에서 이들이 할 수 있는 최

5   Rorty, "Relativism: Finding and Making", p.39.
6   Richard Rorty, "Response to Habermas", pp.56~64 in R. Brandom (ed.), *Rorty and His Critics*(Oxford: Blackwell, 2000), p.56.

선은 대화 상대방을 자신의 주장에 동조하도록 하는 '특정한 이해 관심'에 몰입하는 일뿐이다. 다시 말하면, 논쟁 당사자들은―심사자들의 비판과 반대되게―그것이 무엇인지 '현재에는' 알 수도 예측할 수도 없는 '무조건적 진리'의 존재를 상정하고 논쟁하는 것이 아니라 현재 처한 특정 상황에서 특정한 목적을 달성하기 위해 논쟁할 뿐이라는 것이다.

위의 논리는 과학에도 똑같이 적용된다. 많은 과학사회학 연구는 과학논쟁에서조차 과학자들이 하버마스적인 의미에서의 '담론(Diskurs)'을 통해 진리를 추구하는 것이 아님을 밝혀냈다. 즉 과학자들은 자신이 처한 지엽적 연구 공간에서 수행하는 특정한 연구를 성공적으로 완수하려는 소위 '지엽적인 추론자(indexical reasoner)'들이다. 과학사회학자 크노르 세티나(Karin Knorr-Cetina)의 잘 알려진 말을 인용하면 과학자들은 이론과 자료의 괴리를 "땜질"함으로써 당면한 문제를 풀고 연구를 성공으로 이끌어내려는 사람들일 뿐이다.[7] 이러한 '땜질 과정'은 어떤 과학적 명제를 그것이 지칭하는 객관적 외부세계와 '대응'시키는 과정이라기보다, 역시 과학사회학자인 피커링(Andy Pickering)이 말한 것처럼 실험기기와 그 기기가 외부세계와 가지고 있다고 상정되는 관계에 대한 해석 모형, 그리고 연구자료 사이의 3중 상호작용의 안정화를 성취하려는 과정일 뿐이다.[8] 이 안정화 과정은 '특정한' 지엽적 연구공간 안에서 이루어지는 연구를 성공시키려는 과정을 지칭하는 것이지 이런

---

7 Karin Knorr-Cetina, *The Manufacture of Knowledge*(Oxford: Pergamon, 1981).
8 Andy Pickering, *The Mangle of Practice*(Chicago: University of Chicago Press, 1995).

특정하고 지엽적인 연구공간과 이와 연동된 해석적 모형이 배태되어 있는 지엽적 연구 맥락을 넘어서는 '보편적 진리'를 찾아내려는 시도는 아니다. 이와 같은 과학사회학 연구는—로티가 주장하듯이—과학자들조차 현재 자신의 믿음이 잠정적으로 무한한 수의 청중 앞에서 또 무한한 수의 정당화 맥락 아래서 정당화될 수 있는가를 예측할 수 없음을 드러낸다.

보다 전문적인 철학 용어를 빌려서 풀어내면 이는 논리실증주의에 대한 후기경험주의 과학철학의 비판과 정확히 일치한다. 즉 이론적 혹은 경향적 언어(dispositional terms)를 경험적인 언어로 완벽하게 환원해 정의할 수 있다는 논리실증주의의 주장은 잘못된 것이라는 비판이다.[9] 위의 논의는 내 논문의 비판자들이 제기한 비판, 즉 과학연구를 포함한 모든 논쟁에서 무조건적 진리 혹은 탈맥락적 진리가 전제되고 추구된다는 것은 잘못된 것임을 보여준다. 과학에서조차 과학자들의 관심은 '탈맥락적 진리'보다 당장의 실험을 성공시킬 특정한 목표를 달성하는 데 있다. 결국 하버마스가 강조한 구분, 즉 특정한 일을 성공시키려 할 때 사용한다고 상정되는 '전략적 행위'와 '무조건적 타당성'을 위한 '의사소통 행위' 간의 구분은 그 의미를 상실하게 된다.

---

9   보다 자세한 논의는 Frederick Suppe, *The Structure of Scientific Theories*(Urbana, IL: University of Illinois Press, 1974) 참조.

감사의 글

　이 책이 나오기까지 나는 몇몇 사람들에게 많은 도움을 받았다. 고(故) 로티 교수는 내가 지난 2002년에 『문화연구 ↔ 비판적 방법론』이란 저 널에 「하버마스의 해석학적 객관주의의 실패에 관하여」(On the Failure of Habermas's Hermeneutic Objectivism)란 제목으로 출간한 논문[1]에 관 한 논평의 말미에 자신과 하버마스와 같은 철학자들의 논쟁은 이제 사 회과학자들, 특히 사회학자들과 인류학자들의 경험적 연구에 의해서 보완되고 확장되어야 하며 앞으로의 나의 연구가 이런 방향으로 진행 되길 바란다고 썼는데, 그의 논평은 내가 비판이론이 나아가야 할 새로 운 방향을 설정하는데 커다란 도움을 주었다. 또한 인류학의 포스트모 던 전회의 주역 중 하나였던 라이스 대학(Rice University)의 스티브 타일

1　*Cultural Studies ↔ Critical Methodologies* 2(2), 2002, pp.270~298.

러(Stephen Tyler) 교수는 나의 하버마스 비판이 어떻게 더 효과적이 될 수 있는가에 대해서 예리한 지적을 해주었으며, 예일 대학의 제프리 알렉산더(Jeffrey Alexander) 교수는 3년 전 예일 대학을 방문했을 때 로티 철학과 그의 문화사회학이 가진 친화력에 대한 논의에 오랜 시간을 할애해주었다. 이 자리를 빌어서 이들에게 깊은 감사를 드린다. 또한 이 책의 출판을 흔쾌히 결정해 주고 좋은 책을 만들기 위해 수고를 아끼지 않은 아카넷의 김일수 편집장님께도 이 자리를 빌어서 감사하다는 말을 전하고 싶다.

이 책은 부분적으로 「이해에 관한 하버마스의 입장: 가상참여, 대화 그리고 진리의 보편성」(Habermas on Understanding: Virtual Participation, Dialogue and the Universality of Truth)란 제목의 논문[2]과 「정당화를 넘어서: 하버마스, 로티 그리고 문화변동의 정치학」(Beyond Justification: Habermas, Rorty and the Politics of Cultural Change)이라는 제목의 논문[3]에 기초하고 있는데 이 논문들을 이 책에서 사용하도록 허락해 준 스프링거(Springer) 출판사와 세이지(Sage) 출판사에게 감사드리며, 마지막으로 이 저서는 2010년도 정부재원(교육부)으로 한국연구재단의 지원을 받아 연구되었음(NRF-2010-812-A00039, 원과제명: 문화변동의 정치학: 하버마스와 로티)을 밝혀둔다.

---

2   *Human Studies* 34(4), 2011, pp.393~406.
3   *Theory, Culture & Society* 31(6), 2014, pp.103~123.

찾아보기

ㄱ

가능성의 공간 213, 235
가상 참여 22, 220
가상 참여자 105, 109, 111, 113, 208, 210, 213
각본 242~245
결과를 확증하는 오류 216
경향적 언어 264
계몽된 합리적 대화 239
계몽주의 11, 29, 43, 48, 58, 203
공적 영역 23, 24, 145, 146, 148, 151, 156, 169, 170, 172~174, 177, 184, 186, 227
공적 유용성 23, 56, 146, 170~172, 176
교육적인 철학자들 144
교환가치 34, 42
권위 51, 63, 66, 69, 113, 139, 142, 143, 153, 213, 239
극적 연행 241

ㄴ

낭만주의 11, 196, 203
내러티브 171, 178
논리 실증주의 62, 113, 114
논리 중심 철학 235
논리적 비대칭성 102

ㄷ

다원적 언어관 127, 261
담론 윤리 253, 255
대리적 사고 공간 236
대화 철학 144
도구적 합리성 30, 42, 46, 48, 50, 55, 56, 62, 173
동일성 45, 46
동일성 사고 42~45, 61
땜질 과정 263

ㄹ

랑그 92

ㅁ

맥락 초월적 진리 227
맥락주의적 입장 14
메타-해석학적 도구 167
무조건성 18, 112, 194, 256
문화 변동 10, 18, 26, 145, 165, 169, 175, 177, 225, 233, 236, 237, 240, 241, 250
문화산업 47, 63
문화화용론 237, 240, 256
물신숭배 33~35, 42
물화 30, 34~36, 42, 43, 46
미장센 242, 245
민속방법론 20, 65, 70, 72~74
민속지 184, 234, 236, 246
믿음의 거미줄 114

ㅂ

반정초주의자 118
반플라톤주의자 118, 197
반형이상학주의자 118
반환원주의 122
발화 85, 92~94, 99, 134, 204, 213, 261
방법론적 대칭성 101, 102
배경 가정 71, 72, 74
변증법 36, 38, 42, 43, 62

병 속의 메시지 50, 51
보편을 향한 해석학적 유토피아 220, 221
보편적 타당성 16, 181, 185, 204, 205, 227
보편화용론 18, 22, 84, 85, 88~92, 96, 97, 166~168, 177, 182, 204, 211, 226, 253, 255
부정 변증법 43, 56
부정의 자유 181
분석적/경험적 명제의 구분 122
비동일성 45
비순환적인 정당화 146, 148, 149, 160
비정상 담론 140
비판적 성찰 22, 83~85, 87, 88, 96, 243

ㅅ

사용가치 33, 34, 42
사적 영역 145, 151, 153, 156, 172, 186
사적/공적 영역의 분리 23, 148, 169
사적/공적 영역의 분리 가능성 23, 170
사회 행위의 내생적 조직 70
사회언어학 92
사회적 규약 219
사회적 마음 132, 133
사회적 연행 237, 240, 242, 243, 245~ 247, 250
사회적 종 136
사회적 행태주의 127
상대주의 11, 23, 119, 120, 136, 158, 203, 231, 229
상징적 생산 수단 243
상호주관성의 철학 56, 91, 170

상호 학습 19, 171
새로운 도구 만들기 모형 249
생활세계 10, 15, 22, 71, 73, 166~168, 182, 205, 226, 236, 259
서구중심적인 사고 259
성찰 44, 46, 58, 60, 61, 69, 70, 77, 78, 81~91, 96, 165, 170, 172, 226, 243
소외 30, 31, 34, 35, 42
소통적 능력 93
수행적 자기모순 19, 215, 217, 221, 228, 255
수행적 태도 98, 107, 109, 113
숭고함 154, 155, 176
신실용주의 철학 11
실용주의 124, 127, 133, 134, 136~138, 155, 187, 189, 193, 203, 249
실재를 드러내는 모형 249
실증주의 62, 63, 80, 81, 86, 121~123, 126, 129, 165
심리언어학 92, 253
심리적 비대칭성 102
심리치료 모형 22, 75, 80, 83, 86, 87

ㅇ

아름다움 155
아이러니스트 자유주의자 146, 147, 153, 156, 174, 184
암묵적 지식 208, 209, 211, 213, 215, 218
언술 행위 10, 88, 89, 91~93, 96, 97, 165, 166, 228
언어 게임 13, 73, 113, 166, 181, 210
언어의 기능 23, 120, 171, 188, 197

언어적 전환 22, 56, 58, 65, 84, 85, 88, 91, 97
에스노그래피 26, 243
역사적 총체성 37
역사주의 11, 203
연대성 184
연행 241~247, 256
연행이론 26
왜곡된 의사소통 73, 89, 90, 96
위반 실험 72
유적 존재 34
유토피아 40, 41, 61, 173, 174, 185, 235, 240
유효한 역사 139
융합 67, 241, 242
은유 12, 50, 127, 140, 141, 145, 147, 172, 175, 179, 181, 184, 227, 235
의사소통 행위이론 22, 55, 65, 84, 88, 91, 97, 220, 253
의식 고양 행위 37
의식의 철학 56
이데올로기 36, 40~42, 46, 47, 59, 60, 80, 85, 88, 89, 96, 168, 169, 175, 177~181, 210, 221, 226, 227, 231, 236, 238, 239, 249, 260
이상적 계급의식 38
이상적 담화 상황 18, 19, 96, 177, 179, 182, 185, 212
이원론적 인식론 23, 37, 38
이해의 대화 모형 111
인과성 78, 79
인과적 분석 75~77

ㅈ

자기 민속지 236
자기모순 59, 61
자기부정 44, 61
자기창조 153, 171, 176
자연적 종 136
자연적인 합리성 103
잠재적 기능 101, 103, 108
재구성적 성찰 84
재묘사 107, 140, 143, 144, 146, 150,
    151, 154, 155, 179, 182, 184~186,
    234, 235
재현 21, 23, 70, 95, 118, 119, 126, 129,
    132~139, 143, 153, 156, 261, 262
재현주의 118, 119, 137, 138
재현주의 철학 23
전성찰적 실천 83
정당화 14~16, 24, 25, 60, 63, 71, 72, 99,
    100, 110, 124~126, 146, 149, 156,
    160, 166, 170, 172, 174, 186~188,
    193~196, 198, 204~209, 214~220,
    232, 241, 246, 262~264
정상 담론 140~143, 154, 183
정초주의 23, 86, 139, 142, 153, 155, 165
제3자의 관점 105, 111, 209
주관성의 철학 24, 50, 56, 170, 171
주어진 것에 대한 미신 123
주체와 객체의 구분 36, 38, 118
중심적인 자아 179
지식 구성 관심 81
지식사회학의 스트롱 프로그램 109
진리 10, 11, 14~21, 24, 25, 85~91, 95,
    97, 104, 110, 111, 113, 114, 118,
    119, 121, 123, 126, 137, 140, 144~
    153, 158, 160, 168, 171, 174, 181,
    183, 193~198, 204, 206, 212, 215,
    216, 220, 227, 228, 231, 235, 240,
    242, 243, 246~252, 256~258, 261~
    264
진리 서술에 관한 조심스런 사용 193,
    194, 197
진리의 대응 이론 137
진리의 대화 모형 97, 113, 114

ㅊ

초문화적인 타당성 228, 229, 232, 233
초월적 조건 81
최종 어휘 146, 147
최종 증명 228, 229, 232
추상적 교환가치의 등가성 42
충격적인 경험 76, 77
치명적인 공생관계 57

ㅌ

타당성 주장 14~21, 64, 73, 93~95, 105,
    106, 112, 113, 167, 168, 171, 179,
    183, 189, 194, 197, 204, 205, 209,
    211, 215, 218, 220, 240, 258, 261
타당성 주장의 야누스적 측면 105
투 쿼키 비판 111
특정 공동체적 기준 169

ㅍ

파롤 92
편견 18, 66, 67, 69, 74, 139
편의성 12, 13
프랑크푸르트 학파 21, 29, 30, 55, 65,
    203

ㅎ

합리성 17, 20, 29, 30, 66, 71, 72, 88, 98,
    100~103, 110, 125, 146, 156, 158,
    159, 167, 170, 207, 208, 210~212,
    215, 226, 227, 238

합리적 재구성 22, 24, 84, 85, 91, 96,
    167, 168, 175, 178, 182, 210, 211,
    226, 238, 239, 254, 255, 259, 260
합리적 해석 99, 260
합리주의자 159, 161
해석학 22, 65~69, 73, 75, 76, 81, 82,
    139, 140, 143~146, 166, 204, 206
해석학적 순환 73
행위의 조화 20
행태주의 128
화용동사 94
화용론 21, 92, 167
환원주의 121
효도 237, 238, 243~248, 256, 258, 260

김경만

지은이 김경만은 시카고 대학교에서 현대사회이론, 과학·지식사회학, 사회과학철학을 전공하고 1989년 사회학박사 학위를 받았으며 현재 서강대학교에서 가르치고 있다. *Philosophy of the Social Sciences, Human Studies, Social Studies of Science, Qualitative Inquiry, Theory, Culture & Society* 등 유럽과 미국의 저명 학술지에 많은 논문을 실어왔고 *Social Epistemology, Minerva, Theory, Culture & Society, International Review of Qualitative Research* 등의 논문심사를 맡아왔다. 저서로는 *Explaining Scientific Consensus: The Case of Mendelian Genetics* (New York: Guilford, 1994), 『과학지식과 사회이론』 (한길사, 2004), 미국과 한국에서 동시 출간된 『담론과 해방: 비판이론의 해부』(*Discourses on Liberation: An Anatomy of Critical Theory, Boulder: Paradigm*, 2005; 궁리, 2005), 『글로벌 지식장과 상징폭력: 한국 사회과학에 대한 비판적 성찰』(문학동네, 2015) 등이 있다. 현재 한국과학기술한림원 정회원이며, 캐나다 학술지 *Today Social Science* 편집위원이기도 하다. 2008년에는 『담론과 해방: 비판이론의 해부』로 한국사회학회 저술상을, 2009년에는 한국 최고 권위의 학술상으로 자리매김한 경암학술상(인문·사회부문)을 수상하였다. 2001년과 2014년 두 번에 걸쳐 풀브라이트 학자로 선정되었고 2015년 말부터 예일 대학교의 문화사회학 연구소 소장인 제프리 알렉산더 교수 초청으로 비판이론의 새로운 방향에 대한 연구를 함께할 예정이다.

진리와 문화변동의 정치학
-하버마스와 로티의 논쟁

1판 1쇄 찍음 | 2015년 6월 23일
1판 1쇄 펴냄 | 2015년 7월 1일

지은이 | 김경만
펴낸이 | 김정호
펴낸곳 | 아카넷

출판등록 2000년 1월 24일(제406-2000-000012호)
413-120 경기도 파주시 회동길 445-3
전화 | 031-955-9510(편집) · 031-955-9514(주문) · 031-955-9506(마케팅)
팩스 | 031-955-9519
책임편집 | 김일수
www.acanet.co.kr

ISBN 978-89-5733-425-6 93300

이 도서의 국립중앙도서관 출판시도서목록(CIP)은
서지정보유통지원시스템 홈페이지(http://seoji.nl.go.kr)와
국가자료공공목록시스템(http://www.nl.go.kr/kolisnet)에서 이용하실 수 있습니다.
(CIP 제어번호: CIP 2015012570)